国家出版基金项目
NATIONAL PUBLICATION FOUNDATION

中国出版家丛书
ZHONGGUO CHUBANJIA CONGSHU

中国出版家

邵洵美

Zhongguo Chubanjia
Shao Xunmei

柳斌杰　主编　　周海波　著

人民出版社

出版说明

　　出版不仅仅是一个充满竞争的商业领域，同时，它也深深打上了"文化"和"思想"的印记。在这个文化场域中，交织着多种力量的动态关系，通过出版物的呈现和出版活动的开展，描绘了一个时代的文化风貌；而回旋折冲于其间者，则是那些幕后活跃、台前无闻的各类出版人。他们自喻"为他人做嫁衣裳"，事实上，却是国家文化传承和历史记录的主要担当者，有出版发展的参与人和见证者甚至称他们所起的作用为保存民族记忆的千秋大脑。虽然扼据出版要津之地，却少见自家行当的人物传记出版。本丛书是第一次规模化地为这个群体中的杰出者系列立传，从一个人到一群人的出版事功中，折射出近代以降出版业的俯仰变迁，同时也见证着出版参与时代文化思想缔构及其背后深广的社会历史内容。那些曾经彪炳于时的出版人，一方面安身于这个行业，以其敏锐犀利的时代洞察力，在市场、经营与创意中躬行实践，标领乃至规划了这个行业的发展，并使之成为国民经济的一个重要门类；另一方面又在"安身"之外，显现出面向社会的公共性关怀与"立命"的超越性关怀，从职业而志业的追求中，服务于民族解放、思想启蒙与文化进步的社会性经营，书写了出版人生的风采、风骨与风流。

本丛书所传写的 30 余位出版人，均为活跃于 20 世纪并已过世的出版前辈。中国古代也曾涌现了陈起、毛晋等出版大家，只是未纳入本书的传主范围。丛书在体例上，有单人独传与多人合传之分，但这并不必然意味着对传主出版贡献及其历史地位的轻重判别，许多情况下的数人合传，乃困于传主史料的阙如而不得已的选择，某些重要出版人如大东书局总经理沈骏声、儿童书局创办人张一渠等，也囿于同样情形而未能列入本丛书的传主名单，殊觉憾事。虽说隐身不等于泯灭，但这个行业固有的幕后特征多少带来了出版人身份上的隐而不显、显而不彰。本丛书的出版，固然是想通过对前辈出版事迹的阐幽发微、立传入史，能让同样为人做嫁衣者的当今出版人不至于觉得气类太孤，内心获得温暖，并昭示后来者在人生目标上，在家国情怀上，在出版境界上，追步于前贤，自觉立起一面促人警醒自鉴的镜子；同时更希望通过一个个传主微历史的场景呈现，让更多的人认识到出版在产业之外，更是一项薪火相传的社会文化事业，它对时代文化的接引与外度，使其成为一种任何人都不可忽视的"势力"，在百余年来的社会发展进程中，发挥了不可替代的作用。

故此，我们推出这套"中国出版家丛书"，以展示中国文化创造者的风采，弘扬他们的优良传统和崇高的职业精神，发掘出版史史料，丰富出版史研究和编辑史研究。

"中国出版家丛书"编辑委员会

人民出版社编辑部

二〇一六年四月

目 录

前　言

邵洵美（1906—1968），原名邵云龙，笔名邵浩文、郭明、朋史等。祖籍浙江余姚，生于上海。现代诗人、作家、编辑出版家、翻译家。

1923年，邵洵美从上海南洋路矿学校（上海交通大学的前身，盛宣怀创办）毕业，随后赴英国剑桥大学学习。1926年5月下旬，乘船离开欧洲回国。1926年12月2日，他与订婚多年的盛佩玉结为伉俪。期间，他还参与了狮吼社，并在已经停刊的《狮吼》杂志的基础上创办了《狮吼》复活号。1927年4月，老朋友刘纪文出任南京特别市市长，邀请邵洵美任秘书。邵洵美在南京只干了三个月，就认为自己不能胜任而弃官回到上海。

此后，邵洵美主要致力于新诗创作和文化出版事业。1928年，邵洵美创办了金屋书店，出版《金屋》月刊，自任经理和主编。1929年，入股已经开始亏损的新月书店，成为新月书店的股东，1931年正式接任新月书店经理。

1930年10月，金屋书店关门后，应画家张光宇的邀请，他加入中国美术刊行社，投资并编辑出版《时代》画报。邵洵美加入《时代》画报后，对画报的印刷和内容进行了一系列改革，增加了"名人谈话"、"美术作品鉴赏"等栏目，使刊物更接近大众读者。在编办《时代》画报的过程中，为适应刊物发展要求，邵洵美投资五万美元从德国购买了影写版印刷机。1933 年 11 月，中国美术刊行社改称为时代图书股份有限公司，增加资本，扩大营业。

邵洵美创办时代印刷有限公司的一段时间，是他人生中事业鼎盛、出版辉煌的时期。这时，他不仅参与《时代》画报，而且还创办或参与创办了《论语》、《人言》、《诗刊》、《时代漫画》、《十日谈》、《声色画报》、《时代电影》、《文学时代》、《万象》等刊物，出版事业有了新的更大的发展。

1931 年 4 月底，邵洵美正式接手新月书店，担任经理，随后于这年夏末北上北京，与胡适等新月同人讨论新月书店的经营问题，开始改组整顿新月书店，实施出版《现代文化丛书》等举措，试图扭转新月书店的亏损局面，但最终还是于 1932 年 9 月关门。经由胡适与商务印书馆商谈，新月书店的资产由商务印书馆接管，文学与出版的新月时代也就此结束。

1932 年 9 月 16 日，邵洵美和林语堂等创办的《论语》由时代印刷公司印制，中国美术刊行社总发行，邵浩文（洵美）为发行人。《论语》以发表小品文为主，树起幽默闲适的大旗，深得读者的喜爱，销路之好出乎意外，由此形成文学史上的"论语派"。1933 年 10 月，林语堂辞职退出《论语》，另起炉灶。于是，邵洵美请来郁达夫，1936 年 3 月 1 日出版的第 83 期《论语》改由他和郁达夫合编。这个时期，邵洵美几乎独自完成了《论语》"编辑随笔"的写作，并从第

94 期开始特辟"你的话"专栏。

1937 年 8 月 13 日，淞沪战争全面爆发。邵洵美也在战乱中携全家逃难，数次搬家。项美丽帮助邵洵美从敌占区将德国影写版印刷机运输出来，在特殊的年代，邵洵美仍然坚持印刷出版，一度在上海徐家汇重新开业，接手过一些期刊的印刷业务。

抗日战争期间，邵洵美通过各种渠道在艰苦的环境中坚持抗战文化工作，还邀请美国作家项美丽主持编辑英文刊物 *Candid Comment*（《直言评论》），1938 年 9 月，他又与项美丽合办了宣传抗日的刊物《自由谭》，项美丽为名义上的编辑人和发行人，邵洵美是实际的编辑人和出版者。邵洵美不仅邀请了国内知名人士如胡适、张若谷、林微音、章克标、徐訏、明耀五等人为刊物撰稿，而且自己身体力行，以逸名、忙蜂、都仁、钟国仁、闲大、邵年等笔名为刊物撰写了大量时事报道和文学作品，同时为刊物撰写了多篇《编辑谈话》等编辑随笔。他在刊物发表的《一年在上海》，让读者看到了一位文人在战争年代的坚守精神。

值得一提的是，邵洵美在抗战期间，直接参与了毛泽东《论持久战》在沦陷区出版与传播的活动。毛泽东的《论持久战》在延安发表后，上海地下党组织要求尽快将其翻译成英文向国内外传播。当时的地下党员杨刚承担了这一任务，并通过项美丽与邵洵美取得了联系，当这篇抗日战争重要的文献译成英文后，很快就在 *Candid Comment*（《直言评论》）1938 年 11 月至 1939 年 1 月的第 3 期至第 6 期发表出来。随后，又在邵洵美的努力下，印制了一批《论持久战》单行本，一部分由杨刚通过地下渠道发行，一部分由邵洵美秘密在上海沦陷区向外籍人士发放。

上海沦陷的"孤岛"时期，邵洵美隐居家中，多数时间以书为伴。这时，在朋友引导下爱好上了集邮，并在《国粹邮刊》发表《民国试制票中之珍品》等多篇谈集邮的文章，以此打发时光，也是表达坚决不写汉奸言论、不做汉奸事情的一种方式。抗战胜利后，邵洵美参加了"新光邮票会"，为中国的集邮业作出了重要的贡献。

抗战胜利后，邵洵美再次着手从事他喜爱的出版工作，恢复时代图书公司（改为时代书局）、时代印刷厂，并且受邀办英文报纸《自由西报》，担任《见闻》时事周报的总编辑。1946 年 7 月底，陪同颜鹤鸣去美国购买电影摄影机，游历美国的几家电影公司，再次与已经回到美国的项美丽相见，与《纽约客》主编若斯（Harold Ross）交谈。与此同时，身在国内的邵洵美夫人盛佩玉开始筹划复刊《论语》。1946 年 12 月，《论语》复刊，由李青崖担任主编，时代书局出版。1947 年底，邵洵美回到国内后，将主要精力投入到《论语》上，努力经营时代书局。在时局变化多端之时，邵洵美仍然坚持出版《论语》，一直到出版 177 期后，于 1949 年 5 月 16 日被勒令停刊。

新中国成立后，邵洵美继续从事他的出版事业，将时代书局迁移到上海北四川路和南京路路口，突击出版了一批马克思主义的著作，也出版了一些苏联文学作品，并且编辑出版了"时代百科丛书"、"民俗丛书"等。但随后由于出版问题而受到《人民日报》的批评，时代书局不得不于 1950 年上半年关门。

此时，上海文艺局局长夏衍到邵府拜访，与邵洵美商谈政府收购其影写版印刷机事项，谈妥后，影写版印刷机连同部分工人一起搬迁到北京，印刷机用于印制《工人画报》、《人民画报》等。邵洵美一家也随之迁往北京，但由于在北京没有合适的工作，对北方的气候也不适应，于 1951 年夏再次回到上海。20 世纪 50 年代，邵洵美作为人民文学出版社的社外翻译，开始翻译外国文学作品，主要翻译了泰戈尔的《家庭与世界》、《两姊妹》、《四章书》以及雪莱的《解放了的普罗米修斯》等作品。在身体多病的情况下，仍然坚持翻译雪莱的《麦布女王》和拜伦的《青铜时代》。

为文学，为文化，为出版，邵洵美痴心不改，为的是"文化的护法"，建筑"文化的班底"。1948 年，邵洵美在《出版事业在中国》中说，"我是一个差不多终身从事出版事业的书傻子"，"在中国，出版当然更是一种新兴事业"，所以需要多几个邵洵美这样的热爱出版、爱书的"书傻子"。

第一章

诗人的浪漫与梦想

一、盛家葬礼上的那场偶遇

1916 年 4 月 28 日，《顺天时报》第 2 版"时事要闻"栏目，在一个不起眼的位置，刊登了一则并不太起眼的消息："盛宣怀氏业于昨（二十七日）在此间病故，中外人士深为惋惜，并有电来京。凡知盛之行谊而交好最久者，莫不惊涕云。"随后于第二天（4 月 29 日）再次发表有关盛宣怀病逝的消息，5 月 14 日《顺天时报》又发表一首《悼盛宣怀》的诗。《顺天时报》是日本政府外务省在北京出版的一份中文报纸，虽然其影响不如《申报》、《大公报》

等老牌的大报，但由于其特殊的背景，在新闻界也颇有影响。一个人的病逝能在这样一张报纸上刊登消息，并有悼念的诗作，足见其不是一般人物。

盛宣怀何许人也？

盛宣怀（1844—1916），江苏人，官至正二品工部左侍郎、邮传部大臣，晚清著名的洋务派代表人物之一，著名的企业家、实业家，他曾创办轮船招商局、中国电报总局、中国通商银行、京汉铁路、钢铁联合企业——汉冶萍公司、勘矿公司等，他也是著名的教育文化创办者，曾创办过南洋公学（上海交通大学）、公共图书馆、北洋大学堂（天津大学）、中国红十字会等，这其中无论哪一项都是与中国近现代社会的发展密切联系在一起的。此外，他还创办了上海的纺织业，投资煤矿，创办私人上海图书馆。当然，对于我们要叙述的主角邵洵美来说，他还拥有无数的财产。

也是这家《顺天时报》，1911 年 11 月 18 日曾报道过一件与盛宣怀相关的新闻——《盛宣怀别墅与四国之关系》。这则新闻说，"盛宣怀现有一座别墅于苏州，屹然高楼，长廊接连，备极华美，颇适静居。该别墅因与四国借款有关系，革军拟拆毁以抒郁愤。盛闻之于日前即速电致四国银行，恳愿发给证据书。昨闻在京该银行代表等已经会议电致伍廷芳，辨明该别墅建筑非四国借款余利云"。这里所说的"四国借款"，与晚清一桩轰动一时的事件相关。1911 年 5 月，清政府宣布将铁路收回国有，以盛宣怀为代表的一批官僚也主张先将铁路国有，再贷款修路。1911 年 5 月 20 日，盛宣怀与英、法、德、美四国银行团正式签订《湖北湖南两省境内粤汉铁路、湖北境内川汉铁路的借款合同》。清政府的这一举措遭到一些朝廷内阁的反对，也使国内政治局势更加动荡不安，而盛宣怀本人也因这次铁路借款而遭到世人的质疑，甚至有人指责盛宣怀借这次向四国银行借款之机，大发横财，其中他在苏州建造的这座豪华别墅就引起了人们的猜测。当时有名的《共和言论报》就曾多次刊发文章，指责、讽刺、批评盛宣怀的做法，1912 年该报连续发表《活祭盛宣怀宫保文》、《盛宣怀的国有派之复活》等文章，《顺天时报》也发表《辛亥人物论：盛宣怀论》，将盛宣怀拖到了舆论的风口浪尖。由此可以看到盛宣怀与晚清时局有多么密切而复杂的关系，从中也可以了解到他的家底有多么厚实，他家的财产何以在社会上掀起这么大的风浪。

这样一个万众瞩目的人物逝世，自然会引起社会的广泛关注，他的遗产、他的评价，甚至他的葬礼都会引起社会的兴趣和议论。1916 年盛宣怀病逝后，他的遗产由李鸿章的儿子李经方负责清理，经过两年有余的清算，盛氏留给后人的财产总计银元 1349 万余两。这些遗产一半为盛氏五房子孙分配，一半拿出来建立了"愚斋义庄"。盛宣怀去世留下的话题和各种官司，自是后话。

却说这盛宣怀逝世后，盛家举行了隆重的葬礼。民国初年，中国社会有两大丧事极为世人瞩目，一是北方的袁世凯，一为南方的盛宣怀。袁世凯是中华民国大总统，去世后当然要举行盛大葬礼。盛宣怀去世后也举行盛大葬礼，就会特别引起人们的关注。袁盛两位都是清末民初的重要人物，一京一沪，一北一南，他们的葬礼也都在本土风俗中掺杂了些外国的新玩意儿，可以说是古今集成，土洋结合，其葬礼蔚为大观，盛况空前，无人能比。据盛宣怀的孙女盛佩玉的回忆，盛宣怀的棺材就要上一百遍油漆，在这期间要停棺一年，"丧事的场面极大，白色灯彩从大门一直到大厅、边厅。一条通道上吹鼓手几班，不停地吹奏丧乐。来凭吊者有跪拜的、有鞠躬的。边上有一个人是赞礼的，孝子们都跪在里面地上还拜。……祖父入棺后，每七天做一次七。平时厅上披大红袈裟（法衣）的和尚念经不断。到了做'七'，亲戚朋友必来吊丧上祭。祭是用爵杯跪着献三杯酒，再拜。晚上和尚放'焰口'，超度亡灵"①。这些祭拜、法事，整整做了一年时间，盛宣怀的灵柩在家中照会一年。"前几个月便准备大出丧了，这不简单。上海有钱的很多，出殡也有很大排场的，当然祖父的是最大的了。"这场被后人描述为盛家"大出丧"的葬礼，堪称最为豪华、最为壮观，据称花去了 30 万两银子。

亲自参加了这场葬礼的盛佩玉，此时已有 11 岁，她应当对如此壮观的场面有较深刻的印象。但她毕竟是坐在马车上的送葬者，葬礼的整体场面她也未曾完全见识。不过，这场盛大葬礼的场面，仅当时上海各大报纸的报道、叙述，就已经足够了。这些报道、叙述，虽然少不了渲染，但无论怎样报道，可能都无法真正写得出葬礼的全貌，因为这个"大出丧"的确是太大了。1917 年 11 月 19 日，上海《民国日报》曾刊登一篇《盛宣怀出殡纪盛》，详细描述过盛宣怀的这场盛大葬礼，同一天《申报》的《盛杏荪出殡之盛况》，也叙述了盛家这场"大出丧"，可以佐证盛佩玉的这些回忆。这两篇报道大体相同，可以归纳如下：盛宣怀的灵柩由 16 人夹杠抬出丧居，从静安路 110 号发引，整个送葬的队伍极为壮观，约有五华里之遥，从引魂队伍，到各种执事、车马，从家属到社会各界的送葬队伍，占据了几条街道。沿途各界所设的路祭棚、路祭桌、茶桌，无计其数，每到一

---

① 盛佩玉：《盛氏家族·邵洵美与我》，人民文学出版社 2004 年版，第 15—16 页。

处，必由主办单位或主办人祭奠一番，故行抵招商码头，夜幕即已降临了。盛家的葬礼早经一些报刊和小道消息进行了宣传，所以，上海市民等待观看这场盛大葬礼，整个四马路人山人海，店铺大多暂停营业，在路边搭建起了看台，收取看客的费用。外滩的一些洋房屋顶也站有观众，各马路看出丧者，争前恐后，互不相让，送葬队伍所过之处，街道拥挤不堪，人人翘首观望。

在这场盛大葬礼之中，当然少不了盛家的至亲好友，尤其是盛家的亲家邵府的人们，从开始就要前来祭拜，从邵友濂到他的子孙辈的，都要身穿孝服，前往吊唁。

这邵府何等来头？

这邵府的主人就是当年的上海道邵友濂。邵友濂的祖上在浙江，世代以种田为生。到了邵友濂父亲邵灿，在咸丰年间做了漕运总督，为邵氏家族的中兴打下了坚实的基础。邵灿生有三子，长子邵曰濂，次子早早夭折，三子邵友濂成为晚清时期著名的政治人物。这位生于鸦片战争时期的邵友濂，于同治四年（1865 年）中举，同治十三年（1874 年）在北京总理各国事务衙门任职，光绪四年（1878 年），以头等参赞身份出使俄国。光绪八年（1882 年）任上海道，全家迁来上海，在静安寺路上建起了大府第。1883 年中法战争期间，邵友濂被派往台湾，襄办防务，战后被赏给一品封典。光绪十五年和光绪十七年，分别任湖南巡抚和台湾巡抚。光绪二十年（1894 年）中日甲午战争爆发后，邵友濂和户部侍郎张荫桓一起赴日本议和。但由于日本方面的多方阻挠，他们未能行使大使的权利，清政府另派李鸿章为全权大使赴日谈判。光绪二十七年（1901 年），郁郁不得志的邵友濂没有等得及他的长孙出生，就驾鹤西去。邵友濂生有二子，长子邵颐，次子邵恒。邵颐的原配夫人李氏，就是李鸿章的女儿。邵恒娶的就是盛宣怀的四女儿盛稚蕙（藕颐），他俩于1906年所生的儿子，就是本书的主人公邵洵美（原名邵云龙）。邵友濂按照中国传统的习俗，将邵恒的第一个男孩子过继给邵颐为子，所以，邵洵美又是长房的嗣子，李鸿章也算是他的外祖父。这样，邵洵美就有祖父邵友濂、外祖父盛宣怀、外祖父李鸿章。大上海的三大家族，李家、盛家、邵家，都联结在了一起，构成了几个家族间扯不断、理还乱的姻亲关系。

邵洵美的母亲是盛宣怀的四女儿，她当然要参加盛家葬礼的各个环节、各种仪式，刚满十岁的小云龙自然也会跟着母亲参加这些繁杂的活动。就在这场盛家的葬礼上，一场表姐弟间的偶遇随之发生。这场偶遇带有旧时戏曲舞台上才子佳人的模式，或者《红楼梦》里贾宝玉、林黛玉的叙事模式，也有点传奇的色彩。当然，因为是在葬礼上的偶遇，凝重、感伤中带上了点神秘的意味。所以，也就有了各种不同的偶遇版本。据盛佩玉的回忆，她与邵洵美的相遇是在苏州。盛宣怀的灵柩抬到苏州之后，再次开吊。这时，前来参加吊唁的主要是近亲，人已经少了许多，"这次大家住在一起，房子小，我们小辈互相之间也开始变熟悉了。叔叔的儿女和我是堂兄弟姊妹，姑母的子女和我是表兄弟姊妹"。当初在上海时，人多杂乱，出来进去的人太多，小孩子间不一定相遇或者相遇了也不一定打招呼或看一眼。现在，正是人少、住得集中的时候，小孩间可以在盛宣怀留下来的"留园"里相遇、玩耍，盛佩玉和邵洵美"也就是这次相处，才第一次见面相识的"①。在随后的活动中，包括从苏州回上海，从上海到杭州，邵洵美

---

① 盛佩玉：《盛氏家族·邵洵美与我》，人民文学出版社2004年版，第19页。

与盛佩玉有了更多的接触，甚至有了邵洵美偷偷为盛佩玉拍照片的事情发生，也有两个人在西湖的湖心亭近距离的接触。

这场偶遇，只是两个原来相互听说过但是第一次见面的新奇的表姐弟间的亲密接触，两个刚刚十岁出头的孩子，是否有情窦初开的事情发生，也只是在人们的猜测和分析中，或者在后来的传说中加入了不同人物的不同想象。

二、一条蛇的爱情故事

有关邵洵美与蛇的故事，有一个很动人的说法，这个说法几经人们的传说，在叙述的过程中，多少添加了一些神话的色彩。当事人邵洵美在《偶然想到的遗忘了的事情》（1930 年《金屋月刊》第 1 卷第11 期）中曾这样讲述这个故事：

> 自小不怕蛇。也许是因为我从来没有接近过毒蛇，也许是因为我所得的毒蛇都被卖蛇的去掉了牙齿……家人时常对我说，我和蛇是有缘分的。那年我还没到一岁，奶妈把我放在摇篮里推到后园去玩，我睡着了，她恰好手里做鞋子的线没有了，于是乘我熟睡的时候，跑回屋里去拿。拿了线走进园子可把她吓坏了，一条六七尺的黄蟒蛇圈盘在我的摇篮周围。她不敢走近，也不敢作声。于是又拼命跑回去叫了许多人来，一个最老的女佣轻轻地说，千万不要惊动，这是家蛇，是保护主人的，不要紧。她又对蛇说，奶妈回来了，你放心去吧。那蛇竟似乎懂得她的话，慢慢

> 地游走了。家人对我说，我问祖母，祖母说是的，我问母亲，母亲说真的。从此我更爱蛇了。

这个故事首先是"家人对我说"，然后是"我问祖母"，最后经由"祖母说是的"，在这几个不同身份的人所叙述的故事中，进行了一定的演义，进行了不同程度的重新修饰，最后经过邵洵美自己的叙述，已经掺入了他个人的情感与想象。我们可以注意到，在这个故事的讲述中，恰恰是最重要的主角没有出现在叙述者中，这就是奶妈和"最老的女佣"，她们的角色被"家人"和"祖母"替代了。也就是说，这个故事是真实的，是发生在邵洵美身上的，但却是被重新叙述出来的，这就不可避免地带上了想象的成分和情感的因素，被赋予了特定的意义。

在同一篇文章中，邵洵美还讲了自己第一次用手拿蛇的故事。这个故事是对上面这个一岁时与蛇亲近故事的阐释与说明，表明自己不怕蛇、喜欢蛇。故事中的主角当然是卖蛇的人，卖蛇的人每次来到他寄读的亲戚家里时，都会吸引一些人跟着他，因为他总是用两只布袋装几条蛇来。在这些跟随卖蛇人看风景的人中就有邵洵美，"每次我总杂在里面，书都不想读了"。卖蛇人对他也特别的好，"无论哪一条，他总把他从哪里怎样地捉来的经过讲给我。试想这是怎样的魔力！枯燥的书本还想在我小小的心灵里占一角地位吗？"于是，就在他与卖蛇人的交往中，一个喜欢蛇的小孩子第一次用手拿起了一条小青蛇："有次他又是背了两只灰布袋进弄里来……他一看见我便唤我过去，指指一只较小的口袋说：'我这里有样东西送给你。'接着他便把那只口袋开了向地上一倒，出来七八条小青蛇。有一条最小的，大概不过一尺来长，浑身青得像根竹枝，两粒发光的眼睛，一根鲜红的小舌头，顶尖上很清楚地分开着像柄画叉，卖蛇的捉了又问我：'要不要？我送给你的。'我起初不敢拿，怕他要钱；后来知道他的确诚意地送给我，于是便谢了他一声，自己把手去拿蛇，这还是第一次；她把尾巴圈在我手臂上，把头昂起了对我看，似乎要认认她的新主人是怎样一等人。假使她有知识；我想她一定也跟我当时一般快乐。那时是她新主人最漂亮的时期；小圆带长形的脸蛋，两粒晶亮墨黑的眼睛，一根准直而高的鼻子；谁见到他都说他相貌非凡。"邵洵美是一位对任何事情都充满了好奇心的人，他对蛇的喜爱首先源于他的好奇心。尽管在民间传说和相关故事中，蛇往往与爱情、善良等联系在一起，但在现实中，人们又往往对蛇产生某种惧怕心理。但在邵洵美的故事中，由于先有了自己幼年时代与蛇的相处的故事，又由于有了卖蛇人的中介与转化，所以，这条蛇在邵洵美的心目中就演变成了不可怕甚至是可爱的东西，对蛇的想象也变成为与美相关，"当我见到她那油滑而光嫩的身子时，我立刻会感觉到我的身子也变成一样的油滑光嫩，便是四周围的一切，怕是石头、铁、荆棘，也会变成一样的油滑光嫩，那种软，那种温柔，那种活泼，那种镇静与敏疾，实在太舒服了"。在邵洵美的想象中，这条蛇已经女性化了，与邵洵美成为朋友，甚至化为一体了。

蛇与人类文化有着密切的关系，《圣经》里说人类始祖夏娃与亚当，因蛇的诱惑，偷吃了禁果，从而才走出了黑暗，才能够享受到阳光、泉水和快乐。而在中国古代的传说中，华夏人文始祖女娲与伏羲氏也是人蛇一体。在东西方不同的文化语境中，蛇与人类的性、爱、生命等联系在一起，而《白蛇传》中的许仙与白素贞的故事更是家喻户晓，演绎了一段千古传奇的爱情悲剧。这些蛇与人类的爱情故事，对于受到英国文化影响，追求浪漫爱情的邵洵美来说，无疑都具有相当的诱惑，再加上他偶遇的盛佩玉属相是蛇，这更加重了他对蛇的文学性想象，让他口中有关蛇的故事格外增加了传奇的色彩。在邵洵美的作品中，我们还没有发现他书写过与《白蛇传》相关的文字，但在他的《天堂》一诗中，却专门抒写了亚当与夏娃的故事。《天堂》是邵洵美1926年4月16日写于法国巴黎的一首诗，抒写了诗人心目中的天堂以及在天堂向上帝的倾诉，写出了蛇对亚当和夏娃的诱惑，写出了亚当和夏娃偷吃了苹果之后的相爱，以及与这爱相关联的自私、欲望、快乐、悲苦。在这首诗中，上帝的苹果树是上帝栽种的爱的种子："青草丛里的苹果树 / 开了花了。/ 上帝！/ 你爱了！/ 你吐着絮语的和风；/ 你流着情泪的轻露。/ 花笑了；像处女爱第一个情人 / 一般地爱你了，/ 结果了，/ 是你的能力吓！上帝！"这种爱是人类的本能，是男女的追求，但这种爱却是由于苹果园前的"杀旦"（撒旦）而引发的："他会像蛇般在墙上行走；/ 他会像马般在山中狂奔；/ 他会像鱼般在水心游泳；/ 他会像鸟般在天空飞腾；/ 刁诈是他的性格，/ 诱引是他的技能。"在亚当与夏娃未被"杀旦"引诱之前，"他俩虽然有性的分别，/ 只是谁也不知道 / 男女的本能"，而当"杀旦"对他们二人进行了爱的启蒙之后，一切都发生了根本性的变化，爱情回到了人间，快乐回归于本体，"好吃的东西，应得使人人尝些滋味吓"，明白了苹果的滋味的亚当与夏娃，"他俩知道了！/ 但是他俩在知道 / 快乐悲苦羞耻一切以前，/ 先知道了爱！/ 上帝！"整首诗完整地表现出《圣经》里的一个故事，以诗的形式展示出爱情的美好和寻爱的过程。

有关蛇与爱情的书写，我们还可以在他的新诗《蛇》中读到。

《蛇》发表于 1931 年《声色》杂志第 1 期，以两行长句夹两行短句的较为整齐的句式，写出了蛇的姿态以及爱情、欲望的象征：

在宫殿的阶下，在庙宇的瓦上；
你垂下你最柔嫩的一段——
好像是女人半松的裤带
在等待着男性的颤抖的勇敢。

我不懂你血红的叉分的舌尖
要刺痛我哪一边的嘴唇？
他们都准备着了，准备着
这同一个时辰里双倍的欢欣！

我忘不了你那捉不住的油滑
磨光了多少重叠的竹节：
我知道了舒服里有伤痛，
我更知道了冰冷里还有火炽

啊，但愿你再把你剩下的一段
来箍紧我箍不紧的身体，
当钟声偷进云房的纱帐，
温暖爬满了冷宫稀薄的绣被！

这首诗带有新月诗派新格律诗的尝试性质，在新诗格律方面有所追求，如意象的选择与营构、章句的匀齐与建筑的讲究，诗的节奏在舒缓中的跃动，体现了一位唯美诗人的美学风格。整首诗在冷与热、柔嫩与勇敢、刺痛与欢欣的书写中，形成了抒情中的对立方式，既写出了蛇的温柔、油滑、冰冷的形态，而又写出了爱情的颤抖、火炽与舒服。蛇的意象成为爱情的隐喻，让人们联想到某种美好的事物。

当然，人们都知道，这条蛇，是一条美丽而温柔、深情而端庄的蛇，是邵洵美追求的盛家小姐"茶"。据说在浙江方言中，"茶"和"蛇"的发音极为接近，"茶姐"就与"蛇姐"的发音相近，而女主人公盛佩玉的属相恰巧就属蛇。"茶姐"带给邵洵美的不仅是对蛇的爱，而且更有对茶、茶花的爱，邵公子把对一位女性的爱，都具体化、象征化了，通过物象的转移，把对盛佩玉的爱通过蛇和茶花表现出来。据主人公盛佩玉的回忆："讲到茶花，洵美如果见到花市上或什么器皿上有茶花的，总为我买来。他写了一本诗集，名叫《花一般的罪恶》，1928 年由金屋书店出版，设计封面时想不出图样，便画了一朵茶花，是黑色的，印在米色的封面上，很别致。"[1] 这也算是另一版本的"爱屋及乌"了。这种巧合对于一位好奇而猎奇的浪漫才子来说，真是一段天赐的良缘，一位喜欢蛇的公子和一位属相是蛇的"茶姐"，这种巧遇，这个故事，对邵洵美是恰当而合适的，让他"知道了冰冷里还有火炽"。这种深切的感受和对"茶姐"的印象，在他后来所写的《Z的笑》中再次成为抒情的对象：

---

[1] 盛佩玉：《盛氏家族·邵洵美与我》，人民文学出版社 2004 年版，第 204 页。

我知道了你的心，冷的火炎，

像在燃烧的冒着烟的冰窖。

你低了头笑，你有意将背心向了我而笑，

啊，你的蛇腰上的曲线已露着爱我的爱了。

为甚你不常和我说话，说话，

只是你不相关地望望又笑笑？

你低了头笑，你有意将背心向了我而笑，

莫非你在我眼睛中已见到了我的需要？

啊，你的心，你的背心，你的腰，

可容我将指尖儿抓上一抓？

你低了头笑，你有意将背心向了我而笑，

我不问你笑些什么，我的心早已满足了。

据邵洵美的女儿邵绡红分析，这首诗写的是一段爱情故事，"茶姊姊的笑总会牵动他的心。后来他专门写了一首诗，题为'Z的笑'。"[1]这首诗共三节，每一节的第三行"你低了头笑，你有意将背心向了我而笑"，是全诗的中心诗行，这里显然是对茶姊姊笑的描摹，在这笑中，表现着茶姊姊对"我"的爱，这种爱是"冷的火炎"的热烈表现，从爱的"露着"见到了"我的需要"，再到"我的心早已满足了"，这个爱的过程与笑的呈现是一致的，尤其是第一节的第四行

---

① 邵绡红:《天生的诗人——我的爸爸邵洵美》，上海书店出版社 2015 年版，第 18 页。

诗，写出了一个优美的意象"蛇腰上的曲线"，这个意象如此的生动形象，如此的真实可感，这个意象既是象征的描写，也是具体的可感的形象，是"蛇腰"，也是茶姊姊的腰，这是诗人对爱人的真切感受，也是从爱人的蛇腰所捕捉到的诗的意象。

邵洵美与这条"蛇"相遇后，就被她的形象占据了脑海，为她的笑容所迷恋。这种爱恋尽管还是朦胧的、不确定的，但已经在少年云龙的心中占有了一定的分量。盛宣怀的葬礼之后，盛家人为了能有休整的时间，决定到杭州游玩，以便放松身体，调整心情。同去的还有盛佩玉的四姑母盛稚蕙以及邵云龙和邵云鹏。这就有了盛、邵两家常常在一起的机会，盛佩玉和邵云龙不时见面的机会。杭州的休闲，西湖的美景，正好为盛家人提供了休养的好去处，满目的湖水山影，将心中的悲伤荡涤而去，而西湖的爱情故事，也会给那些少男少女们留下美好的印象。许仙与白娘子的故事在这里流传，苏东坡与苏小小的故事相信茶姊姊和邵云龙也会为之感动。几十年之后，当事人之一的盛佩玉在她的《盛氏家族·邵洵美与我》一书中，写下了一段与这次杭州之行有关的文字，非常值得品味：

> 两个表哥怎肯等在那里？当然已划船出游了，他们自己会划船。
>
> 后来我们也划船到湖心亭。那是一个小岛，岛上有平房、走廊，里面是个庙，地方不大，佛也不多，只有一个老人看守。有一尊是月下老人，主管婚姻的，他面前有签筒，可以问婚姻，当然要磕头、跪着祷告。我们只上前看看，小姐是羞于做这件事的。男女婚姻要他老人家牵红线的。这时，大表哥云龙和二表哥

云鹏也来到湖心亭，云龙见了我，直对着我笑。

我们又上了雷峰塔，这塔是红砖砌的，四周砖缝生了野草，是个不能上去的实心塔。山路不好走，费了力只能在塔下面看看，我不敢靠近塔，怕传说中的白蛇精出来呢。①

盛佩玉的叙述中提到了月下老人和白蛇精，看来这两个传说中的形象都对她留下了深刻的印象，也是一位怀春的少女惦记大表哥的印象记。旧式婚姻习俗还影响并制约着这位大家族的少女，而对爱情的渴望却挡不住她的心，一条蛇和一位钟情于美女蛇的少年男子的故事，在这些不断的接触中渐渐生根发芽。

这里重述邵洵美与盛佩玉的爱情故事，是在说明一段美好姻缘的同时，强调一下这段爱情故事中的非家族性因素。邵洵美生活在一个官宦富贵之家，优裕的家庭环境以及家族遗传的风尚，使他从小就有一种优越的感觉，而他的教育背景和经历，也让他养成了对唯美的理想化追求。因此，在邵洵美的生命世界里，浪漫、新奇和完美是其重要的关键词。他所遇到的盛佩玉正是这样一位可以完成他的理想人格的女性，相貌美丽、谈吐不俗，有良好的家庭教育和学校教育的经历，更重要的是，有符合邵洵美浪漫追求的传说和神话般的故事，有"茶姊姊"和"蛇"的故事在里面，有诗性的人生在里面，这一些都与邵洵美的理想发生了密切的联系。相反，对于两个10岁和11岁的少年，即使到后来的妙龄青年时期的云龙和稚蕙来说，家族背景、家庭环境以及显赫的社会地位，都是可有可无的，更谈不上攀附权贵这

---

① 盛佩玉：《盛氏家族·邵洵美与我》，人民文学出版社2004年版，第24页。

类的事情。一个追求浪漫爱情的青年，也不会太在意他的情人出生在什么家庭，或者拥有多少家产，而有时家庭条件的巨大差异，反而更会激发其对爱情追求的激情。对此，邵洵美的女儿更理解他的这种追求："云龙热恋着茶姊姊。他像所有心里有了爱的年轻人那样爱好读诗。那时他更喜欢古诗，喜欢借古人抒发情感的诗词来抒发自己的情感。古诗淳朴，几个简单的字连成的句子可以让你意会到很多，句子完了，意犹未了。他去翻《诗经》，读到《郑风·有女同车》一节，竟然看见他意中人的名字赫然跃于纸上。那一句里有'佩玉锵锵'四个字，好像茶姊姊顿时走近了他，她的声音他都听见了。另外一句里面有'洵美且都'四个字，此处'洵美'二字之意为'实在美'，'且都'意为'而且漂亮'。啊！他拍案叫绝。多么凑巧，似乎是天作之合！'洵美'对'佩玉'！太好了！他决定改名'洵美'，以诗寄情。"① 当邵云龙把这种想法说给茶姊姊听的时候，也读过《诗经》的盛佩玉含笑不语，多情的才子当然明白其中的意思。从此，邵云龙被邵洵美所代替，一个名字都那么唯美的诗人、出版家出现在人们面前。

1927 年 1 月 15 日，留学归来的邵洵美与盛家小姐盛佩玉结婚，一条蛇的爱情故事演绎了一场奢华的婚礼，在上海静安寺路大光明电影院后面的卡尔登饭店，数十位亲朋好友一起见证了这对恋人携手步入婚姻殿堂的幸福时刻。当年 1 月 21 日出版的《上海画报》上，在封面刊登了"留英文学家邵洵美与盛四公子侄女佩玉女士新婚俪影"，并以一则《美玉婚渊记》报道了这场婚礼盛宴："邵君洵美，长于文学，著作颇富，所作小诗尤隽永绝伦，常散见各刊物，读之靡不令人赞叹。前曾在英国

---

① 邵绡红：《天生的诗人——我的爸爸邵洵美》，上海书店出版社 2015 年版，第 22 页。

剑桥大学研究文学多年，故中西文字俱有根底。日前（即阳历元宵）与盛泽丞之女公子佩玉女士行婚礼于卡尔登饭店，一时往贺者冠盖如云，其中尤以文艺家居多数。婚后三朝，由新郎之友江小鹣、徐志摩、陆小曼、丁悚、滕固、刘海粟、钱瘦铁、常玉、王济远等发起公份，在静安寺邵宅欢宴，堂会有江小鹣之《戏凤》，绿牡丹、粉牡丹等之《送酒》、《打花鼓》、《朱砂痣》、《吊金龟》等戏。今日本报封面所刊之俪影即邵洵美君与盛佩玉女士也。"这则报道虽有夸张、错误之处，但也写出了当年邵府喜事的一角，让人们看到了邵氏大家族的最后的狂欢。

三、留学海外，与书结缘

1923 年冬，邵洵美与盛佩玉订亲后不久，就要远游英国，去实现他的留学梦了。

邵洵美乘坐"雨果·斯汀丝"号邮轮赴英国留学。第一次踏上出国的旅程，难掩内心的激动，但很快在船上单一枯燥的生活中，思念起刚刚离别的恋人，所以他每到一处，只要有可能就买一张印有当地风光的明信片寄给盛佩玉，寄托自己的相思。1925 年 3 月，邮轮到达意大利的那不勒斯，4 月到达英国剑桥，他居住在老师慕尔教授家中，年底入依曼纽学院学习经济。在欧洲的这段时间，邵洵美是繁忙而快乐的，他开阔了眼界，见到了许多在国内见不到的事物，学到了新的知识。苍狗白云，岁月流转，在英国转眼就是两年的时间，1926 年上半年的一天，他收到了一封家信，信中说了上海牯岭路毓林里遭受火灾的事情。同时，家信中还提到祖母盼望他能尽快回国结婚生

子，能在有生之年享受到"四世同堂"的天伦之乐。于是，邵洵美不
得不告别英国，告别剑桥，告别自己的老师和同学，途经法国，踏上
了回国的轮船。虽然又添告别的忧伤，但他还是有一种比出国时更加
激动的心情："啊淡绿的天色将夜，/明月复来晒情人的眼泪/玉姊吓
我将归来了，/归来将你底美交还给你。"（《情诗》）根据相关记载，
邵洵美离开欧洲的时间应在 1926 年 5 月，同年 6 月底到达上海。

在国外留学期间，邵洵美除了学习之外，还喜欢上几件与他一生
密切相关的事情，养成了他学习之外而获得的人生素养。

（一）"还我我的诗，淫娃"

邵洵美来到英国后，进入剑桥大学依纽曼学院经济系学习。但他
在旅欧途中，却又意外爱上了希腊诗人莎弗，由莎弗而发现了她的崇
拜者史文朋，由史文朋而认识了先拉斐派的一群，从这里又接触到波
特莱尔、凡尔伦等象征主义诗人。

在他刚踏上欧洲大陆的时候，到了意大利著名城市那不勒斯。
在这座世界名城，他要去博物馆拜访希腊和罗马神话中爱与美的女
神维纳斯石像，可是，当他在二楼参观时，被一块小小壁画吸引住
了，那是一幅金色头发的西方美妇人、希腊女诗人莎弗的画像。画
上的莎弗穿着深绿色的衣服，细嫩的手指捏着一支笔，淡蓝色的眼
珠正在用情地看着他，让沉浸于艺术之中的邵洵美为之一震。他在
莎弗的眼神中看到了爱、美，看到了茫茫的宇宙中的生命哲学。当
他在博物馆的工作人员那里得知这是希腊女诗人莎弗的时候，这个
名字就一直深深地嵌在他的脑海中，让他终生不忘。来到剑桥大学

投奔到慕尔教授门下后，他又从慕尔教授那里得到了有关莎莆的更多信息。慕尔告诉他，莎莆虽然创作有大量的诗歌，但年代久远，被埋在沙漠下已有两千多年的时间，被发现后大多都已经散佚或破损，那些写在纸草纸上的诗作也都已破碎，无法复原，在现代人引举的作品中，也只有《爱神颂》和《女神歌》两首诗作还算完整，其他则都是一些断残的诗行了。这让本来很兴奋的邵洵美又陷于极度的失望、颓丧中。越是如此，一种新奇的诱惑越是强烈，对莎莆的热情，对莎莆诗作的渴望，让这位文学青年几度迷狂。我们可以在他用新格律体所写的《莎莆》一诗中，再次体会到邵洵美对她的迷恋到了什么程度：

> 莲叶的香气散着青的颜色，
> 太阳的玫瑰画在天的纸上；
> 罪恶之炉的炭火的五月吓，
> 热吻着情苗。

> 弹七弦琴的莎莆哪里去了，
> 莫非不与爱神从梦中相见？
> 啊尽使是一千一万里远吓，
> 请立刻回来。

> 你坐着你底金鸾车而来吧，
> 来唱你和宇宙同存的颂歌——
> 像新婚床上处女一般美的，

爱的颂歌吓。

你坐在芦盖艇石上而唱吧，
将汹涌的浪涛唱得都睡眠；
那无情的乱石也许有感呢，
听得都发呆。

蓝笥布的同性爱的女子吓，
你也逃避不了五月的烧炙！
罪恶之炉已红得血一般了，
你便进去吧。

你底常湿的眼泪烧不干吗？
下地的雨都能上天成云呢。
罪恶之炉中岂没有快乐在？
只须你懂得。

仿佛有个声音在空中唤着：
"莎茀你有什么说不出的苦？
说不出不说当更加苦呢，
还是说了吧！"

海水像白鸥般地向你飞来，
一个个漩涡都对你做眉眼。

你仍坐着不响，只是不响吗？

咳我底莎茀！

这首写于法国巴黎的歌赞莎茀的诗，在某些方面模仿了莎茀诗的诗格，对莎茀的诗作作为爱的颂歌、美的颂歌，以及"像婚床上处女一般美的"莎茀，以膜拜的心情给予赞美。这首诗中的意象、韵律以及艺术形式，都是涉足新诗创作不久的邵洵美表现的一个极致。在他同时期所写的另一首诗 To Sappho 中，邵洵美也以唯美的诗风、"莎茀格"的诗体，极尽对莎茀的赞美之能事：

你这从花床中醒来的香气，

也像那处女的明月般裸体——

我不见你包着火血的肌肤，

你却像玫瑰般开在我心里。

写作这首诗的时候，诗人邵洵美所乘的轮船已经临近中国了，祖国的海岸已经遥遥可望，而他仍然念念不忘已经远在他身后的莎茀，可见这位古希腊的女诗人对他产生了多大的影响。后来，邵洵美研究翻译莎茀诗并且创作莎茀格的诗，几乎到了发狂的地步，甚至置自己的学业于不顾。

（二）跑旧书铺

邵洵美喜欢跑旧书铺也是从喜欢莎茀开始的。迷恋莎茀的邵洵美开始疯狂地搜寻她的作品，拜访研究古希腊文学的学者，他的老师慕尔告诉他可以去找希腊文学教授爱特门氏。在爱特门氏家里，他知道了"莎弗诗格是诗格中最美的一种"，并知道了可以在史文朋的作品中间接读到"现代作家中用莎弗诗格写英文诗的最成功的"诗作。拜访爱特门氏的第二天，他就跑到书店买回了史文朋的诗歌集，读过史文朋的诗，"我的心立刻又被他像莎弗般地占去了四分之一"①。他在史文朋的书中发现了他想读的，并从中看到了一个新奇的世界。于是，他也开始寻书，喜欢上了跑旧书铺。有一次，他在一家旧书铺里找到了一部莎弗诗的英译本，这对正在研究莎弗的中国学生来说，简直就是发现了一座宝藏。还有一次，他在整理一些书籍时，发现了在罗马买的一张印刷品。这是根据希腊壁画的莎弗像而制作的，看着这张印刷品，他仿佛又重新回到了那不勒斯博物馆，看到了博物馆墙上莎弗那醉人的眼神。同时，他也去剑桥、巴黎等城市的书铺。在剑桥的城市广场，在塞纳河边或者一些小巷街道的小书铺里，常常有邵洵美的身影，他在那些发黄变旧的图书中，寻找着不同版本的图书，寻找着自己的真爱，如能寻到一本中意的版本，如获至宝，欣喜难言。

邵洵美发表于 1929 年《真善美》月刊第 4 卷第 1 期上的《巴黎的春天》，为我们提供了有关这方面的记载："我在欧洲的时候有一个嗜好，直到现在还是这样——跑旧书铺。在巴黎我最喜欢去的是在 Odeon 边上的一家，并不大，十分贵重的书籍或是墨迹也没有，但时常有很难得而合我胃口的东西见到。我在那里买过一册四开本有极好的插画而不装订的 Verlaine 诗集；一册 Baudelaire 的十二首诗的墨迹

---

① 邵洵美：《两个偶像》，《金屋月刊》1929 年第 1 卷第 5 期。

的刻版，虽然卖价很便宜，但在平时要觅这样两册书，也不容易。还有几家是在 Seine 河边的，政治与哲学书比较多。还有一家在一条我不知道地名而能走得到的街上，他们的书却讲究得多，有时一本要你几千万块钱，我是不配买的。我在那里买过一册 *La Nouvellē Psyché'* 为 ×× 夫人所著，一千七百十一年在巴黎出版，是根据了 Apuleius 写的，说是翻译也可以，但似乎没有人提起过。这种书我在剑桥的时候买得很多，将来当写篇东西详细讲讲。我这里所要说的，是我的巴黎的春天，除了花在画苑里，便是走着旧书铺。"邵洵美本人的回忆，至少透露了这样几个信息，一是他是一个非常讲究图书版本的人，对书的装帧设计要求甚高，所以他看到有难得一见的版本的著作，就爱不释手，如"四开本有极好的插画而不装订"的诗集，既能满足他读诗的心愿，而又能收藏一册装帧考究的书，这是两全。二是对著作者的要求。爱书人寻书就是在寻朋友，找那种可以交的或熟悉的朋友，与他们谈话，与他们交心，所以著作者就是淘书人必须要审视的。三是他在英国剑桥时也曾跑过旧书铺，他曾在剑桥的一家书铺里寻到一册 *Yellow Book*，一册英国唯美派的杂志，见到这样适合自己心意的杂志，价钱再贵也要出手，这是邵洵美的做派。

就在剑桥的一片广场上，邵洵美通过旧书铺而知道了诗哲徐志摩。邵洵美在回忆录《儒林新史》中曾写下了这个奇遇的故事："老大卫是这广场上的一个不朽的人物，他搭着个旧书摊子，三十年来不论寒暑，他总是笑嘻嘻地坐在那里。他看着年轻的学子个个变成著名的文人，他知道每一个剑桥出身的诗人及小说家的身世。他会对你说霍思曼怎样皱着眉去应拉丁文考试；他会对你说吉脱士顿当时是怎样一个瘦得像枯木般的样子。可是他见到我总问我是姓许，或是徐，或是苏？他说在三年前有一个和我同样面貌的中国人曾经怀着要翻译拜伦全集的欲望回到他老家黑龙江去。"摆书摊的这位老人所讲的这个与邵洵美长得一样的人，引起了他的兴趣，经过再三打听，他知道了这位"老家黑龙江"的诗人竟然是"一品诗人，江南才子"徐志摩。

在欧洲逛书铺的经历是邵洵美留学时期的一笔宝贵财富，他不仅在这里寻得了自己想要的书，满足了寻书、读书的心愿，实现了他作为现代文人的身份转型。同时，也让他爱上了书，迷上了书，对书的版本、装帧等等都有了深刻的研究，所以在欧洲就萌生了自己也要办书店的想法，能够出版自己写的书，出版朋友写的书，以书为媒，广结朋友，以出版为平台，为文化事业积聚一点功德。

（三）"我们全是狗"

邵绡红在探究邵洵美"为什么他不屈不挠倾其所有办出版"的问题时，认为"追本溯源，在法国结识的那批中国留学生，对法国交际社会推动文化进步的方式颇感兴趣，构成了他以文化事业为理想"[①]。这种说法是有一定道理的。生性喜欢交友的邵洵美，在异国他乡能够见到自己的同胞，自然格外高兴，而又是在他寻找徐志摩的过程中，见到了那些认识徐志摩的朋友，种种机缘使邵洵美与徐志摩以及在巴黎留学的那批朋友产生了亲近感，而当他与徐志摩相见时，徐志摩竟然开口就说："弟弟，我找得你好苦！"这让邵洵美立刻增加了兴奋之情，好奇、好客、相信缘分的邵洵美很容易被唯美诗人徐志摩打动。

[①] 邵绡红：《〈天生的诗人——我的爸爸邵洵美〉自序》，《天生的诗人——我的爸爸邵洵美》，上海书店出版社 2015 年版，第 7 页。

1925 年暑假，邵洵美来到法国巴黎。他这次巴黎之行是想利用假期的机会进入巴黎的画院学习画画，而恰巧就在这里他认识了中国留学欧洲的学生们创办的"天狗会"的成员。"天狗会"是一个小的松散的团体，成立于 1921 年 8 月，没有组织，也没有章程宗旨，是一个说成立就成立的团体，它的会员并不是由会员自愿参加，而是由他们中的成员派定的，"我们要认他做狗时，他便非做不可"①。之所以叫"天狗会"，是因为这个会"非有个名称不可，所以就随便给了个名称"，不过，"这名称和我们的会恰好适宜，真像是天造地设的。做狗第一个条件当然要会咬人。不过虽然逢人便咬，可是从不把人咬死，所以做狗的又得会虚张声势。"对此，罗家伦的解释更具文化特征，他解释说："我想我们的'天狗会'也可以有历史的根据的。在希腊时代有一群哲学家，他们也自称为狗，我们叫他们做犬儒派。他们对人生取一种怀疑和讽刺的态度，和我们的态度也差不多。"②邵洵美加入"天狗会"后，按照年龄把谢寿康称为"大哥"，蒋碧微是"二姐"，徐悲鸿则是"二哥"，张道藩为"三哥"，而年龄最小的邵洵美当然只能做"四弟"。这些海外留学的游子经常聚会，一起讨论社会、人生，议论绘画、文学，一起参观展览会。最重要的是，他在与这些朋友的聚会中把心思放在了诗上，而且由于他与徐志摩相识，交了一个多钟头的朋友，有或者没有徐志摩在的场合，大家的话题似乎都离不了他，无论在哪里，他的心思"也只是在诗歌的架子边上徘徊"。在这里，他也参加过一些文学聚会，认识了青年会诗人以及其他一些诗人，让他的人生真正回归到诗的世界中。

---

① 邵洵美：《儒林新史》，上海书店出版社 2012 年版，第 70 页。
② 邵洵美：《儒林新史》，上海书店出版社 2012 年版，第 71、74 页。

当他再次与莎茀相遇的时候，他的"最重要的工作便是去译这首《爱神颂》了"，"新诗便变成了我的信仰和将来了"。而且，邵洵美开始了一件更令人感到不可思议的工作，这就是把莎茀诗被人发现的几十个断片，"把它们凭了自己的想象联系起来，结果写成了一出短剧。一由慕尔先生的介绍，交海法书店印刷发行：于是我的衔头又多了一种叫作'希腊文学专家'了。这册剧本印得特别讲究，纸张是剑桥大学出版部转买来的手造纸，封面的图样又是英国木刻名家吉尔先生的设计。我在没有发行以前，竟有因此一举成名的确信；但是当这本小册子出现在海法书店的陈列桌上以后，竟然一本也没有卖掉"①。这次令人激动的但又不成功的出版行为，一定程度影响到邵洵美，这次创作和出版对于邵洵美来说，使他进一步明确了自己未来的事业，寻找到了自己的人生兴奋点。而这次文学出版，也正好体现出他以寻美和兴趣而从不计回报的出版特点。

在巴黎加入"天狗会"，对于邵洵美来说更完美地展示出他的性格特点，让人们更清楚地认识了这位才子的生命世界。一是他的热情，他的善结朋友、愿为朋友尽心尽力的热情。对于邵洵美来说，"天狗会"并不一定是他一定要加入的理想组织，但有朋友相邀，而且因为大家也都把他与徐志摩联系在一起，他也乐于交更多的朋友。二是他的乐善好施，当一些中国留学生因为国内局势，失去了经济来源时，他竭尽自己的能力，为这些留学生提供支持，帮助他们解决困难。尽管他一人的力量不一定能解决所有人的难处，但出了钱，出了力，为大家做了事，他就会感到满足。第三是他的兴奋点多，兴趣转

---

① 邵洵美：《儒林新史》，上海书店出版社 2012 年版，第 98—99 页。

移也快，而且他相信缘分，相信机遇，做事往往不计后果，不考虑回报，只要做了自己高兴做的事，这对他来说就是成功，他要的是做了自己愿意做的事情，所以，他的书出了，卖出去，出了名，当然最好，卖不出去，没有出名，一笑了之。

四、官材与文才

据说邵洵美满周岁的时候，邵府按照中国传统的习俗，让这位邵家的希望之星"抓周"。盛满各式各样杂七杂八物品的小盘子放在小云龙的面前，一家人紧张地看着他会抓出什么东西来。"小黑不抓摆在他跟前的红顶帽（那是象征将来要当官的），也不抓闪闪发亮的金镯子（那是象征将来要发财的），更不要那系着彩穗的铜喇叭（那是象征将来会从艺的），而是硬要挣出奶妈的怀抱，俯下身子，小臂膀伸得远远的去抓角落里一支秃了头的狼毫笔。老祖母看了摇摇头说：'唉！小黑是拿笔杆子的命！'"① 这个带有传说性质的故事，也真应验了主人公后来一生所走的道路。

1927 年 4 月，新婚不久的邵洵美与美丽的新娘子还在家中厮守，或有时与留学欧洲的朋友聚会，或翻阅几册时新的杂志，正无所事事的时候，刚刚被任命为南京市市长的刘纪文来访。刘纪文是欧洲留学生"天狗会"的成员，当年曾与邵洵美有过密切的交往，现在，他荣登市长宝座，需要一位得力助手做他的秘书，他想起了自己的"狗友"

---

① 邵绍红：《天生的诗人——我的爸爸邵洵美》，上海书店出版社 2015 年版，第 11 页。

邵洵美，于是特意来上海邀请邵洵美去南京。毕竟邵洵美赋闲在家，无事可做，南京市秘书的位置也还说得过去，而且当时国民革命的烈火也让青年人心血来潮，他答应了刘纪文的邀请，并偕夫人一起到南京参加了南京市政府的成立仪式。

但是，一身诗人气质的邵洵美，不适应官场的套路，不懂得人情世故，不懂得上司的话中意思，不明白官场的利益争夺，所以有些事情尽心尽力去做，却不一定能得到人们的理解和支持。他自己后来曾经对做官的事情有过理解，说过一些明白了事理之后的话。《说官材》是他编辑后期《论语》时的一篇"编辑随笔"，他借毛姆自传中的一段话，发表了对"官材"的告白："做官的确不是靠什么学问与才能，做官的确需要某种特材。"这是他从毛姆的文字中得到的启示。他接着说："所谓官材，便是做官的材料，也便是做官的才能。我敢说，官材的造就，决不是靠读书或经验，简直是天生的。你不见有些人一看上去就是官，而有些官看上去连人也不像！"所以，文学家与官员完全是两种不同的人："文学家不是官材。文学家有的情感太丰富，有的理智太清楚，做官便不适宜。他们凭了自己的心灵来创作。虽然有的说明是在忠实地描写现实，但是他们所描写的是他们理想中的现实。既然不是真正的现实，便无异逃避现实。而做官却要绝对接受现实，再在现实中去表现理想。"在他看来，"学者更不是官材。学者根据一个问题，去探索一个答案。做官的却要根据一个答案，去制造一个问题。他们在原则上正相反"[1]。邵洵美并不是借这篇文章要为自己当年不能做官而进行反思，而是针对 20 世纪 40 年代末中国社会的现

---

[1] 邵洵美：《说官材（编辑随笔）》，《论语》1948 年第 163 期。

实而发表的感想，但他在这里又的确说出了他自己与官材相距甚远的事实。

在此之前，邵洵美还曾于 1931 年在《时代》画报第 2 卷第 4 期上以"浩文"的笔名发表过一篇题为《人类的典型》的文章。他列举了不同出身、不同职业的但与他是"完全一样的人类"，这些人类同样"生着两只眼睛，一个鼻子，两只耳朵一张嘴，他们也用两只手来工作，两条腿来走路"。但是，在这些相同之外，由于职业的不同，便生出不同的"人类的典型"。他列举了 15 种不同的职业，写出了"他们的历史，他们的欲望，他们现有的工作，与他们成绩的程度"。其中在写到"元首"和"文学家"的时候，读者看到了他们不同的"面部的表情，声调的高度，服装的尺寸，与嗜好的种类"。他笔下的"元首"是这样的："鼓动群众去推翻专制的政策；又引导群众选举自己做元首。他是群众的代表，他在忧郁的时候，全群众便也不得舒服；群众要的一切快乐，也不妨让他一个人去任受。……所以我们选元首时，应当选一个精强力壮能代表全群众去享受一切快乐的汉子才是。"而在他笔下的"文学家"则是另外一个样子："他们身材并不壮大，无论做什么事情他们都不适合。他们貌视他们所得不到的幸福，而加以一种'粗俗'的罪名。他们看见天上没有人上去过，于是他们想上天。他们也上去不得，于是想在地上造个天堂。他们又买不起种种建筑的材料，于是便把他们所想得到的字眼写在纸上，自己过瘾，同时又想把这天堂炫耀给人看，于是请出版者印行。他们怕人家会说他们是发神经病，与嗤他们是无业流氓，于是便美其名曰文学，自己便是文学家。"对这两种不同的人物，邵洵美都采用了讽刺的笔法进行了批判，表达了对不同职业不同人物的认识，在官员与文学家之间，在官材与文才之间，不同的职业有天壤之别，相互无法取代。因此，邵洵美虽然出身权贵之家，但他本人的性格与接受的教育，又让他偏向了文学与图书一路。他与徐志摩、徐悲鸿、刘海粟、郁达夫、章克标、张若谷等文学艺术家，很容易就走到了一起，因为他们是同道人，但他与刘纪文这样的官员虽然都是"天狗会"的成员，但却无法真正走到一起，更无法共事。他不是那种圆滑乖巧的人，他不是官材，他只是一个文才，一个注定一生与文学、与图书打交道的人。

第二章

我不要做梦，我要醒

一、"狮吼"与邵洵美的早期出版活动

"狮吼社"是邵洵美早期文学活动和出版活动的第一站。

"狮吼社"于 1924 年成立于上海，主要成员有滕固、方光焘、章克标、张水淇、黄中等人，1924 年在上海创办《狮吼》半月刊。据章克标回忆："当时我们几个人一同在上海，就设法出了一个自己的刊物，可以自由自在发表自己的文章，不受干预。主要是由滕固做带头人。他在'美专'里的朋友，还有另外各方面的相识，都赞成这个举动，于是出版《狮吼》

半月刊和后来的《新纪元》等同人刊物，就被称为'狮吼社'同人了。其实什么章程也没有，是无组织的集合，一份小小的杂志，有钱就出，没钱就停，可算是个小头，自立为王，一共有多少人也记不清楚了。"①《狮吼》半月刊从 1924 年 7 月 15 日出版第 1 期，到年底出版第 12 期后停刊。1926 年 1 月 1 日又创办了《新纪元》半月刊，但这个刊物仅出了两期后就停刊了。

（一）从《屠苏》到《狮吼》月刊

邵洵美于 1926 年从欧洲回国，途经新加坡，在当地一家书店看到了刚刚出版的《新纪元》。也是许久没看到中文刊物了，在异国他乡看到了一份中文刊物，便觉得格外亲切，又读到了其中的《希腊文学中之浪漫主义之曙光》（张水淇）、《英国文学中之浪漫诗派》（吴经熊）等文章。这些文章中所写的内容，也都是他在英国留学期间喜欢的，正合他意。在南洋的热带风光中，阅读以浪漫主义、唯美主义为特色的刊物，这让正在归国途中的邵洵美有一种特别的感受。回国后不久，他就与"狮吼社"的成员取得了联系。1926 年 8 月，当"狮吼社"同人要结集出版一部《屠苏》著作时，邵洵美应邀参与其中，将自己著译的四首诗作拿出来刊登在上面，他以实际行动加入到"狮吼社"的行列，成为该社的成员之一。20 世纪 20 年代，一些社团的组成及其成员都是自由的，一般凡是在该社刊物上发表作品的作者，都可以被认定为社员，无须申请，无须批准，以作品说话，以作品为证，以

---

① 章克标：《世纪挥手》，陈福康、蒋山青编：《章克标文集》（下），上海社会科学院出版社 2003 年版，第 378 页。

发表作品作为参与社团的记录。

不过，回国后的邵洵美先是忙于准备结婚，再是到南京做官，还没有心思顾得上文学以及出版这些事情。很快，当不了官的邵洵美还是回到文学上来，毕竟他的朋友、他的圈子里的人物，大多是文学艺术界的。徐悲鸿、郑振铎、徐志摩等，都是文学界或艺术界的名人，而且通过他们又认识了郁达夫、滕固、吴经熊等人。正是在这个文学艺术的圈子里，邵洵美有更多的机会参与到文学及其出版。

1927年5月，正在南京市政府做秘书的邵洵美，接手参与编辑刚刚创刊的《狮吼》月刊。这是他第一次真正意义上参与现代出版活动，以刊物编辑的身份迈出了人生中的重要一步。这个时候，他虽然是南京市政府的官员，但他骨子里的文学情怀让他只要有机会就会进入到文学的行列中来。他这时想借此机会，利用自己在南京的有利条件，扩大《狮吼》月刊的影响力，办成一份理想的刊物。邵洵美发表在《狮吼》月刊第1期上的《再生的话及其他》，也算是一篇"编辑随笔"，同时也可以视为从事出版活动的宣言：

我莫名其妙地回国了，莫名其妙地认识了若渠水淇，又莫名其妙地碰见了克标光焘；大家聚在一起，把已逸出人们记忆的《狮吼》改为月刊继续出版。

在这里不得不重提一些旧事，《狮吼》在前年出版了十二期便停刊了，去年春天又办了个《新纪元》，也只出了二期就停止了。此中原因，果然很复杂，但总结起来，不外乎：一，各人为私事所羁绊；二，书贾的神圣；三，金钱的作祟。但读者对于吾们的同情，却仍旧继续存在着。这是我们可以以去年年底出版之四不像的《屠苏》的销数来推测到的。我们万分感激而自幸的。

我们的结合，只是良心的结合，我们所求的，只是对得住自己（同时也想求对得住别人）。我们大家各有各的性格，各有各志趣，各有各的嗜好，各有各的信仰；我们现在虽是各各分裂的，以后想找一条前线来进攻上去。

我们从《狮吼》的再生决定后，光焘远游长沙，克标卧病乡里，这一期的稿件中，所以没有他们俩的作品，这一期今年二月中收集的稿件，一星期差不多齐了，同人的热心是用不着我自己来吹嘘的。

这一期《狮吼》月刊刊发了邵洵美、滕固、徐葆炎、滕刚、张水淇、徐志摩、石灵、刘思训、夏莱蒂等作者和翻译者的 27 篇创作和翻译作品，包括诗、小说、论文、随感、杂文等各种文体。该期刊物不分栏目，以作者为序进行编辑排列，可见其编辑的随意性、自由性。放在第一篇的是邵洵美的诗《Sphinx 献诗》，第二篇则是滕固的论文《今日之文艺》，第三篇又是徐葆炎的小说《玳瑁花》，第四篇则又成为滕刚的诗，这种编辑方式也真正体现了邵洵美所说的"我们所求的，只是对得住自己"，是以自我为中心的编辑方式，也是以自我为中心的同人刊物意识。

从邵洵美编辑的这一期《狮吼》月刊，还可以看到他对美术的倾心与爱好。曾经在法国巴黎学习过美术的邵洵美，既懂得美术，也能画几笔，而且还有一批美术界的朋友，徐悲鸿、常玉等都是著名的画家，也都是他从事编辑出版事业在某些方面的有力支持者，所以刊物在美术方面也得益于这种优势。当他认为这一期的文章不用多做介绍的时候，却用了一些篇幅介绍封面以及插画：

封面是江小鹣君制的木刻。这类的木刻，欧洲现在极得时；小鹣曾在法国研究多久，在本国这样的作品是少见的。

插图 Spninx 的 Franz Stuck 氏画的。他是德国近代的大画家。他在一八六三年生于 Pavaria 的 Tettenwise。他归初的得名，是因了他为 Fliegerle Blatter 所画的插图。一八八九年他便开始尽力研究油画。他的第一张出品《天堂的护神》，便是一张可以使他不朽的杰作。他的画大半取材于神话，最有名的是"罪恶"、"战争"、"司芬克司"及"诱惑"等，将来有机会，再当在本刊登出。

还有一张插图是常玉君画的。他的素描以线条所表现的情致的丰富是早经艺术界所称许的了。他今年又到法国去继续研究，这张便是他送给我和佩玉作为纪念的。

这些介绍文字显示出邵洵美深厚的美术修养，正是如此，他有在刊物中插图的爱好，这也成就了他日后在创办其他刊物和编辑刊物的过程中，对插图及其他美术作品的讲究，甚至影响到他后来接手或者创办《时代》画报、《科学画报》、《声色画报》等画报类的刊物。

就在邵洵美满怀信心准备第 2 期《狮吼》月刊，并且已经在《再生的话及其他》中进行了预告的时候，第 2 期却因为复杂的原因一直迟迟不能出版，而且第 2 期《狮吼》月刊出版的时候，又面临着停刊的现实："非必要的闲话，情愿少说，我们的《狮吼》月刊，便从今天起暂时停办了。不多几时，便有《金屋》半月刊出版。请你去买来读吧。"① 这一期刊物出版的时候，邵洵美早已经辞去了南京市政府秘书的职务，回到上海开始了他的出版事业和文学事业。他之所以停办《狮吼》月刊，正是他独立步入出版界的一种考虑。1928 年 3 月，他创办的金屋书店正式开张，第 2 期《狮吼》月刊就是由金屋书店出版的，出版一期之后停办，再另起炉灶创办刊物。尽管再出版的刊物并不是《金屋》半月刊，但却完全成为金屋书店的了。

（二）《狮吼》复活号

停出《狮吼》月刊，重新创办《狮吼》复活号，发生变化的不仅仅是刊名和刊号，更是刊物的归属权。"《狮吼》半月刊变成《新纪元》，《新纪元》变成《狮吼》月刊，《狮吼》月刊现在又变成《狮吼》半月刊了。此中的经过与我们的苦衷也不用到在这里讲了，好在从此我们当重新做起。我们，只有三个希望（1）从此不再停顿或脱期，（2）能一清这混乱的文坛，（3）多得几位同志。"② 这"三个希望"正是邵洵美独立办刊物、办出版社，确立在文化界的地位，扩大《狮吼》杂志的影响的一次努力。既然邵洵美要独立办刊，使《狮吼》复活号成为金屋书店出版的刊物，既然他已经在《狮吼》月刊上说出了要办《金屋》半月刊的打算，那么，他为什么不一次性完成换刊名的目的，而仍然沿用了《狮吼》刊名？可以这样说，邵洵美太喜欢《狮吼》这个刊名了，从当年看到"狮吼社"，再到后来加入"狮吼社"，再到参与《狮吼》杂志，这其中已经融入了他的情感与心血，让他对《狮吼》有些

---

① 《老着脸皮说话》，《狮吼》月刊，1928 年第 2 期。
② 邵洵美：《我们的话》，《狮吼》复活号，1928 年第 1 期。

不忍舍弃，也无法放得下这个刊物。

与此前的《狮吼》各种刊物相比，《狮吼》复活号有较突出的特点，一是加强了文学评论的力度，每一期都有作家作品评论的文章，而且从第 4 期开始特别开设了"介绍批评与讨论"的栏目，这个栏目成为《狮吼》复活号最有特色的、最具有分量的一个栏目。邵洵美在第 4 期《狮吼》复活号的"我们的话"里说："这一期我们添设了一栏'介绍批评与讨论'，是对于新出版物的介绍批评与讨论。里面的文章由我们几个人分期担任，也极欢迎投稿。批评的方针纯以艺术为前提，态度务求忠实与认真，不作带妒忌与中伤色彩的谩骂。极希望以我们的介绍能使读者格外了解作者，而作者则也勉力而产生更良好的作品。在本栏里我们更愿意尽我们的力量来答复一切关于艺术上的问题。本栏的文章均不署名，一切完全由本刊负责。如有讨论请函致本刊编辑部。信件由金屋书店转。"在"介绍批评与讨论"栏目中，邵洵美一共发表了 12 篇评论文章，这些评论主要包括对创作的评论、对翻译的批评以及由作家的创作和翻译家的翻译而引出来的文学理论、文学界的相关问题的讨论分析。在批评作家的创作的文章里，涉及到赵景深、郁达夫、茅盾、鲁迅、曾虚白、郭子雄等，而在批评文学翻译的文章中涉及到伍光建、梁实秋、朱维基、芳信等，从这些评论中，也可以看到邵洵美的一些意图，这些评论多指向当时文坛的重要人物，如鲁迅、梁实秋、茅盾、郁达夫等，这当中包含着通过批评这些重要作家而扩大刊物的影响的想法，同时也期望通过这些评论表达自己的文学主张。如 1928 年第 11 期《狮吼》复活号中的《评曾虚白的小说〈德妹〉》，评的是曾虚白的小说作品，却引申到了当时文坛的现状："这年头新书越出越多，选择真不容易，但是分析起来，也不外三种人物：一种是未成名或是所谓已成名的作家，为要投机而同时不至于被人家指为落伍，于是拣些危险的字眼抄抄，盖所谓革命文学家；一种是所谓已成名的，为要在那种所谓革命文学家面前，保持他固有的尊严，于是仍旧捉着臭虫，赞美打野鸡，抽鸦片；还有一种则看出了前者的虚伪态度，后者的低级趣味，于是孜孜于技巧方面，即如法国之 Parnassians 高蹈派。"这里把 1928 年正在提倡"革命文学"的几种不同类型的作家都归纳进来，以讽刺的口吻进行了批评，甚至于以"谁是中国现代文艺界的领袖"的问题，暗示并讽刺了鲁迅。

在这些"介绍批评与讨论"栏目的文章里，邵洵美特别将赵景深的《荷花》作为批评讨论的对象，是颇有意味的。赵景深（1902—1985），祖籍四川，生于浙江丽水，学者、作家，在小说、戏曲研究方面著作颇丰，影响巨大。在创作方面也有不错的成绩，尤其追随诗人徐志摩，曾热衷于诗歌创作，由开明书店出版于 1928 年的《荷花》是他的第一部诗集。一位诗人的作品集出版后受到杂志的关注，得到人们的批评是很正常的事情，但邵洵美第一次开辟"介绍批评与讨论"栏目就拿赵景深的《荷花》作为批评对象，却是有故事的。1927年 11 月出版的《一般》第 3 卷第 3 期，发表了赵景深的一篇《糟糕的〈天堂与五月〉》，对邵洵美的诗集提出了批评。赵景深写作这篇文章时，还与邵洵美不相识，对邵洵美的情况也只是"听人说"，甚至说邵洵美"是美国留学生"。他从朋友那里看到了邵洵美刚出版的《天堂与五月》，读过之后认为邵洵美"大约是张竞生之流的洋翰林"。对于诗集分为"天堂之什"和"五月之什"，他直接指出"我敢断定他用这什字是学郭沫若"，郭沫若在《女神》中有"凤凰涅槃之什"、"泛神论之什"、"太阳礼赞之什"等，每一"什"都是十首，而邵洵美的

"什"则是一为 14 首，一为 19 首，他指出"我们的邵先生却用错了"，
"普通小学生用的字典上解释这个什字说：'篇什也。诗之《雅》颂，
以十篇为一卷，故曰什。'"随后，他又批评邵洵美诗作中对郭沫若的
简单摹仿与抄袭，指出了诗集中用韵的错误等现象。赵景深的这些批
评不是没有道理，邵洵美本人也曾说过他写诗之初，"便一定是一种
厚颜的摹仿"①。但赵景深的批评也带有年轻气盛的味道，几乎把《天
堂与五月》全盘否定了。对此，邵洵美当然一方面表示歉意，一方面
不会完全同意，对这种批评持一定的保留态度。1927 年 10 月 20 日，
邵洵美在《申报》"艺术界"栏目发表一篇"自供"，承认《天堂与五月》
里的诗，"除了曾在'晨副'登过《我只得也像一只知足的小虫》比
较过得去些外，其余都是我自己所不满意的"，"我实在对读过我《天
堂与五月》的，尤其是出了钱买了来读的一班读者抱歉。我现在力求
将我以前的过处改去，我已将我的第二本诗集《花一般的罪恶》编好"。
同时他也为自己有所解释。1930 年他曾在给章克标的一封信中说过：
"你不是说有许多人来信说我'不知所云'吗？对的。要是我写的诗，
人家看得'知所云云'那何必由我来写呢？但是那些诗里面的字，他
们不都认识的吗？每一句的解释，他们不也懂得的吗？所'不知所云'
的，大概便是由一句句缀成的诗罢？这一种的 Combination 便是诗的
境界，作诗便是要创造一种境界，为我们所从来没有见过的而将要见
到的境界，是一种我们所从来不懂得而将要懂得的东西。"②现在，当
邵洵美有机会对赵景深进行批评时，他也不会失去这个机会。在这篇

---

① 邵洵美：《〈诗二十五首〉自序》，《诗二十五首》，上海时代图书公司 1936 年版，
第 8 页。

② 邵洵美：《金屋邮箱·浩文的新诗》，《金屋月刊》1930 年第 12 期。

评论《荷花》的文章中，邵洵美虽然语气比较平和，也对赵景深的诗集多有赞美，但字里行间还是透露出某些批评的成分。到第 12 期《狮吼》复活号的"金屋谈话"中，他再次借读者来信对赵景深进行了侧面的讽刺："最近读英国台维司 W.H.Davis《冬火》（Winter Fire）一诗，最后四句极与《荷花》中的'炉'相像。大概赵景深不至于是抄袭台维司罢？否则未免太欺人了。"他同时解释说："我觉得摹仿（抄袭二字太不雅观）并不一定是欺人的事情；世界各国近代诗中时常有许多地方把希腊拉丁诸大师的名作译了引在里面。史文朋的诗中便有许多诗人莎茀的例子。所以我说，即使赵君摹仿了台维司，也未必是太欺人吓！"有过这一回交锋，邵洵美与赵景深反而在日后成为朋友。

"我们的话"也是《狮吼》复活号的一个经典栏目，这个栏目从第 1 期开始就有，除了第 2 期停了一次之外，其他各期都设有"我们的话"。"我们的话"与"金屋谈话"有明确的分工，"金屋谈话"主要报告出版界的消息，介绍新近出现的作家作品以及其他一些文学艺术界的消息。而"我们的话"则主要报告《狮吼》复活号的有关事宜，让读者从这个栏目中更多了解刊物的编辑、运行情况。"我们的话"可以看作是后来出版的《论语》半月刊"我的话"以及"你的话"、"他的话"的原型，两者之间存在密切联系。

《狮吼》复活号突出的成就是对欧美文学的译介。邵洵美从《狮吼》月刊时期就开始发表欧美文学作品的译介，而到《狮吼》复活号时期则有更明显的增加。《狮吼》复活号第 2 期就是"罗瑟蒂专号"发表了三篇罗瑟蒂和有关罗瑟蒂评论的文章，从第 2 期开始，又先后介绍了斯托姆、劳伦斯、穆勒、瓦尔特·彼特、乔治·摩尔、E.多森、比尔兹利、J.F.弗洛克等人的作品，并且在"介绍批评与讨论"、"金屋谈话"等栏目中，发表了大量评论欧美文学的文章，邵洵美、张若谷、朱维基等作家、翻译家在这方面做了大量工作。而邵洵美本人除了翻译介绍欧洲文学，撰写多篇介绍欧洲文学的文章之外，在"金屋谈话"中也多次谈到欧洲文学，如第9期《金屋月刊》的"金屋谈话"中就有《樱桃树的故事》、《一本赤裸裸的小说》、《每小时一本新书》、《史文朋的好友》、《水仙在中国》、《一鸣惊人的新进作家》等，或介绍外国作家，或介绍与外国作家相关的文化事件。《狮吼》复活号对欧美文学的重视也影响到后起的《金屋月刊》，使《狮吼》的这一传统得到了承传。

二、创办金屋书店

金屋书店是邵洵美投身出版事业以来开办的第一家书店，也是从事出版事业的第一项重大举措。金屋书店以图书出版为主，同时也兼顾卖书、出版期刊杂志等，从1928年初创办到1930年关门，前后存在大约两年的时间。金屋书店虽然存在时间不长，但却体现出了邵洵美从事现代出版业的一些特点。据章克标回忆："金屋书店起初设在福建路西侧、南京路北侧的后马路小巷里，此弄似叫香粉弄，过了不久，大约因为邵洵美到这里不方便，地方也小，朋友来谈天说地的环境也不好，因而乔迁到他自家住屋的对面，静安寺路上，斜桥弄斜冲出来的青海路口上。这个斜桥弄的英文名字叫 Love Lane，应译作'爱弄'才对头。对面就是邵洵美家的老屋，一所占地相当大的中式花园宅园，大约是三或四进的厅堂平屋，园地较大，洋式的铁栅栏大门，平时洞开着没有管门的门卫。……不过，那个地段实在是不适宜于开店的。当时的书店几乎集中在四马路（福州路）、望平街、棋盘街一带。书店要靠门市部出售，才有现金收入。因之，后来又迁到了望平街那个书店集中的地方了。这样金屋书店也有'三迁'，但是三迁的结果，也没能把金屋书店发展起来。"①

（一）金屋书店的创办

1927 年 10 月 24 日第 286 期《上海画报》曾发表署名为汉民的一则短消息，向读者介绍金屋书店："大文学家邵洵美君，鉴于我国出版事业之腐败、书贾唯利是图、蔑视著作家之地位，于印刷装订上，又不加研究，较之欧美日本，相去判若霄壤，不胜愤愤。因拟与张景秋君等，合资开办一海上最高尚之文艺书店，于静安寺路云裳公司相近。闻书店装潢，悉取法近代欧洲最新式者。店门橱窗，皆漆金色，及绘黑色花纹。所出版之书籍，皆为我国著名新文学家，如郁达夫、滕固、张若谷等之杰作。印刷装订，但求美观，不惜工本。现已绘成封面图案多种，即将交专业装订之俄人某，以各色草料装订之。俾于开幕之日，供来宾参观云。闻此理想之书店，不久即能现实，是实我国出版界之大光荣也。"从汉民的这则短消息来看，这时的邵洵美仅仅是"拟与张景秋君等"开办金屋书店，书店还没有真正开张，正在为书店的开张进行图书出版等方面的筹备工作。金屋书店真正开张是在第二年的 3 月份，这时，邵洵美已经为此进行了近半年的筹

---

① 章克标：《世纪挥手》，陈福康、蒋山青编：《章克标文集》（下），上海社会科学院出版社 2003 年版，第 129—130 页。

备工作，做了大量的准备，筹备地点、印刷图书、陈列展览等，1928
年3月10日，金屋书店正式开张营业。对此，我们也在《上海画报》
读到比较详细的报道：

　　　　十日金屋书店开幕，因从四兄瑞年同往，方至门外，驻足观
　　晶窗中所陈书籍。顾子苍生已自内出迎，方入室，有女宾多人。
　　因笑曰，金屋固可以藏娇也。苍生微点其首，小鹅景秋早行在。
　　久不见小鹅，因询以最近消遣法，谓以书画自娱。邵子洵美导余
　　兄弟登楼小坐，室中布置清洁，因笑曰："去岁友好常至云裳聚
　　晤，吾辈咸以会客室称之。今斯楼清雅乃尔，行见又为吾辈之会
　　宾楼矣。"众悉抚掌称善。四壁悬欧西文人照相数架，有贺轴一，
　　为胡适先生为新月书店代作代书者，句为"金屋中人、别忘了天
　　边新月"，饶有新趣。已出版之书有《平凡的死》、《火与肉》、《文
　　学生活》等。《平凡的死》之封面，为一红色棺木。苍生谓开幕
　　有此现象，颇不利。余笑曰，所谓文学，所谓艺术，固不作如是
　　想也。兴辞而出，偕小鹅景秋驱车至时报馆照相室……①

几乎与金屋书店开张同时，邵洵美翻译的诗集《一朵朵玫瑰》、滕固
的小说《平凡的死》、邵洵美的论文集《火与肉》、张若谷的评论集《文
学生活》以及黄中的小说《娇媚的眼睛》、章克标翻译的日本作家武
者小路实笃的《爱欲》也出版发行，这应该是金屋书店出版的最早的
一批作品，以此作为金屋书店创办的招牌图书。从这些出版图书的选

---

① 吉孚：《"金屋"与"华社"》，《上海画报》1928年3月15日，第332期。

题来看，邵洵美当然首选文学作品，创作与翻译并重。

有关邵洵美开办金屋书店的原因，一般都认为是他的诗集《天堂与五月》出版受阻，所以他要办一家书店，出书不必再求人。[①] 这个说法有道理，也符合邵洵美此时的经济情况和心境，但却过于皮相。其实，《天堂与五月》是经历过一点磨难，只是需要求人而已。邵洵美于 1926 年 6 月底回到上海，随后将自己在回国途中所写的诗作集成《天堂与五月》交付光华书局，到年底光华书局就将诗集付印，第二年 1 月出版发行。这对于一个刚刚年满 20 岁的师出无名的青年学子，还没有在报刊发表过几首诗作，诗坛上也没有多少名气的邵洵美来说，光华书局老板能够接受并且很快出版了这部诗集，已经很不错了。邵洵美留学回国，之所以选择办出版作为自己的事业，创办金屋书店，主要有以下几个原因：

第一，选择一种唯美、新奇的生活方式。

与盛佩玉结婚之后，邵洵美一直在寻找自己的生活方式。经过短暂的南京做官，他发现自己不是"官材"，不习惯官场，做不了官，辞职回到上海后仍然在寻找自己的事业。这时，他通过自己的忘年之友曾朴的真善美书店，看到出版是不错的行业。20 世纪 20 年代后期，中国出版事业有了较大的发展。如果从 1897 年商务印书馆成立算起，

---

① 林淇在《海上才子——邵洵美传》中认为："邵洵美之所以要自己开书店是有缘故的。他的第一本诗集《天堂与五月》，当初交托光华书局出版时不是一说就成的，而是几经洽谈，书局老板沈松泉才接受下来。……现在，邵洵美自办书店，了却了自己的心愿，出书不必再求他人了。"（林淇：《海上才子——邵洵美传》，上海人民出版社 2002 年版，第 40—41 页。）盛佩玉也说："这个时期，可以说是洵美写诗歌兴致最浓的时期。自己有了书店，出版不用求人。不像《天堂与五月》还要拜托'光华书局'出版。"（盛佩玉：《盛氏家族·邵洵美与我》，人民文学出版社 2004 年版，第 105 页。）

中国现代出版已经走过了三十个年头，商务印书馆、中华书局、光华书局、世界书局等一批出版机构，已经形成了中国现代出版的基本格局，"从出版印刷机构的规模来看，无论是资本，还是营业额都集中在少数几家。二十世纪二十年代末期，'上海书业公会'有会员四十余家。资本九百余万元，其中，商务印书馆就占去五百万元，中华书局二百万元，世界书局七十万元，大东书局三十万元，此外都是一二十万元以下的了。"[①] 新文化与传统文化在碰撞中发展，也激发了一批中小出版机构的竞争，如北新书局、创造社出版部、真善美书店等，或个人出资，或合股经营，为这一时期的出版业增添了生力军。邵洵美在这里发现了自己的爱好，找到了自己的事业。正如他在二十年后的一篇文章中所说："出版事业，乃是一种为真正的资本家与商人，所不承认为'事业'的事业。在中国当然不必说，因为我们所有的事业，都带些玩耍的性质。"他还说："在中国，出版当然更是一种新兴事业。虽然商务、中华等，靠了教科书，都已经有了很像样的规模，可是他们对于其他的出版物，便并不十分注意了。甚至连他们自己也以为出版别种书籍，根本是赔钱的生意，除了点缀门面，毫无其他作用。"[②] 从这段论述中，我们看到邵洵美对出版事业的理解有几个关键词："新兴事业"、"玩耍的性质"、"资本与商业"。从这几个关键词可以看到邵洵美对中国出版的理解，也可以看到他投入出版的一些动机。新兴的出版业能够给人以机会，是正在上升期中的事业，能够激发他的热情；"玩耍的性质"符合邵洵美的性格特征，他正是以"玩耍"、"玩票"这样的心态从事出版；邵洵美指出商务、中华更多看重

---

①　来新夏等：《中国近代图书事业史》，上海人民出版社 2000 年版，第 247 页。

②　邵洵美：《出版事业在中国》，《申论》1948 年第 1 卷第 1 期。

出版的商业利润，所以以出版教科书为主，而较少关注文学艺术。汉民在《金屋书店》中也指出邵洵美有感于中国出版事业的腐败与唯利是图的倾向，所以，这位"天生的诗人"有经济实力投入一场出版的游戏，从出版中寻找自己真正的事业。

第二，营造一个书香气的"花厅"。

"花厅"是邵洵美着力提倡的一种沙龙文化活动，虽然这个时期他还没有十分明确这种沙龙意识，但他参加曾朴的沙龙活动，已经形成了初步的文化兴趣。邵洵美将自己的第一个出版机构命名为"金屋书店"，其中有自己对"书店"的独特理解。已经有不少学人对这个命名进行了解读，林淇在《海上才子——邵洵美传》中说："取名金屋，倒不是来源于'金屋藏娇'，这个金屋里没有阿娇，坐在店堂里的是邵洵美请来的当经理的亲戚毛东生和一个发行推销员。书店取名是受英国 *Yellow Book*（黄皮书）的启发。邵洵美十分喜爱这种黄皮书，说也奇怪，他竟醉心于它的黄金封面。金子是黄色的，黄色也就与金子相通连了。书店起名金屋就是以义于此。"[①] 不能说这个解释不对，留学欧洲的邵洵美肯定会对英国 *Yellow Book*（黄皮书）抱有好感，深受影响。但如果就此将"黄色"与"金子"联系在一起，则未免有些望文生义。实际上，邵洵美看重的既是"金"，更是"屋"，只不过这个屋是个金色的屋。在这里，屋就是一个空间，一个场所，一个同人、朋友聚会的场所，或者是哈贝马斯所说的"公共领域"。在吉孚的《"金屋"与"华社"》一文中有这样的记载，"邵子洵美导余兄弟登楼小坐，室中布置清洁"。金屋召集了诸朋友前来小坐，品茶谈天，

---

① 林淇：《海上才子——邵洵美传》，上海人民出版社 2002 年版，第 40 页。

谈书说文，也正符合了邵洵美所期望中的"花厅"。金屋书店开张后，也真的是高朋满座，滕固、郁达夫、张若谷、曾朴父子、徐志摩、傅彦长、朱应鹏、黄中，等等，都是金屋书店的座上客。出书、卖书是邵洵美的事，与朋友相聚也是一件事，两件事缺一不可。在章克标的回忆中，这座书店正是邵洵美与朋友相聚、喝茶谈天的地方："店里面设备也好，沙发、写字台、营业柜台、陈列的书架，都是配合房间的大小而特制的，这是因为洵美把这里作为他的一个歇脚会友之地了。他从家里出来，在这里小坐，会友谈天，十分适合，只是地方小了些。不过三五个人是尽可以清茶一杯的。他开书店原不是以营利为目的的，可能只是一种玩好，而且有了这个书店老板的名头，他也可以在社会交际上有用场，书店则可以为朋友们出版书册服务了。"① 在邵洵美这里，书店就是他的"花厅"，他也希望把花厅办成书店的模样，既能广泛联络朋友，又能坐拥书城。

当然，要想做到这一点需要有足够的经济实力。尽管邵家的财产因邵洵美结婚、柴夫人病故，已经花去了不少，邵恒接连做出败家的事情，而且家中添了人口，各种开销也随之多起来。但是，邵家毕竟是一个大家族，邵友濂留下来的家产多到让这个家庭里的每一个人都无法说得清楚。大体上能够说得出来的，有邵友濂在浙江余姚购置的一万多亩土地，并且这些土地中的一部分所成立的"邵氏义庄"每年都有不菲的田租、利息收入。而其余的几千亩地则分给儿子；此外，在江苏镇江也有邵家的忠裕、同豫两大当铺，在上海还有杨庆和银楼以及这一大片住宅。这些财产有些只有邵恒知道，是他的私密财产，

---

① 章克标：《世纪挥手》，陈福康、蒋山青编：《章克标文集》（下），上海社会科学院出版社2003年版，第130页。

而有些则是这个大家族的公共家产。1928年5月，邵恒和盛夫人将邵洵美等人叫到跟前，商量将静安路上这座花园大住宅进行改造，一部分用于出租，通过收取房租增加收入。可以说，邵家虽然已经今不如昔，但瘦死的骆驼比马大，邵洵美拿几千元钱出来办书店、出书印杂志，应该不成问题。况且，邵洵美也不是没有商业头脑的人，他办书店为朋友提供一个活动空间，同时也应当有以出版赢利的打算。

第三，致力于文化复兴的传播学努力。

还是在1948年的那篇《出版事业在中国》的文章中，邵洵美也思考了与中国出版事业相关的一些问题，诸如中国出版为什么不发达，出版事业存在哪些问题？邵洵美给出了自己的答案：

> 我本人却以为最大的症结乃是：
>
> （一）一般人的忽略文化
>
> （二）政府当局对文化事业的隔膜
>
> 第一种因素由来已久，一时不易把握得住。因为我们的传统观念，从来没有把文化当作是一个目的，而是达到某种目的的阶石。"学而优则仕"，于是"唯有读书高"了。现在做官不必靠学问，文化当然还有什么用处？文化人找不到出路，谁还会看得起文化人，谁还会看得起文化？
>
> 第二种因素倒是更现实的。教育经费为什么这样少？国立文化机构，有许多究竟在做些什么事情，外界无以知晓。除了有关当局，也都没有拿来放在心上。国家工商银行的工商贷款，文化事业没有份，据说因为不是日用生活必需品。再说最近最使人注目的"报纸配给"，政府是不是真在扶助文化事业？

这是邵洵美对中国出版过于重视商业利润的一种理性思考。他期望有更多的人关注文化，关注出版，更多的出版商放弃唯利是图的出版目的，而从促进民族文化发展的角度投入出版，为中国的文学艺术作出贡献。也正是这样，邵洵美的出版既有可能面向那些已经成名的作家，也可能会对没有名气的作家伸出援助的手。如滕固、傅彦长、洪为法等已经是文学界令人关注的人物，而沈端先（夏衍）、张若谷、章克标、郭子雄等还是成长中的新文学作家，即使翻译的外国文学名著，作者有可能是著名作家，而译者则是没有多大名气的，如杜衡、徐培仁、沈端先、章克标等，可见邵洵美不以作家或译者的名气吸引读者的目光，而是为那些作家、翻译家提供一定的空间，促进其成长发展。这其中多数在日后的发展中，都成了新文学的著名作家和翻译家。

（二）金屋书店的出版特色

金屋书店出版了怎样的书？《上海画报》也曾发表过生生的一篇文章，描述金屋书店的图书出版情况：

> 近来海上舞潮正殷的时候，纸醉金迷、乐而忘死，至少我们有时也有些厌倦罢。那么我来介绍给诸位，新近开设在静安寺路上的"金屋"书店中的几本新书。
>
> "金屋"的主人，是酷爱文学而能了解文学的邵洵美先生。他筹备这"金屋"确然费苦心。他特约了海上几位有名的作家，好像滕固、郁达夫、张若谷、黄中诸先生，为他长期的撰述。大

约在最近期内，他们预备就用"金屋"的名字，出一本定期的刊物。酷好文学的读者们，这大约也是一个好消息吧。

现在他们已经出版的书，有滕固的《平凡的死》、黄中的《娇媚的眼睛》、邵洵美的《火与肉》与《一朵朵玫瑰》、张若谷的《文学生活》、章克标的《爱欲》等；将近出版的，如郁达夫的长篇小说《蜃楼》，黄中的《三角恋爱》、《髑髅》、《海啸》和张若谷的《歌德的维特》，朱应鹏的《永久继续下去》等，都是很深刻的杰作；还有《狮吼》的第二期，也由他们继续出版。另外还有许多书，诸位有闲，不妨去参观一下。①

从这篇文章的叙述来看，邵洵美出版的选题显然趋向于创作和翻译并重的文学，书店也带有同人性质，多出版与邵洵美亲近的朋友的作品，滕固、黄中、张若谷、章克标、朱应鹏都是邵洵美早期共事的朋友，与他有较多的交往。滕固和章克标是狮吼社的成员，邵洵美正是因为《狮吼》而与他们结识。朱应鹏、傅彦长、方光焘、张若谷等人都是这一时期南京和上海文化界的活跃人物，经常组织或参加一些文艺茶话会，在曾朴的文艺沙龙中，也常常见到朱应鹏、傅彦长、邵洵美的身影。这些沙龙、茶话等活动，为文人搭建了一个交流、活动的平台，也促成了这一时期的一些出版题目，"在文艺茶话这里，'沙龙'的两个内涵得到了比较和谐的统一，一边聚谈，一边展览，从而建构了一个全新的'沙龙—出版—展览'体系，这是文艺茶话这个团体很特别的地方"②。所以，在邵洵美的出版选题中，理所当然地出版这些

---

① 生生：《"金屋"中的书》，《上海画报》1928 年第 332 期。
② 费冬梅：《"沙龙"概念的引入和兴起》，《社会科学论坛》2015 年第 6 期。

沙龙活动中朋友的作品。

《金屋月刊》曾刊登过"金屋书店已出版之新书"，共罗列了金屋书店成立后所出版的20部新书：

1. 平凡的死　　　小说　　　　滕固著　　　　　　　　　五角

2. 火与肉　　　　论文　　　　邵洵美　　　　　　　　　四角五分

3. 花一般的罪恶　诗集　　　　邵洵美　　　精装　　九角

　　　　　　　　　　　　　　　　　　　　平装　　五角

4. 爱欲　　　　　　　　　　　武者小路实笃著

　　　　　　　　　　　　　　章克标译　　　　　　　　　三角五分

5. 道连格雷画像　　　　　　　王尔德著　杜衡译　精装　一元四角

　　　　　　　　　　　　　　　　　　　　平装　　九角

6. 娇媚的眼睛　　小说　　　　黄中著　　　　　　　　　六角五分

7. 文学生活　　　　　　　　　张若谷著　　　　　　　　六角

8. 十六年之杂碎　　　　　　　傅彦长著　　　　　　　　四角五分

9. 一朵朵玫瑰　　译诗集　　　邵洵美著　　　　　　　　二角五分

10. 一个理想的丈夫　　　　　　王尔德著

　　　　　　　　　　　　　　徐培仁译　　　　　　　　　六角

11. 死线上　　　　长篇小说　　王任叔著　　　　　　　　六角

12. 漩涡　　　　　小说　　　　陈白尘著　　　　　　　　六角

13. 春夏秋冬　　　诗　　　　　郭子雄著　　　　　　　　四角

14. 做父亲去　　　小说　　　　洪为法著　　　　　　　　二角半

15. 七个绞死的人　小说　　　　安特列夫著

　　　　　　　　　　　　　　夏莱蒂译　　　　　　　　　四角半

16. 三角恋爱	小说	黄中著	七角
17. 银蛇	小说	章克标著	八角
18. 近代艺术	论文	倪贻德著	四角半
19. 妲己	戏剧	徐葆炎著	三角
20. 北美印象记		厨川白村著	
		沈端先译	六角

在这份金屋书店已出版的 20 部新书单中，作家创作 14 部、翻译 6 部，在 14 部创作中，小说 7 部、诗集 2 部、文学论著 3 部、散文 1 部、戏剧 1 部，几乎涵盖了文学的各种文体。可见金屋书店非常重视从不同角度反映新文学的创作实绩，展示金屋书店同人的创作实力。而在外国文学的翻译中，日本与欧洲文学是其重点，既有传统文学，也有现代派文学，向读者呈现的是纯艺术的境界。我们可以在为沈端先翻译的厨川白村的《北美印象记》所做的广告中，看到金屋书店或者邵洵美的美学追求："剧作者是日本最伟大的散文作家，用他尖利的眼光，深刻的同情，细腻的笔法，把美洲男女老少，贫富贵贱的一举一动一事一迹活活的现在纸上，同时对照了日本的现实社会，暴露了他祖国的丑态恶形，公之于世，和日本邻近而情形相去不远的中华民国也得人手一篇。"广告语中，注意到了《北美印象记》的作者"尖利的眼光，深刻的同情，细腻的笔法"，这也正是一位散文作家在创作散文作品时应具备的基本素养，对社会的观察能力和表现能力，对文学的理解能力及其艺术呈现，可以让读者在其中领略到一种异域文化和社会的风情。

邵洵美自己首先出版了三部文学著作，一部是他的诗集《花一般的罪恶》，一部是他翻译的诗集《一朵朵玫瑰》，一部是他的文学论文集《火与肉》。这三部集子相互说明，互相补充，恰好是邵洵美从事文学的三个主要方面，体现着邵洵美对艺术的追求，对纯文学的向往，也体现着邵洵美早期文学生活中的基本趣味。正如他在《一朵朵玫瑰》的"自记"中说："这几首诗有些是我论文里面要引证的时候译的；有些是我译了给我的最小的弟弟读着玩的。"[1]《一朵朵玫瑰》选录了莎弗、史文朋、迦多罗斯、万雷、高蒂蔼、哈代等诗人的24首诗，这其中莎弗和史文朋是邵洵美在英国留学时期最早迷恋的诗人，也是改变他的美学思想和人生道路的两位诗人。对于莎弗，邵洵美几乎用了他所有能做的工作，发掘了她的两首完整的诗和两首残诗。虽然他明白莎弗的诗是不能翻译的，也是不能科学试验的，但他还是以极大的热情翻译了这些诗作。因为这其中寄托了他对这位古希腊女诗人的崇拜，一种无以言表的情感，"在译文中决不能见到莎弗于万一，原诗的色彩与音乐只能在原诗中去领略"[2]，他在莎弗身上看到了他一贯追求的唯美主义，看了真正的美的所在，这种美是只能在原作中才可以领略到，而不能翻译出来的，所以，他虽然对莎弗翻译得不能满意，但又不能删去。《一朵朵玫瑰》里其他诗人的作品，虽然不能达到莎弗这样的艺术高度，却又是他感觉"不能算是太不好的译文"。这也恰恰说明了邵洵美在出版选题过程中的唯美倾向，他的出版一定是作品好、印刷好，从内容到装订都能达到完美的地步。同样，在他的文学论文集《火与肉》中，他又用另一种笔墨写出了他对这些诗人的认识。这些文章属于文学论文，但又不是学者型的论文，而是一位作家、诗人感性认识的书写。如在《莎弗》一文中，他用虚构的朋

---

[1]　邵洵美：《〈一朵朵玫瑰〉自记》，《一朵朵玫瑰》，金屋书店1928年版，第1页。

[2]　邵洵美：《两个偶像》，《金屋月刊》1929年第1卷第5期。

史与邵洵美联系，设计了一场围绕莎弗的对话，让邵洵美向朋史介绍
了莎弗的生平、人生道路及诗作。而在《史文朋》、《日出前之歌》中，
他对这位因研究莎弗而认识的英国诗人进行了多方面的介绍，文中具
有的那种崇拜与欣赏的口吻，把诗人当作了一位恋人。某种意义上，
《火与肉》正好可以作为《一朵朵玫瑰》的导读书来读，而《一朵朵玫瑰》
则可以作为《火与肉》的原始素材来读。《花一般的罪恶》是邵洵美早
期诗歌创作中的代表性作品，金屋书店于 1928 年 5 月出版，实践了他
提出的"每一个时代有每一个时代的韵节，每一个时代又总有一种新
诗去表现这种新的韵节"的新诗创作主张，虽然一些诗篇中还带有青
涩的味道，带着明显的"一种厚颜的摹仿"[①]，但其中的艺术追求，精致
的雕琢以及辞藻的讲究，从某种程度上体现出了新诗艺术的品质。

　　张若谷的评论集《文学生活》，则让读者回到了另一种文学生活
之中，这里有中国作家的生活描写，也有外国作家的评论。张若谷
是《真善美》杂志的编辑、外国文学翻译家和文学评论家，主要从事
法国文学的翻译介绍，向读者更多介绍了法兰西文化与社会生活。而
在文学评论中，他不是从理论出发，而主要是从作家的生活出发，让
读者认识他笔下的作家的文学生活。正如在《文学生活》书前傅彦长
在《张若谷论》、邵洵美在《第六个朋友》、叶秋原在《若谷与我》中
分别介绍的张若谷那样，他是一个让读者感到陌生又有些震惊的人
物。他的《文学生活》所写也是中外作家的"文学生活"，"文学生活
便是这条蜓蚰的痕迹之一，像虹一般的一切颜色都有。而这条痕迹的
路线，却便是圣德伴物所走过的；法郎士所走过的；厨川白村所走过

---

　　① 邵洵美：《自序》，《花一般的罪恶》，上海书店出版社 2012 年版，第 4—6 页。

的"[1]，是一条纯文学的、唯美的道路。从文学翻译来看，武者小路实笃、厨川白村、王尔德、摩尔、安特莱夫等，是当代外国文学中比较有影响的作家作品，由此可见邵洵美的文学眼光。

通过上述对部分选题的介绍，可以感受到邵洵美创办金屋书店的内心世界。从作者队伍的结构，到著作类型的选择，既有一个以文学为出版目标的出版人的胸怀，也有把书店作为"花厅"的文化环境营造的悉心与努力。

三、《金屋月刊》: 书中自有黄金屋

《金屋月刊》是邵洵美创办金屋书店后实施的另一项重要举措。《金屋月刊》创刊于1929年1月1日，1930年9月停刊，共出版12期，其中第9、10两期合刊出版。邵洵美、章克标编辑，金屋书店出版。《金屋月刊》的前六期，除第3、6期外，其他还可以大体如期出版，而第7期则拖了五个月才能出版，出至第12期，于1930年9月，由于各种原因，《金屋月刊》不得不最后停刊。

（一）《金屋月刊》的创办

《金屋月刊》与此前停刊的《狮吼》复活号存在密切关系，甚至有人把二者视为一体。邵绍红就认为: "《狮吼》复活号第2卷就改名

---

① 邵洵美:《第六个朋友》，张若谷:《文学生活》，金屋书店1928年版，第12页。

为《金屋月刊》。由邵洵美、章克标编辑。"① 这里所说应当基本符合刊物的实际。无论从《狮吼》复活号和《金屋月刊》的办刊风格，还是其作者队伍，都能够看到这两个名称不一样的刊物，其实质却是一脉相承的，《狮吼》复活号因为刊物的需要而改刊为《金屋月刊》。《狮吼》复活号以新诗和有关诗的文章为主，邵洵美成为刊物的主角，几乎每期刊物上面都有他的几篇作品。第 1 期有邵洵美的 2 篇作品，第 2 期有邵洵美的 1 篇作品，第 4 期有邵洵美的 4 篇作品，第 5 期则有 3 篇，第 6 期有 2 篇，第 7 期有 3 篇，第 9 期则几乎成为"邵洵美专号"，有他的 5 篇作品，此外还有徐悲鸿、常玉的两幅有关邵洵美的肖像画，第 11 期有他的 3 篇作品，第 12 期有 4 篇，全部 12 期刊物中只有 3 期没有他的作品，这还不包括他几乎每期都写的"金屋谈话"。到了《金屋月刊》，这种局面虽然得到一些改变，邵洵美的作品不再占有更多篇幅，但他仍然是刊物的主角，他的作品仍然占据主要版面。

就在《狮吼》复活号的第 11 期"金屋谈话"上，发表了一小则"谈话"《〈狮吼〉将改为〈金屋〉》，这则"谈话"向我们透露了一些信息："《狮吼》半月刊从第二卷第一期起，当改为《金屋月刊》。撰稿者为滕固、章克标、黄中、张水淇、方光焘、朱维基、傅彦长、张若谷、邵洵美、滕刚、叶鼎洛、徐霞村、叶秋原、张嘉铸、张嘉蕊女士、徐蔚南、梁宗岱等。"就在这则"谈话"发表半个月后，《金屋月刊》创刊。

正是在《狮吼》复活号的基础上才有了《金屋月刊》。《狮吼》复活号出版于 1928 年 7 月 1 日，当年 12 月 16 日出至第 12 期后停刊。而《金屋月刊》正是在《狮吼》复活号停刊后出版的。《狮吼》复活

---

① 邵绡红：《天生的诗人——我的爸爸邵洵美》，上海书店出版社 2015 年版，第 61 页。

号在停刊号上发表"我们的话"，对刊物的停刊作过这样的介绍：

> 惯常刊物停办的时候总是一件很不能开心的事情；而每一个编辑者便总得发一篇牢骚，但是我们的情形却绝对不同。
>
> 要知别人的停办，总不出以下几种原因——
>
> （一）有犯当道喝令停办
>
> （二）有关风化禁止出版
>
> （三）销路不振自动休刊
>
> （四）意见不合编辑解散
>
> 但是我们的停办，却是另外一种原因：对于（一）（二）两种，那读者早就知道的，我们说出来很知轻重；对于（三）那么自第九期以后销路日增差不多即刻要印再版的样子；对于（四）那更不必说了，我们是有了些年纪的，我们的结合本来是一种研究学问的性质，决不会像那般小孩子有糖吃的时候你亲我爱，没糖吃的时候你打我骂。
>
> 我们这次可以说完全是为了要努力而牺牲，牺牲金钱又牺牲时光；因为我们竟把销路极好的《狮吼》半月刊停办了而去为《金屋月刊》撰稿；我们希望在那里与读者有多谈些话的机会。

这个"我们的话"很明确地告诉读者《狮吼》与《金屋月刊》的关系，而且，这两个刊物在刊物形式、作者队伍、办刊风格等方面，都有诸多连续性：《金屋月刊》承继了《狮吼》复活号的"金屋谈话"，以这种方式作为与读者交流的平台；《金屋月刊》直接承继了《狮吼》复活号的作者队伍，这些因素，都可以看作是两个刊物之间不可分割的联系。

当然，之所以说《狮吼》半月刊从第 2 卷第 1 期起改名为《金屋月刊》，还因为这两个刊物的老板以及编辑，都是邵洵美。这两个刊物都是邵洵美一个人的，章克标只是一个不拿工资的编辑，"洵美邀我共同来编《金屋》月刊。我不是拿工资去坐办公室做他雇佣的职员的，只是稍负点责任的馆外编辑，参加审稿发稿的事情，反正我没有正式工作的拘束，是自由自在的身子，随时可以去转转"①。同时，两个刊物也是由金屋书店出版发行的，同属于一个出版机构。

那么，怎样理解邵洵美和章克标在《金屋月刊》第 1 期发表的《色彩与旗帜》中所表达的意思呢？邵洵美与章克标在《金屋月刊》的发刊辞中这样说：

> 《金屋月刊》的产生，许多人的心中都以为是《狮吼》半月刊所投胎，这是个误会。
>
> 《狮吼》半月刊的停刊，自有他的原因，用不着我们代为告白，我们所能讲的，便是《金屋月刊》是怎样产生的，便是说，《金屋月刊》为什么在这个时候产生。
>
> ……你们当然能看出我们对于这个时候的文坛的不满意，《金屋月刊》便因此产生。
>
> 我们要打倒浅薄，我们要打倒顽固，我们要打倒有时代观念的工具的文艺，我们要示人们以真正的艺术。

---

① 章克标：《世纪挥手》，陈福康、蒋山青编：《章克标文集》（下），上海社会科学院出版社 2003 年版，第 127 页。

邵洵美和章克标明确表示了《金屋月刊》与《狮吼》复活号的不同，指出把《金屋月刊》理解为《狮吼》所投胎，"这是个误会"。之所以是个误会，主要在于两个刊物所处环境的不同，办刊的目标不同，以及某些风格上的变化。另一方面，他们更是要表达对刊物所处时代的不满，因为不满意于现今文坛的状况而重新创办一个刊物，从而出现了不同名称的刊物。这两个不同的刊物一个是半月刊，另一个是月刊，在容量和出版周期上不尽不同。但是，这并不妨碍这两个刊物的一致性，甚至是《狮吼》复活号转型为《金屋月刊》。

既然两个刊物只是从一个名称改变为另一个名称，邵洵美为什么还要改名呢？为什么还说把《金屋月刊》理解为《狮吼》所投胎，"这是个误会"呢？从《狮吼》半月刊到《金屋月刊》，是邵洵美及其同人追求自由言论的进一步表现，"不愿受时代束缚的我们，怎愿被色彩与旗帜来束缚！我们的作品，可以与任何派相像，但决不属于任何派。我们要超过任何派。我们的写实，要比写实派更写实；我们的浪漫，要比浪漫派更浪漫；我们的神秘，要比神秘派更神秘；我们的……假使我们做得到"。这里透露了邵洵美改变名称的一个秘密。《狮吼》是狮吼社于1924年创办并负责编辑，国华书局承办发行，滕固是狮吼社的主要成员，也是《狮吼》半月刊的编辑和主要撰稿人。邵洵美于1926年看到《狮吼》杂志，并于1927年6月接手《狮吼》半月刊的编辑和出版工作，1928年7月1日，邵洵美重新将《狮吼》复刊，并命名为《狮吼》复活号。在这前后，原狮吼社的主要成员滕固、方光焘先后离开上海到法国，原来的狮吼社名存实亡。当邵洵美接过这个摊子的时候，"狮吼"则只有《狮吼》半月刊而无"狮吼社"，尤其《狮吼》复活号由金屋书店出版后，"狮吼社"已经在真正意义上被取代了。邵洵美在《狮吼》月刊第 2 期发表的《老着面皮说话》中有一段文字很值得玩味:"不过《狮吼》月刊虽暂时停办,克标与朋史却又经营起个半月刊来,那便是将由金屋书店出版的《金屋》半月刊,撰述者还有滕固、邵洵美、张水淇、方光焘、张若谷、夏莱蒂、徐葆炎、傅彦长、倪贻德、滕刚等,我们在此谨为爱读《狮吼》者介绍。"这段话至少表达了这样几层意思,一是《狮吼》月刊在出版两期之后不得不停刊;二是"又经营起个半月刊来";三是这个半月刊是由金屋书店出版的。这里最重要的意思是告诉《狮吼》的读者,由金屋书店出版的《金屋》半月刊当在期待之中,这个杂志已经不再是"狮吼社"的了。虽然《金屋》半月刊并没有出版,而是出版了《狮吼》复活号半月刊,但邵洵美试图将新出版的刊物脱离"狮吼社"的意图明显表示出来了。因此,当《狮吼》复活号出版 12 期后,"我们竟把销路极好的《狮吼》半月刊停办了而去为《金屋月刊》撰稿",也正是要突出金屋书店的地位。在这种情况下,《狮吼》半月刊如果继续打着"狮吼"的名义出版,则无疑在色彩与旗帜方面不相适应,所以邵洵美说"不愿受时代束缚",不愿意"被色彩与旗帜来束缚","决不属于任何派"也就是不愿意再属于"狮吼派"或"狮吼社",而独立为一个继承了《狮吼》半月刊的新的刊物。

还必须要重新阐释《金屋月刊》与英国黄面杂志 *Yellow Book* 的关系。对于这两个杂志,学界一般认为邵洵美非常喜欢英国这份装帧设计非常独特的杂志,并在出版《金屋月刊》时有意模仿了 *Yellow Book*。王京芳就认为:"《狮吼》半月刊复活号,在内容与形式上借鉴了两份英国文艺期刊——《黄面志》(*The Yellow Book*, 1894—1897)和《萨伏依》(*Savoy*, 1896)。……《狮吼》半月刊在内容上模仿《黄面志》和《萨伏依》，译介了一些《黄面志》、《萨伏依》作家群的作品。"① 而在林淇的《海上才子——邵洵美传》中则这样解释："取名金屋，倒不是来源于'金屋藏娇'，……书店取名是受英国 *Yellow Book*（黄皮书）的启发。邵洵美十分喜爱这种黄皮书，说也奇怪，他竟醉心于它的黄色封面。金子是黄色的，黄色也就与金子相通连了。书店取名金屋就是取义于此。"② 其他一些观点基本以此为摹本，大多认为《金屋月刊》模仿了 *Yellow Book*。应当说，邵洵美的确喜爱 *Yellow Book* 和 *Savoy*，这在他的相关论述中都已经说得很清楚了，邵洵美办杂志受此影响也是事实。但是，喜欢这两本杂志并不一定代表他办杂志就一定会模仿。有关这个问题，邵洵美自己说得很清楚。《金屋月刊》第 2 期的"金屋谈话"就引用了读者胡哲生的来函："二星期前在朋友处见了中国的黄面杂志 *Yellow Book*，借回家去读一遍，你们的主张与作品与英国的黄面杂志中的首要人物如 Arthur Symands, E. Dowson, John Davidson, George Moore, A. Beardsley 也大有相同之处，想来你们是有意的；深望你们能于翻译 Moore 及 Pater 之余多作些表示你们的态度的文章，与根据了你们的主张去批评旁人的作品的文字。"针对读者的这些文字，编者邵洵美作了这样的回答："我们的杂志虽然是黄色，我们有几篇文章虽然与他们有些相像，但是我们决不是希望模仿他们，这是我们要你了解的。我们对于文艺并没有什么主张，因为我们以为'文艺便是文艺'，决没有别的作用；那么除了'为艺术而艺术'外，自不容有别的主张。我们不久当有讨论的文字刊登，不在这里多讲了。"如果对照 *Yellow Book* 和《金屋月刊》的封面，更

---

① 王京芳：《邵洵美：出版界的堂吉诃德》，广东教育出版社 2012 年版，第 72 页。

② 林淇：《海上才子——邵洵美传》，上海人民出版社 2002 年版，第 40 页。

可以看出二者之间的巨大差别，*Yellow Book* 的封面更复杂一些，除了刊名、编辑人等信息外，还有封面图案，有人物画像；而《金屋月刊》则是干净简洁的，只有刊名、编辑、卷期等信息，而其中的内容差别就更大，虽然《金屋月刊》也翻译介绍了王尔德、摩尔等与 *Yellow Book* 具有直接关系的作家的作品，但更多的译作则与 *Yellow Book* 没有关系。同时，《金屋月刊》的创作，由于作者众多，构成成分复杂，也不能说与 *Yellow Book* 有多大的关系。

（二）编辑策略与方针

从刊物的编辑方针和出版风格来看，《金屋月刊》与《狮吼》半月刊还是存在一些明显的差异。首先一个差异就是，同为唯美主义文学的追求者，但邵洵美与滕固、方光焘等人明显不同，因而，两个刊物的美学风格相差甚远。滕固、方光焘、张水淇、倪贻德等"狮吼社"成员大多都是留学日本的学生，他们深受日本唯美主义影响，从厨川白村那里吸收了"文学是苦闷的象征"的观念，从日本作家川端康成、横光利一、夏目漱石、谷崎润一郎等人那里得到了创作的启发，翻译介绍得最多的就是日本文学；但是，邵洵美编辑《金屋月刊》后，情况发生了变化，邵洵美这位从未去过日本的欧洲留学生，深受希腊、意大利、法国和英国文化的影响，因而从《狮吼》复活号开始，翻译介绍的外国文学作品就出现了新的变化，多以欧洲、美国等为主，诸如摩尔、佩特、哈代、王尔德等。同时，邵洵美还有意增加了对欧美文学的评论文章，而日本文学则只有章克标所翻译介绍的几篇。这种翻译文学的前后差异反映出滕固与邵洵美美学资源的来源不同，也呈现出唯美主义的艺术倾向不同，因而，刊物的风格也大相径庭。

另一个不同之处，在于二者的创作趋向的变化。就邵洵美发表在《金屋月刊》上的诗作来说，其风格更加成熟，也更为精致。1936年邵洵美在出版《诗二十五首》时，特意选了《金屋月刊》上发表的 17 首诗中的 11 首，并表示："我五年前的诗，大都是雕琢得最精致的东西；除了给人眼睛及耳朵的满足以外，便只有字面上所露的意义。"① 这些诗作体现了邵洵美新诗创作成熟时期的基本风格，他认为："诗是一座永久的建筑。这一座建筑务须是十分的完全，材料须是十分的坚固，式样须是十分的美丽，在这座建筑的里面，供养着一位永久的生命。"② 他所说的材料、式样是一座建筑最基本的，需要与永久相适应，用邵洵美的话说，就是自然界的一切都可以做诗的材料，从《你以为我是什么人》、《牡丹》、《出门人的眼中》、《我不敢上天》、《永远想不到的诗句》、《假使我也和神仙一样》、《绿逃去了芭蕉》、《死了的琵琶》等诗作来看，他没有特意追求诗的外形或词句，尽量减少了早期诗作中对莎菲、史文朋以及国内诗人郭沫若等的模仿，而在新格律诗的基础上形成了独特的诗体。这说明邵洵美在《金屋月刊》的时期审美眼光和艺术趣味已经发生了变化，那种单一的、机械的审美方法已经被丰富的多彩的美学品味所取代。或者说，邵洵美不再追求外在的诗格，而在诗的材料与式样上尝试新诗创作。这种美学观念也影响到他的编辑风格，例如在《金屋月刊》的栏目设置上，显示出邵洵美编辑的自由洒脱，对于一般的创作，12 期《金屋月刊》基本上没有区分栏目，而是随意编排，不加区别。从第 1 期就设立的

---

① 邵洵美：《自序》，《花一般的罪恶》，上海书店出版社 2012 年版，第 6 页。

② 浩文（邵洵美）：《永久的建筑》，《金屋月刊》1929 年第 3 期。

栏目是"金屋邮箱"和"金屋谈话"，其中"金屋邮箱"是新设立的栏目，而"金屋谈话"则是承继了《狮吼》复活号的栏目，或者说是《狮吼》复活号栏目的延续。前一个栏目主要是与读者的交流平台，与读者的互动，回答读者提出的一些问题；而"金屋谈话"则以编辑感言为主，表达自己的刊物立场，对发表的作品的基本评价以及一些刊发的信息等。如第1期"金屋谈话"首先介绍了"与《狮吼》半月刊上的文坛消息式的不同"，这里"从编辑者言一直到朋友们的琐谈，假使有记录下来的价值，或是有报告读者的必要，便都是这里的材料"。接下来介绍了本期所发表的几篇作品的评论及其相关情况，让读者可以先在"金屋谈话"中就能了解到本期作品的大概，从而拉近了刊物与读者的距离。

"介绍批评与讨论"是《金屋月刊》从第6期开始另设的一个栏目，这也是为了回应读者来信中所要求的"请再多登如《狮吼》之介绍批评与讨论一般的文字"①。这个栏目延续了《狮吼》复活号上的栏目，主要刊发一些书评一类的文章。第6期《金屋月刊》上的"金屋谈话"中就说："又有许多朋友要我们重辟以前《狮吼》半月刊的'介绍批评与讨论'类，我们谨遵命了。下期有几篇更可以使他们满意，可阅下期目录预告。"本期发表的是评论施蛰存的《上沅灯》、沈从文的《神巫之爱》的文章，而延期了五个月才能出版的第7期《金屋月刊》，发表了古月的两篇评论文章，被编者视为不可多得的好文章："古月君的批评，是近来难得的文章，在现下文坛很混乱的当儿是很必要的，以后我们想多载些批评文，希望大家帮忙。"② 其他如对东亚

---

① "金屋邮箱"，《金屋月刊》1929年第2期。

② "金屋谈话"，《金屋月刊》1929年第7期。

病夫的《鲁男子》、郁达夫的《小伍之家》、郭沫若的《我的幼年》等作品的评论，虽然不是批评论文，却在评论中写出了阅读者的心得，表达了自己的文学观点。这些文章多为新近发表作品的评论、介绍，应当看作是邵洵美以及同人对文坛现状的回应，并以此表达自己的文学观念和创作思想。如果说"金屋谈话"主要针对《金屋月刊》上当期发表文章的评论、介绍的话，那么，"介绍批评与讨论"栏目中的文章则是对其他刊物或出版物的批评，是以评论的方式展示自我，发挥了刊物的多元功能。

在《金屋月刊》编辑出版过程中，最让编者感到头痛的是稿源紧张，所以作为编辑者的邵洵美和章克标最重要的就是向朋友索稿："我不想多讲，我的主意是想你多做些稿子来，在这里公开向你索稿，你再不寄来，是有坏我面子的嫌忌，所以你总无可推托地来稿了，这便是我的希望，也是登这一段短信的原因。"从这封信的语气可以大体判断应出自邵洵美手笔，据邵洵美的合作编辑章克标回忆："洵美是主要的编辑人，我只帮帮校对，跑跑印刷所罢了。但有时也不得不勉力作文以凑足篇幅。洵美有时去联系好写稿人，以为确有把握的了，却常常到了要发稿还只字未写，所以刊物难以准时出版，常常脱期，这样就显得疲沓，没有精神了。"[①] 所以，邵洵美要不断地约稿、催稿，章克标也要不断地写稿、填空，两个人忙得不亦乐乎。为了弥补稿源缺乏的问题，他们想出悬赏征文的办法，并于第 5 期发布了"金屋月刊悬赏征稿启事"，期望能够"促起新作者的出现"，公开向社会征集优秀稿件："我们相信一定有许多很有素质的作者，在党

① 章克标：《世纪挥手》，陈福康、蒋山青编：《章克标文集》（下），上海社会科学院出版社 2003 年版，第 129 页。

同伐异侵占割据的现文坛被恶势力所埋没……我们不敢定什么，我们只要好的作品，你讲革命可以，讲恋爱也可以，讲什么都可以。讲革命只要不是搞口号式的宣传，讲恋爱只要不是愚蠢的肉麻，你只要能抒发你至上的美，这便是我所求的。"征稿启事发出后，又邀请了谢寿康、徐志摩、滕固和曾朴几人担任审稿专家，对所有来稿进行筛选评审，从第7期开始，编者就不断地卖关子，告诉读者有关征文的消息，期望能有好的作者和好的作品出现。于是就有了第8期和第9、10期合刊的6篇作品，分两期刊登出来。不过，这6篇作品也并非完全是那种让编者满意的"出类拔萃"的作品，而是在所有作品所选出的较好的几篇予以奖励和发表。即使如此，《金屋月刊》的稿源也仍然存在问题，发行量也一直非常低迷，正如编者在"金屋谈话"里大倒的苦水："办一种定期刊物真不容易，办《金屋月刊》更苦。既不受某部的津贴，也不受某人的补助，更不趋就低级趣味，赶热闹，卖笑。凭着以文艺而结合的几个朋友，把各人对文艺的忠诚的贡献拿出来贡献给读者，不带色彩也不张旗帜；外界的讥讽超过了勉励，内部的困难胜过了安慰。但是也终于出到了第十二期了。"当刊物出版12期后，不得不最后停刊。

第三章

新月挂在金屋角

　　20 世纪 20 年代末的中国文坛，风云变幻，繁华的背后隐藏着某种衰落的迹象，兴旺的同时暴露出危机；文人们南来北往，在北京与上海两地间穿梭。大体说来，上海仍然是中国文化的中心城市，中国出版界的基础仍然在上海，报纸杂志、出版社、各种书局、书店，是大上海的一道风景，胡适、鲁迅、茅盾、徐志摩、沈从文等，文人们像候鸟一样飞来飞去，《东方杂志》、《小说月报》、《申报》、《大公报》等报刊仍然是中国传媒界的著名报刊。当然，中国文化的转型在这个时期表现出重要的变化，文学革命向革命文学的转变，一批文人开始准备北上，显示出中国文化的某种分化与转移。在这个大转型过程中，新月派成员表现得比较敏感，胡适、罗隆基、徐志摩等都有所表现。他们一方面通过新月书店、《新月》月刊等刊物表达自己的思想，一方面也在进行着相关的准备。

就在这个转型的过程中，就在新月派及其书店、刊物创办与发展的过程中，邵洵美也参与其中，成为后期新月派重要的成员之一，尤其在编辑出版方面见证了新月派最后的时光。邵洵美参与新月社，与徐志摩、胡适等都有关系，从这个方面也可以看出邵洵美与人交往的特点，也能看出他对新月派成员的尊重。可以说，邵洵美在他应该出现在新月书店的时候出现了，他抱着理想进入新月书店，却又无奈地看着新月书店关门。

一、邵洵美在新月书店中的角色

邵洵美是新月书店和《新月》月刊一个不可或缺的人物，但邵洵美在新月书店中到底是什么角色，却有不同的观点，几位当事者的回忆和学者的考证，都形成了相互间的矛盾。较早的如陈从周撰写的《徐志摩年谱》中就说，新月书店是由"胡适、邵洵美等筹设"[①]。现有材料证明，邵洵美并不是新月书店的创办者，但他却是新月书店的一位重要人物，尤其在新月书店的中后期，邵洵美起到了无可替代的作用。

1927 年 5 月，新月书店开门纳客，同年 6 月 14 日《上海画报》

---

① 陈从周：《徐志摩年谱》，上海书店 1981 年版，第 66 页。

曾刊发《新月书店启事》，"本店新印精美书目，内有创办书店之缘起，及各种书籍之详细说明。欲阅者可附邮一分，寄本埠麦赛尔蒂罗路新月书店。即当奉赠"。6月29日，《申报》又刊登《新月书店开张启事》："本店设在上海华龙路法国公园附近麦赛尔蒂罗路一五九号，定于七月一号正式开张。略备茶点，欢迎各界参观，尚希贵临赐教为盼。"新月书店主要发起人是胡适、徐志摩、宋春舫、张歆海、张禹九、余上沅等人。1927年6月27日《申报》刊登的《新月书店启事》中罗列了"创办人"名单：

> 我们许多朋友，有的写了书没有适当的地方印行，有的搁了笔已经好久了。要鼓励出版事业，我们发起组织新月书店，一方面印书，一方面代售。预备出版的书，都经过严格的审查，贩来代售的书，也经过郑重的考虑。如果因此能在教育和文化上有点贡献，那就是我们的荣幸了。
>
> 创办人　胡　适　　宋春舫　　张歆海　　张禹九
> 　　　徐志摩　　徐新六　　吴德生　　余上沅　同启

这是一份"创办人"的名单，是"我们发起组织新月书店"的创办人员的名单。这份名单里有董事会的成员，也有股东会的人，如胡适、徐志摩，既是发起人，也是董事会和股东，而被胡适拉来认购股份的江冬秀、胡思杜、张慰慈只是新月书店的股东，但他们既不是发起人，也不是董事会的，所以，也没有出现在这份名单中。王一心、李伶伶的《徐志摩·新月社》一书中说："梁实秋既然认了股，就应该是创办之一，何以在'启事'里创办人名单中没有他的名字呢？"所以，下面这个"推测"就仅是个"推测"了:"据推测,'启事'所列的八位创办人,可能每人的认股数都在百元以上。仅就胡适而言,他自认了一股,即100元,又'拉'来了三股,即夫人江冬秀一股,100元;儿子胡思杜一股,100元;友人张慰慈一股,100元。这三人的股数如果都算在胡适的头上,那么,他一个人就占有四股。据梁实秋说,当时为了节制资本,每人最多只能认购两股。这样说来,胡适就是最大的股东了。都是大股东,有可能组成了'董事委员会'。"①这不是"推测"而是"猜测",而这个"猜测"恰恰是不了解公司机构设置的表现,不明白股东是股东,董事会是董事会,股东与董事是两码事,不明白认股者不一定就是发起人。其实,关于这一点,我们可以在胡适的日记中看得很清楚。1930年7月25日的胡适日记记载:"新月书店开董事会,店事现托萧克木与谢汝明两人,而他们两人便不能相容,谢攻萧最力,甚至捏造股东清查委员会名义,遍发信给往来户头,要搜求证据来毁萧。"7月27日:"新月书店股东会,到者五十四权。我为主席。"8月21日:"《新月》新董事会在我家集会,举潘光旦为主席。"胡适这里所讲的是两个会的三个会议,即董事会和股东会的会议。胡适是股东会的主席,而潘光旦则是董事会的主席。因此,凡是认股者都是股东会的成员,而只有管理层的才是董事会成员。根据梁实秋在《忆新月》一文中的回忆,新月书店成立时的股份认购是这样的:"这书店的成本只有四千元,一百元一股,五十元半股,每人最多不能超过两股,固然收了'节制资本'之效,可是大家谁也不愿多负责了。我只认了半股。虽然我是书店的总编辑,我不清楚书店的盈亏情形,

---

① 王一心、李伶伶:《徐志摩·新月社》,陕西人民出版社2009年版,第279页。

只是在股东会议听取报告。"① 梁实秋本人既是新月书店的"小股东"，也曾是"总编辑"②，但他却不是发起人或创办人，也没有出现在"新月书店启事"的发起人名单中，这是合乎公司章程及其组织构架要求的。可以说，发起人都已经在"新月书店启事"中说得很清楚了，但不是发起人的新月书店的股东或董事却未必能够同时也没有必要完全在"启事"中说清楚。

那么，邵洵美是不是新月书店的创办人？可以肯定地说不是。但是，陈从周等人说新月书店是由"胡适、邵洵美等筹设"，并非空穴来风。邵洵美并不是新月书店的发起人，或者说不是开办者，但他却是新月书店的股东，"一天徐志摩的小舅子张禹九来看洵美，因新月书店要招新股，有意请洵美加入。洵美想反正办书店是一回事，便加入了新月书店，时在1929年。"③ 从盛佩玉的回忆中看到，邵洵美不是新月书店的发起人，他于1929年才加入新月书店；邵洵美是新月书店的股东，是由徐志摩的小舅子张禹九邀请参加的，但他不是董事会成员。1929年前后，邵洵美与徐志摩来往密切，经常参加徐志摩组织的聚会，这时期已经出现困难的新月书店招募新股，邵洵美应邀认购新股，这是完全有可能的。据林淇在《海上才子——邵洵美传》中所写，邵洵美只是一个清水股东，并不参加书店的实际工作。④ 邵洵美之所以没有参加新月书店的实际工作，有多方面的原因，一是他留学回国不久，没有太多出版管理经验，而当时新月书店人才济济，余

---

① 梁实秋：《忆新月》，《雅舍忆旧》，江苏人民出版社2014年版，第105—106页。

② 有关梁实秋是不是担任过新月书店的总编辑，也有不同观点，这里不对此进行讨论。

③ 盛佩玉：《盛氏家族·邵洵美与我》，人民文学出版社2004年版，第107页。

④ 林淇：《海上才子——邵洵美传》，上海人民出版社2002年版，第40页。

上沅是新月书店的首任经理，而潘孟翘、张禹九、萧克木等人，也先后管理过新月书店，对此，梁实秋曾有生动的说法："说到新月书店，也是很有趣的。我们一伙人如何会经营商店？起初是余上沅负责，由他约请了一位谢先生主持店务，谢先生是书店内行，他包办一切，后来上沅离沪，仍然实际上由谢先生主管，名义上由张禹九当经理，只是遥领，盖盖图章而已。书店设在闹区之望平街，独开间，进去是黝黝的一间屋子，可是生意不恶。"随后他又说："到了民国十九年，新月的一伙人差不多都离开上海了……书店在潘光旦的长兄潘孟翘先生勉强支撑中也不见起色。"[①]可见新月前期不缺人手，无论从哪个方面讲，都还用不到邵洵美。二是这一时期的邵洵美正忙于他自己的事业，1928年3月他自己创办了金屋书店，同年7月，他又与滕固等人一起复刊《金狮》半月刊，1929年1月他又创办了《金屋月刊》，前前后后这些事情，占去了他大部分时间，而且，这时的邵洵美也在诗歌、小说创作方面颇有想法，个人的写作兴趣仍然不减。因此，邵洵美出面做个清水股东，既是情义上的，抹不开与徐志摩的面子，也是他热心为人的一次行动。1931年徐志摩邀请邵洵美实际参加新月书店后，他就既是股东，又是董事了。

二、接手新月书店

1931年，已经开张几年的新月书店遇到了前所未有的困难，一

---

① 梁实秋：《忆新月》，《雅舍忆旧》，江苏人民出版社2014年版，第105、108页。

方面，由于胡适和罗隆基在《新月》月刊连续发表批评国民党政府和要求人权的文章，惹怒了国民党党部，多期杂志出版后被查封，《新月》的存在受了极大的威胁，另一方面，新月书店在经营上也遇到了问题，出版的图书滞销，致使经费紧张，难以维持。就在这时，徐志摩出面，邀请邵洵美掌管新月书店。此时，邵洵美刚刚接手《时代》画报，购买德国印刷机，同时邵家在经济上也出现了一些问题。即使如此，他还是接过了新月书店这个摊子。

在经济如此紧张的情况下，邵洵美为何还会接手新月？这只能从两个方面去理解，一是他与徐志摩的密切关系，他们二人都是诗人，前后留学过英国，深受英国文化的影响，有着兄弟般的情谊。对此，章克标曾有这样的回忆："新月书店经营不得法，以致周转不灵，缺少流动资金。徐志摩是新月书店的主要台柱，他说服了邵洵美，要他一同来办好这家由文化界人士自己创办的书店，要洵美在经济方面为新月书店出谋划策。……洵美情面难却，答允就新月书店经理之职。洵美可以说是为了志摩的缘故而去加入新月书店的。时为 1931 年 4 月。"[1] 邵绡红也说："第二年新月书店因亏空太多，资金周转不灵，向洵美招股，洵美为与志摩的情谊，结束了自己的金屋书店，将资金投入新月，以'邵浩文'的名义作为发行人。"[2] 朋友有难，邵洵美就会迎难而上，这是他的性格。二是邵洵美本人对出版的热爱与情感投入，邵洵美因自己的诗集出版受挫，从而决心自己创办出版社。这次办出版社虽然不算成功，但却激发

---

[1]　章克标：《世纪挥手》，陈福康、蒋山青编：《章克标文集》（下），上海社会科学院出版社 2003 年版，第 148 页。

[2]　绡红：《邵洵美与徐志摩——一部诗的传奇》，《新文学史料》2006 年第 1 期。

了他的出版热情，也让他的一生与出版结缘。他与徐志摩的感情以及新月书店的出版方向，让邵洵美这位出版人认识到出版与中国文化的密切关系。同时，邵洵美也是新月创办初期的参加者之一，"新月书店乃集股而成，合办诸公都是股东。邵洵美只担任，不参加书店实际工作，仍忙他自己的事"①。而现在，当自己的朋友遇到了难处，书店遇到了问题，向来热心的邵洵美答应徐志摩的邀请，当不在话下。

1931 年 "4 月底 5 月初，邵洵美正式担任了新月书店的经理，不过由于邵业务繁忙，实际事务则叫林微音代理，也称之为经理"②。邵洵美接手新月书店并稍加整顿后，就开始了他的北上旅程，此时，南方的天气还热，而"听说北方连中午时也不怎么热"，所以，趁北方已经凉爽，决定去旅行了。

邵洵美夫妇北上之前，邵洵美的好朋友、画家徐悲鸿曾到过邵洵美家，并在饭前的时间为邵洵美画像。据盛佩玉回忆："画的是大半身的素描画。这位画家真不差，不消多少时候，便将洵美的面部轮廓、特点、神态、风度用简单的线条都表达出来了。像画好后，在画的右下方写道：'庚午长夏写洵美弟——悲鸿。'"也是这次相见，"悲鸿知道洵美想北上跟诸位新月股东讨论'新月'的事，临行时跟我们说：'你们没有出门旅行，这次可以先到南京、后到北京去旅行一下，我在南京家里等候你们，我可以为你们订下旅馆房间。'当场我们就同意了。"③1931 年夏末，邵洵美夫妇先到南京，在南京拜访了两位结

---

① 林淇：《海上才子——邵洵美传》，上海人民出版社 2002 年版，第 36 页。

② 刘群：《饭局·书局·时局》，武汉出版社 2011 年版，第 217 页。

③ 盛佩玉：《盛氏家族·邵洵美与我》，人民文学出版社 2004 年版，第 137 页。

义的哥哥，到南京丹凤街看望了二哥徐悲鸿和二嫂蒋碧微。据盛佩玉回忆："二嫂碧微宜兴口音，声音和相貌相衬，很热情地欢迎我们，二哥则拿出最近的新作，是很长的一幅画卷，有四五个人，有三四匹马的巨幅国画，我们一面看画、一面谈画。"[①]

邵洵美为什么要北上北平？盛佩玉在回忆中说，"洵美想北上跟诸位新月股东讨论'新月'的事"[②]，林淇以及其他几位研究者都理解或解释为邵洵美投资新月书店亏本了，自己的经费也非常紧张，所以北上北平与他们讨论新月书店的后事。这只是一种想象，这种想象某种程度上歪曲了邵洵美参与新月书店的动机与能力，也是对邵洵美的不公平。邵洵美是那种对任何事情都有热情的人，他往往只知道事情如何开始做，如何创造，如何开办书店、杂志，而很少知道或者根本就不曾考虑事情如何结束，也可以说，他根本就不会想到一件事情还要结束。邵洵美一生创办过多种报纸，参与或创办过多家出版机构，但他从来想不到这些报刊或出版机构会有结束的那一天，即使结束也是任其自然结束。如果事前还会想到事情有结束的一天，这不符合邵洵美的性格。所以，这次北平之行，邵洵美也不会以商量新月书店如何关门作为此行的主要目的。林淇的观点既不符合邵洵美的性格，也于情于理于事实不相符合。1933 年 6 月 16日，南行上海的胡适在日记中写道："在银行俱乐部吃饭，主人为新月书店及太平洋国际学会两处的朋友，见着洵美、语堂、光旦、光迥、朱少屏、立廷、显光、新六、昆三、刘季陶、董任坚、陆品琴、余楠秋、林幽，诸人。"1934 年 2 月 9 日，胡适在日记中又记载了与

---

①　盛佩玉：《盛氏家族·邵洵美与我》，人民文学出版社 2004 年版，第 138 页。

②　盛佩玉：《盛氏家族·邵洵美与我》，人民文学出版社 2004 年版，第 136 页。

新月书店相关的事情：

> 到新雅，光旦、增嘏、李青崖、洵美、语堂都在座。……
>
> 《独立》在新月寄售代定之款，屡索不还，今新月卖给商务，有钱还欠，而仍不还。我昨夜对光旦老实说我对洵美的不满。今早竹垚生之弟打电话来说洵美送了二百二十一元，只有五成，还是十二日的期票。

从这则日记可以看到，邵洵美与胡适根本就没有商谈过有关新月书店关门的事，不然，胡适也不至于会在财务上如此不满。

1931年2月9日，徐志摩在给刘海粟的信中说："洵美已收金屋，现办图书时报，兼治印刷，将来规模不小。此公活动有为，可爱得紧。"[①] 徐志摩拉邵洵美参与新月书店，不仅仅是看到了他有钱，强大雄厚的资本足可以支撑新月书店的经营，同时更看重他的出版方面的能力。对此，胡适也有不错的评价。1931年2月，徐志摩北上北平，与胡适相聚，胡适在2月24日的日记中写道：

> 志摩到北京，我们畅谈别后的事，一是中国公学的事，一是《新月》的事。中公的事，我已略知大概，但尚不知隆基玩了许多笨拙的把戏，而君武同他一样见识，遂闹到不可收拾。
>
> 《新月》的事，将来总须把重心移到北方来。南方人才太缺乏，所余都是不能与人合作的人。志摩很有见地，托洵美与光旦

---

① 徐志摩：《致刘海粟》，《志摩的信》，学林出版社2004年版，第159页。

照料《新月》，稍可放心。

　　已经辞掉中国公学校长职务的胡适，北上在北京大学任文学院院长，但他仍然牵挂自己亲自参与创办的《新月》杂志和新月书店。由此也可知道邵洵美接手《新月》后，胡适可以轻松地做自己的事，徐志摩也不用再为《新月》的发展而过于操心，他们都对寻找到的这位新月书店的新任经理而感到欣喜。如果说邵洵美是在本年度4月底5月初正式出任新月经理的话，那么，他在随后北上的主要任务就是与胡适以及新月书店的股东们商谈如何进一步发展新月书店和《新月》杂志的事宜了。

　　就在1931年3月13日，胡适日记再次记载了有关新月书店的事情："新月书店董克木自上海来，我与志摩、上沅都怪他卤莽，不应在此时辞职。邵洵美有长信给志摩说《新月》改组计划。在上沅家谈此事。"我们现在无法看到邵洵美写给徐志摩的这封长信，也无从知道他是如何设计改组《新月》的，但从邵洵美接手后新月书店的一些变化来看，他主要整顿了新月书店的秩序，争取更多作者的支持，创办《诗刊》等。1931年5月20日罗隆基致信胡适，谈到新月书店，也谈到邵洵美出任新月书店经理后的一些变化，可以作为邵洵美改组新月的一些佐证："新月书店的事，我倒不十分悲观。前几月都不得在改组期中，一月来改组才有点眉目。《现代文化丛书》答应撰稿者有三十五人，多半在暑期中或暑期后可交稿。即令出书三十五本，较三年来出五十本，自系进步。希望北方的股东，给上海的几个人一个试验的时期。就以《文化丛书》计划说，亦不是一二个月的工夫能够发生实效的。营业方面，洵美说今后时有报告北来。洵美接任不过一月，店中秩序比从前的确好一点，最少，办事上手续清楚些。"在这封信中，既可以看到邵洵美接任后新月书店的变化，也能够看到新月书店的发展方向，而且信中还隐约透露出邵洵美北上的某些信息，这就是希望得到北方同人的支持、理解，让北方的同人得到更多的信心，这就是罗隆基在信中还说到的："希望北方的先生们忍耐着以观后效。"① 这里还有另一则材料，也可以侧面佐证邵洵美北上的主要目的："志摩和洵美两人拟订了改革《新月》的办法，要改变《新月》月刊的摇摆不定。他们先是想使《新月》侧重文学艺术方面，少谈政治，不参加争权夺利，以省却遭到许多麻烦，或者从这方面去打开出路，求得营业上的发展。但是这个设想提出之后，就被罗隆基一口否定。当时罗在编《新月》。他是热心于政治的，不同意这种改变。他以为《新月》是有主张民主的传统的，这种政治主张，乃是《新月》的根本精神，不能因为要做生意赚钱放弃或改变固有的立场，不能对环境屈服。不过为了保证《新月》月刊可以发行出去，他允许态度可以缓和一些，但是不久仍旧由于他的《什么是法治》一文触犯当局忌讳而导致杂志被国民党中宣部张道藩的追究、查抄。后经洵美向南京国民党中宣部张道藩等人的疏通，才得解除。……新月书店改革的事情，因此议而不决，只能照旧拖下去，洵美的设想，也因此落了空。"② 罗隆基是《新月》月刊的主编，他的意见当然有一定权威性，而邵洵美则要办刊物、办书店，就不能不进行一些改革，

① 罗隆基：《致胡适》，1931 年 5 月 20 日，《胡适来往书信选》（中册），中华书局 1979 年版，第 68—69 页。

② 章克标：《世纪挥手》，陈福康、蒋山青编：《章克标文集》（下），上海社会科学院出版社 2003 年版，第 149 页。

他也已经着手开始对新月书店的改革。当主要责任人出现意见不一致的时候,他们都想到找胡适这根新月书店的精神支柱,罗隆基致信胡适,徐志摩去北平见胡适汇报,而邵洵美北上的目的,也当然与此相关。

关于新月书店关门的事情,梁实秋有一个回忆,虽然有一定出入,但也可以看到其中的一些细节:"胡先生有一次途经青岛时便对我们说起结束新月的事,我们当然也赞成,后来便由胡先生出面与商务印书馆王云五先生商洽,由商务出一笔钱(是七八千元)给新月书店,有这一笔款弥补亏空新月才关得上门,新月所出的书籍一律转移到商务继续出版,所有存书一律送给商务,新月宣布解散。"① 胡适"途经青岛"的时间是在 1931 年 1 月底,这时的新月书店虽遇到了麻烦,但还没有到商量关门的地步,这是梁实秋的误记。其实,胡适到青岛主要是与梁实秋等人商量莎士比亚全集的翻译人选的问题,顺便为青岛大学的师生做了一次演讲。所以这个回忆在时间上有误,不过,至少能看到并非是邵洵美北上与股东们讨论后才决定关门的,而是在邵洵美并没有在北平或者无须邵洵美到北平的情况下,就由胡适与商务印书馆协商解决了新月书店的问题,这也就是为什么胡适在给江冬秀的信中以及在日记所记对邵洵美表达不满的原因。

1932 年年初,胡适在给江冬秀的一封家书中说了这样一件事情:"惠平带了三个孩子出来看我。她身体好像很好。我交她六十元,作为还款。新月书店没有给我钱,但我还有余钱,所以还了

---

① 梁实秋:《忆新月》,《雅舍忆旧》,江苏人民出版社 2014 年版,第 108 页。

她六十元。"① 这封信透露了这样两个信息，一是胡适竟然也有向人借钱这回事，二是新月书店竟然也会欠胡适的钱。胡适为何会向惠平借钱，不得而知，但新月书店为何会欠胡适的钱却可以做些分析。

1931年，刚刚上任新月书店经理不久的邵洵美，在给胡适的信中吐诉了经营新月书店的不易："六月底结账，萧克木经理期内，外版书籍代售竟会亏本！依道理讲，应当挣几千块钱呢。现在另函上沉，讨论办法，在这里附带说一句。"邵洵美说的是实情，正因为新月书店在经营上出现问题，徐志摩才会想到邀请邵洵美来收拾这个烂摊子。梁实秋后来曾在文章中回忆说："说到新月书店，也是很有趣的。我们一伙人如何会经营商店？"② 的确如此，新月社一班文人，大多诗人、作家、学者，从事书店经营有些难为他们。1928年9月，余上沉辞去经理职务后，几任经理都无法真正操控好新月书店。为此，徐志摩等人也想了不少办法，如组织读书会等，都很难见到效果。劝邵洵美入股，可能是最直接也是最有效的办法了。邵洵美虽然因为自己办刊物、买设备花去了不少钱，但他还是慷慨应允了徐志摩的邀请，接下了新月书店，并着手整理书店的管理、运作等事宜。对此，我们在徐志摩8月19日给胡适的信中能够看到实际的行动："昨夜在中社为《新月》扩充股份，开会成绩极佳。现决定另招三万（股不足，以透支足支），分十五组经招，每组任两千。李孤航颇热心，自任一份外，还招任二组数目。马君武将去香港，至少招两千，多致两万二（那就扩成五万了）。

---

① 胡适：《致江冬秀》，《胡适书信集》（上），北京大学出版社1996年版，第565页。
② 梁实秋：《忆新月》，《雅舍书旧》，江苏人民出版社2014年版，第105页。

此外，任坚、品琴（陆品琴）、老罗、春舫、洵美、'光旦和我'、陈光普、'老八叔公'、新六、季高各任一组。北方责成你和公超负责一组，我想源宁等当然得招致入伙。计划不久印得，大致拟岁出书至少五十种，此外办《新月》及书报流通社。期限为三月十五日。这消息想你一定乐于听到。我们这份基础决不能放弃，大家放出精神来做吧。"就在同一封信中，徐志摩还对胡适说了近期的一些计划："新月不日开股东会，书稿陆续已收下不少，有钱即可大批付印。新股招得虽有，但现金流通终感不便，因此我们向公权商量，在中国银行做一万元透支……有了钱，九月即有十几部书可出。"①在这里，徐志摩以诗人的豪情对改组后的新月书店做了前景描绘，也让人看到了邵洵美接手新月后的动作。徐志摩提到了这笔透支的现金，随后就办好了，在 9 月 3 日，徐志摩给胡适写信说："新月透支已做好，此一年当可出一批书。兴衰存亡在此一举。公权特别忙，可感。利息只取八厘，以视新六之谨慎，真不可同日而语。"②邵洵美以及新月同人为了振兴新月，可谓是费尽了心思，也在利益上尽量约束自己，以求得有更多资金运用于新月书店的新书出版。

在邵洵美写给胡适的一封信中，能够看到他在为新月书店所费的心思："董事会决议一节旧有版税暂行欠宕，所以第二次的四百元便只能作为《白话文学史》中卷版税预支，不知你的意思以为怎样？要是赞同的，那么，请你在赶《现代文化总论》外，再将《白话文学史》中卷亦赶了出来。一举两得，岂不很好。"③一是版税"暂行欠宕"，二

---

① 徐志摩：《致胡适》，《志摩的信》，学林出版社 2004 年版，第 298 页。
② 徐志摩：《致胡适》，《志摩的信》，学林出版社 2004 年版，第 302 页。
③ 邵洵美：《致胡适》，《胡适来往书信选》（中册），中华书局 1979 年版，第 74 页。

是拆分《白话文学史》，把原来的上卷拆为两卷出版，无论在经费安排上还是在销售收入上，都会有不错的改观。这也就是为什么新月还会欠胡适的稿费，胡适在家书中表示不满的主要原因，由此也可见新月书店当时所遇到的困难多大。

不仅如此，邵洵美在重兴新月书店中，既耗费了大量钱财，也付出诸多劳动。据胡博在《"新月书店"考》一文中的介绍，新月书店刚开办的"总股本不过四千之数"①，这样一个小书店，在 20 世纪 30 年代商务印书馆、中华书局、世界书局、现代书局等大出版机构的夹缝中生存，的确是不易的。而到邵洵美接任新月书店时，股本虽有所扩张，但仍然数目不算太大。即使如此，让邵洵美一个人接替过来，也有不少难度。要想真正盘活一个出版、销售、办刊物等为主要业务的新月书店，没有大资金，恐难以做到。由此可以想象得到邵洵美为新月书店投入资金的情况，也可以想象在这种局面下邵洵美的难处。

邵洵美上任后，雄心勃勃，先是在北平开办了新月书店北平分店，改革《新月》月刊的办刊方针，等等，一系列举措显示了邵洵美的决心和信心，也显示了他经营书店的独特思路和手段。所有这些，都为新月书店注入了活力。出版《现代文化丛书》是邵洵美入主新月书店后的一次壮举。

《现代文化丛书》是新月书店策划的包罗万象的图书出版计划，也是为了振兴新月书店的一个举措，由胡适、徐志摩、罗隆基、潘光旦、丁西林任主编。1931 年 3 月 30 日出版的《文艺新闻》第 3

---

① 胡博：《"新月书店"考》，《文学评论》2015 年第 6 期。

号，曾在"出版界之一周"介绍过"新月书店之新计划"：新月书店，最近正在出版三种大规模的书籍：（A）现代文化丛书：包含现代各种学问；（B）名著百种：由梁实秋担任负全责；（C）编译学校课本。在《现代文化丛书》计划中的著作达50余种，撰稿人有上述各位主编，也有特别邀请的张东荪、叶公超、翁文灏、毕树棠等。

这个策划虽在邵洵美正式接任新月书店经理之前，但却在邵洵美接任经理之后付诸实施，为此，邵洵美需要投入大量的财力。但是，因为上海"沪淞战役"，时局变异，一些书稿被焚毁，原来预告过的庞大出版计划，因此而搁浅，只出版了少量几本著作。①

三、《诗刊》：为了唯美的一次努力

1928年3月10日，《新月》月刊创刊，社长胡适，徐志摩、闻一多、饶孟侃任编辑。邵洵美既不是《新月》的发起人，也没有担任过《新月》的编辑，他更多的是《新月》月刊的作者。

邵洵美第一次在《新月》月刊发表作品，是在第3卷第8期（大致应在1931年6月）发表的《谈自传》。此后，他还以浩文为笔名，在《新月》月刊发表过《逃走了的雄鸡》（第3卷第10期）和《孔雀东南飞及其他》（第3卷第12期）。

创办《诗刊》的时候就不一样了，尽管邵洵美这时主要的精力

---

① 据谢家崧在《我记忆中的新月书店》介绍："一方面因为沪战爆发书稿被焚，另一方面便是因为徐志摩的离世，使这套丛书仅出版8种左右之后，便寂然无声息了。"（见俞子林主编《百年书业》，上海书店出版社2008年版，第81页。）

在《时代》画报上，但由于他与徐志摩的深厚感情，受邀参加《诗刊》的编辑出版工作时，还是爽快地答应了。这也是邵洵美入股新月书店前后的一次投入，一次大胆的尝试。当然，更主要的还是邵洵美与徐志摩对纯诗的痴心追求，让他们以诗的方式办起了一份纯诗的刊物，正如徐志摩在《诗刊》创刊号所发表的《序语》中所言："第一，我们共信（新）诗是有前途的；同时我们知道这前途不是容易与平坦，得凭很多人共力去开拓。……其次，我们共信诗是一个时代最不可错误的声音，由此我们可以听出民族精神的充实抑空虚，华贵抑卑琐，旺盛抑消沉。……再次，我们共信诗是一种艺术。"绡红在《邵洵美与徐志摩》一文中说："1931 年 1 月志摩与孙大雨及洵美创办《诗刊》，也是新月出版的。洵美帮助志摩做征集稿件、编辑、设计封面等工作。他在前三期的《诗刊》上发表了几首诗：《洵美的梦》、《女人》、《季候》、《小诗一首》和《人曲》。"① 邵洵美办《诗刊》，既是他自己的一个梦，也是他为徐志摩圆的一个梦。

1929 年，由于新月书店主办的《新月》月刊越来越倾向于政治，胡适、罗隆基等不断发表的涉及时政的文章，引发国民党党部的强烈不满，徐志摩所倾心的新诗地盘越来越小。所以，能够创办一份专门发表新诗和新诗评论的刊物，是他一直以来的心愿。看他在《猛虎集》的"序"中所表达的激动的心情，就可明白对于诗人徐志摩来说，办一份有关诗的刊物有多么重要："要不是去年在中大认识了梦家和玮德两个年轻的诗人，他们对于诗的热情在无形中又鼓动了我奄奄的诗心，第二次又印《诗刊》，我对于诗的兴味，我信，竟可以消沉到

---

① 绡红：《邵洵美与徐志摩》，《新文学史料》2006 年第 1 期。

几乎完全没有。"①1931 年 1 月 20 日，经过一段时间的筹备，由诗刊社出版、新月书店发行的《诗刊》创刊号正式问世，这一期创刊号上发表了新诗 18 首，诗论 1 篇，组稿由徐志摩、陈梦家、邵洵美完成，编辑则由孙大雨、邵洵美、徐志摩负责。无论从哪个角度说，邵洵美都是《诗刊》的主要发起人之一。

1931 年 1 月 20 日，经过精心筹备的《诗刊》季刊创刊号在上海出版发行。邵洵美作为组稿和编选之一，与徐志摩、陈梦家等一起参与了《诗刊》的创办工作。《诗刊》的封面设计也是邵洵美请来的著名画家张光宇、张振宇兄弟，封面画是一位端坐的女子，上端则是一只回头正在歌唱的夜莺。如此构思，也与邵洵美有直接的关系。1937年，邵洵美在自己所著《儒林新史》的"我们的夜莺"一节中，引述了徐志摩的一位"自小的同学"的话，在这位"志摩自小的同学"的嘴里，"志摩不但善于对女人写诗，更善于对女人讲话"，这位同学经常对大家说："以前有一头夜莺，为了要唱出心底的声音，胸脯让玫瑰的刺戳破，流干了血便死在玫瑰花的怀抱里。"他以此比喻徐志摩为女人写诗："可是我们这一头夜莺，他能唱得玫瑰的刺全不见，一朵朵的玫瑰花又会甘愿死在他的臂膀中间。"②邵洵美用夜莺比喻徐志摩，比喻女人与诗，可见《诗刊》封面上的女子与夜莺，既是指这册刊物就像夜莺的歌唱一样，是诗刊，同时也是指为女人写诗的诗人徐志摩。《诗刊》第 1 期刊出了孙大雨、朱湘、闻一多、饶孟侃、陈梦家、徐志摩等诗人的诗作，梁实秋的诗评等，尤其值得一提的是，久不写诗的诗人闻一多专门为《诗刊》创作了长诗《奇迹》，被人称之为闻

---

① 徐志摩：《猛虎集·序》，《徐志摩散文》，人民文学出版社 2007 年版，第 171 页。

② 邵洵美：《儒林新史》，上海书店出版社 2012 年版，第 97 页。

一多生命史上的一个"奇迹"。还需要提及的是邵洵美创作的长诗《洵美的梦》：

> 从淡红淡绿的荷花里开出了
> 热温温的梦，她偎紧我的魂灵。
> 她轻得像云，我奇怪她为什么
> 不飞上天顶或是深躲在潭心？
> 我记得她会带了满望的礼物
> 蹑进失意的被洞，又带了私情
> 去惊醒了最不容易睡的处女，
> 害她从悠长的狗吠听到鸡鸣；
> 但是我这里她不常来到，想是
> 她猜不准我夜晚上床的时辰。
> 我爱让太阳伴了我睡，我希望
> 夜莺不再搅扰我倦眠的心神，
> 也许乘了这一忽的空闲，我会
> 走进一个园门，那里的花都能
> 把她们的色彩芬芳编成歌曲，
> 做成诗，去唱软那春天的早晨——
> 就算是剩下了一根弦，我相信
> 她还是要弹出她屑碎的迷音。

这首具有唯美色彩的新诗，写出了诗人洵美对人生、爱情的梦想，写出了诗人追求纯粹的生命，追求"诗人的肉里没有污浊的秧苗，胚胎当然是一块纯粹的水晶"。诗人最后写道：

> 我听了，上下身的血立时滚沸，
>
> 我完全明白了我自己的运命；
>
> 神仙的宫殿绝不是我的住处。
>
> 啊，我不要做梦，我要醒，我要醒。

《诗刊》第 1 期出版后，得到了读者的认可，一时销量大增，不久又再版一次。但是，这批唯美主义的诗人大约只想到如何表达他们的感情，唱出他们的声音，所以，他们更多地考虑到如何把刊物办的更精美，作品如何更能传达心音，而没有或者很少考虑刊物的营销、赢利的问题。从第 2 期开始，增加页码，扩大容量，使用更讲究的纸张印刷，而且刚开始创刊已经给读者全年特价的优惠，因而，刊物开始赔本买卖，以至于卖出的刊物还不能填补印刷的亏空。到了第 3 期，主编徐志摩仍然为刊物的页码不足大为不满，但这期一拖再拖才出版的刊物仍然有 112 页之多。即使如此，这册追求纯诗的唯美的诗刊，也因为徐志摩的遇难而难以再坚持下去，1932 年 7 月 30 日，这份脱期严重的诗刊，才勉强出版了最后一期，这一期竟然成为了徐志摩的悼念专号。该期刊物发表了徐志摩的两首遗作，以及他翻译的最后的断篇：莎士比亚的《罗密欧与朱丽叶》的第二幕第二景，同时发表了方玮德、邵洵美、胡适、陈梦家、梁镇、朱湘、宗白华等诗人、作家、学者的悼念诗文。徐志摩的死，对新月书店、新月诗派都是巨大的甚至是毁灭性的打击，对邵洵美本人来说同样是绝望的，"《诗刊》出了第 4 期，就跟它的主人志摩一样，从此在诗坛销声匿迹了。洵美说，志摩一去，谁能负得起对《诗刊》的责任呢，徐志摩只有一个。志摩走后，洵美再也不想写诗了"①。

---

① 邵绡红：《天生的诗人——我的爸爸邵洵美》，上海书店出版社 2015 年版，第 92 页。

第四章

"文化的班底"构筑时代出版

1929 年 3 月，邵洵美在他创办的《金屋月刊》第 3 期发表《永久的建筑》一文，认为："诗是一座永久的建筑。这一座建筑务须是十分的完全，材料须是十分的坚固，式样须是十分的美丽，在这座建筑的里面，供养着一位永久的生命。"这是唯美主义诗人的诗与诗学的艺术传达，也是诗人生活方式的艺术表现，诗与生活在邵洵美的世界里已经合二为一，他写诗是一种生活，他的编辑出版以及日常生活也是一首诗。邵洵美的世界就是一首诗。

一、洵美的"花厅"

1936 年 2 月 15 日出版的《文艺》杂志发表了画家鲁少飞的一幅漫画作品，题目是《文坛茶话图》。鲁少飞，1903 年生于上海，漫画家，编辑家，被称为中国漫画的"鼻祖"。作为编辑，他对 20 世纪 30 年代文坛现状非常了解，与众多作家、艺术家都有密切来往，因此，他笔下的文坛茶话图，比较能够反映出当时文坛状况。我们可以在鲁少飞为这幅漫画所写的"附白"中，大体了解到这幅画作的内容："大概不是南京的文艺俱乐部吧，墙上挂的世界作家肖像，不是罗曼·罗兰，而是文坛时髦的高尔基同志和袁中郎先生。茶话席上，坐在主人地位的是著名的孟尝君邵洵美，左面似乎是茅盾，右面毫无疑问的是郁达夫。林语堂口衔雪茄烟，介在论语大将老舍与达夫之间。张资平似乎永远是三角恋爱小说家，你看他，左面是冰心女士，右面是白薇小姐。洪深教授一本正经，也许是在想电影剧本。傅东华昏昏欲睡，又好像在偷听什么。也许是的，你看，后面鲁迅不是和巴金正在谈论文化生活出版计划吗？知堂老人道貌岸然，一旁坐着的郑振铎也似乎搭起架子，假充正经。沈从文回过头来，专等拍照。第三种人杜衡和张天翼、鲁彦成了酒友，大喝五茄皮。最右面，捧着茶杯的是施蛰存，隔座的背影，大概是凌叔华女士。立着的是现代主义的徐霞村、穆时英、刘呐鸥三位大师。手不离书的叶灵凤似乎在挽留高明，满面怒气的高老师，也许是看见有鲁迅在座，要拂袖而去吧？最上面，推门进来的是田大哥，口里好像在说：'对不起，有点不得已的原因，我来迟了！'露着半面的像是神秘的丁玲女士。其余的，还未到公开时期，恕我不说了。左面墙上的照片，是我们的先贤，计有：刘半农博士、徐志摩诗哲、蒋光慈同志、彭家煌先生。"这幅漫画所画的人物，并不是同一种类型的作家，挂在墙上的高尔基是外国作家，而袁中郎则是中国古代作家，其他人物也是现实中不可能真正聚集在一起的，却被画家巧妙地画在一起，出现在同一个茶话室里。当然，这里最重要的或者说茶话的主人是当时最有人缘的邵洵美。邵洵美之所以能够出现在茶话图的中心位置，并不是他的创作成就如何了不起，不是他的社会地位有多么显赫，而主要在于他广泛结交朋友的社会影响。邵洵美的"花厅"在当时文坛上非常引人注目，曾经聚集过诸多作家、画家以及其他文化界的人物，让一位大力倡导创办"花厅"的花厅先生成为茶话室的主人，是最恰当不过的。

（一）"花厅"与文化大众化

1933 年第 4 卷第 7 期《时代》画报发表了邵洵美的《花厅夫人》，这篇文章以"介绍弗丽茨夫人"为事例，阐述了花厅之于中国社会的重要意义，尤其阐述了花厅与文学的密切关系。花厅对于文学艺术的发展、国民素质养成的文化意义，显示出邵洵美对文化及文化传播的深刻理解。

邵洵美的文章从他与徐志摩的一次谈话说起。诗人徐志摩面对中国的社会现状，忧心忡忡地说："我们应该想个什么法子把文学打进社会里去呢？"听到诗哲的这番谈话，邵洵美想到了很多，最重要的则是"我们能不能把文学去从麻雀扑克手里夺回他的地位"，要做到这一点，就要使文学大众化，使文学成为"社会人士相当的提倡"，

"变成大众的需要"。如何才能使文学大众化？邵洵美认为，"文学大众化，最好从男女的交际入手"，因为在他看来，"一个交际叙会，他们的谈话一定会把文学作为题材，那么凡是在交际场中出入的，或是希求厕身交际场中的，谁犹敢不把翻读文学作品作为人生的条件之一呢？先把他当装饰品，领略到了真趣便自然认为终身的伴侣，这便是诗与小说家诵户传的时候了。社会的需要增加，文学的销路便也增加：一件事物变成商品的时候，他便有了发达的可能。于是文学的势力也增加了，人们的知识也增加了。任你开设多少爿学校，多少爿教育部，我想你发生的效力决不会有他这样的大。"邵洵美把花厅、交际场、交际叙会这些场所的文化影响力，看得比学校教育还大，不免有些夸大其功能，但也从一个特定的角度说出了花厅在文化传播方面的强大力量。

邵洵美笔下的"花厅"就是"沙龙"，是"沙龙"的另一种译法。他指出："'Salon'的译义即会客室，我译作'花厅'不过是为了字面上的漂亮。它并不是一个有条规的组织。大概是一位有文学素养的有政治常识而在社会上有相当声誉的夫人做主东。……他们时常有叙会，每次总在他们的家里，客多文人学者，所谈的都是关于文学艺术一方面的话，一时风尚，群相效尤，当时英法文坛的兴盛，他们多少有些功劳。"邵洵美将"Salon"译为"花厅"是非常有意味的，这个译名也是音译，但较之直接译"沙龙"更形象，更艺术化，因而也更符合"花厅"的内容与形式。还有一点也很有文化味道，邵洵美将"花厅"的活动不说是"聚会"而是使用了"叙会"这个词汇，"聚会"突出了"聚"的"会"，而"叙会"则突出的"叙"的"会"，把"聚"改为"叙"，"花厅"的活动便一目了然了。

既然花厅有如此大的力量，在整个社会提倡并创办这样的花厅，正是文化人应当努力的事情，"这时候，花厅夫人便是我们最需要的人物"。而在邵洵美的眼中，"留沪多年的茀丽茨夫人应当在这里介绍与钦仰"。茀丽茨夫人现通译为弗里茨夫人，是 20 世纪 30 年代上海滩上著名的社会活动家、上海社交界的明星，在她居住的地方，经常举办派对、舞会。据邵洵美在文章中介绍，一些从欧美国家来中国的文学家多半由弗里茨夫人的沙龙负责接待，如当年与邵洵美关系密切的美国女作家项美丽就是首先投奔弗里茨夫人而来。同时，弗里茨夫人的沙龙也接待一些中国文化界的名人，胡适、梅兰芳等社会名流都曾出入过弗里茨夫人的沙龙，邵洵美当然也是其经常光顾的客人之一。胡适就曾在自己的日记中记下了他参加弗里茨夫人沙龙的感受："是很有学问的人，他们谈欧美的音乐戏剧，我竟毫不知道，惭愧得很。"留学美国多年的胡适当然非常熟悉具有欧美文化传统的沙龙，在国内能够参加茀里茨夫人组织的沙龙，产生这种略带夸张的感受也未尝不可理解。

在"花厅"里，为什么"花厅夫人便是我们最需要的人物"？因为女性有天然的亲和力，能够营造一种家庭的氛围。当然，从邵洵美的叙述中，我们知道，花厅夫人需要一定的文学修养，懂得诗与文学，懂得音乐、绘画等艺术。在这方面，欧洲有着悠久的传统，女孩子从小接受文学艺术的教育，与优秀的诗人、作家、音乐家、画家接触。在她们踏入社会后，以她们女性独特的魅力和艺术修养，在家庭中扮演一个重要的角色，而在社会交际中，又成为人人注目的"花厅夫人"。中国象征派诗人李金发在他的《法国的文艺客厅》中曾写道："法国的文艺客厅（Salons Litteraires 或音译作"沙龙"）在历史上是很有名，而很关重要的，且多为好客的贵妇人所主持，如现代之文艺俱乐部，其重要者如 Deffand 夫人、Geoffrin 夫人、Necher 夫人、Rcmier 夫人、Lespinasse 女士之客厅，都红极当代的，任何文豪都出入她们的幕下，可是到了后来，报纸杂志发达了，作家聚会之处多在编辑室，或酒吧间，客厅渐随之而门庭冷落起来，到十九世纪末，已找不出几个重要的文艺客厅，一九一四年，还有几个次等的，到了一九二〇年简直消灭净尽。"① 李金发曾留学过法国，是中国早期象征派诗人的代表人物，他对法国文学艺术界以及文化界应该比较了解，他在文章中让我们知道"文艺客厅"与作家创作的关系，"文艺客厅"与社会风尚的关系。在李金发的叙述中，"文艺客厅"可以使作家们相互联系，讨论问题，联络感情，促进创作，而在邵洵美的叙述中，则主要通过"花厅"推广文艺风气，通过培育一个小规模的好社会，进一步建设一个大规模的好社会。无论如何，"好客而有钱的夫人"组织的文艺客厅是必不可少的，她们正是通过其女性魅力以及她们对文学艺术的见解，吸引了众多教授、诗人、作家、艺术家的参与，形成一定的社交圈子，并在这些社交活动中影响于社会，形成温和的、优雅的社会风尚。

（二）理想的"花厅"

理想的"花厅"应该什么样子？在《花厅夫人》一文中，邵洵美并没有具体描述过，但我们从邵洵美的其他作品或者其他人所谈的邵

---

① 李金发：《法国的文艺客厅》，《人间世》1934 年第 18 期。

淘美书房的样式，可以大体判断他理想中的"花厅"。

1928 年出版的《火与肉》中，所收录的第一篇文章就是《莎弗》，文章以虚构的朋史（后来邵淘美使用的笔名）与现实中的淘美的对话，展开对莎弗和莎弗的诗的评论。这种对话式的评论，实际上是邵淘美用一种对话的方式把自己对莎弗的不同认识表达出来，也营造出一种"花厅"叙谈的效果。文章写的是 1927 年 3 月 9 日的事情，朋史捧了一本邵淘美刚刚出版的诗集《天堂与五月》来到淘美的书室里。这种将朋友引入书室的写法，反映出邵淘美把书室作为一个开放的可以与朋友谈话的场所，作为文化人出入的地标性场所。于是，我们看到了朋史眼中的淘美的书房：

> 朋史与淘美虽然是从小儿一块长大的好友；不过淘美这次新收拾的一间狭小的除了三座书架一张书桌两三把椅子外便没有多大余地的书室，他还是第一次到来：因此坐定后便仰着头四围细细张望了一下。板壁是深灰色印金花的纸儿糊的，周围一共悬着五只镜框：一张是张道藩画的《海》，是在 Venice 的写生，一片明绿的水远远地印着淡粉红的天色，隐约地可以看得出半条一线的陆地，那种和谐的色彩，简净得章法，显示着这位画家受了 Monet 的影响不少；一张是常玉的 Nu，曲线温柔而雄壮，色彩艳丽而文雅，看了这个，朋史便想到了两位他所钦仰的欧洲艺术家，一位是 Rodin，一位是 Rubens。

这里描写的书房还不能就称之为真正意义上的"花厅"，这里只是主人与来访朋友谈话的"狭小的"的个人化的地方，但我们已经借朋史的眼睛看到了一个谈话的场所应该的样子：外表的装潢，家具的摆放，书籍的种类与放置，墙上书画的摆挂，所有这些，无不显示出主人的修养与情调。从洵美的书房来看，"花厅"应该是以艺术为主，用书、画体现主人的情感与情调，以"和谐的色彩，简净的章法"，显示其文化品格。当然，在《莎弗》中，朋史与洵美谈论的主要是诗，是在洵美眼中最伟大的诗人莎弗，"他的目光于是便被洵美的指儿移向一张半身的像上。这是一个非常美丽的女子，蟠成环形金丝发上，匝着一圈红缎带；靥儿是象牙色而浮着淡红的云霞的；那挺直的鼻子，使我们感到她满脸的曲线之和谐；在有节奏的肌肉上，噘起了一张鲜红的小嘴；穿着一件嫩绿的衣衫，胸脯前现着两只如棉的柔手，右手执着一支钢笔，一头还搁在唇上，左手执着的是几页好像木板般的东西"，这里对莎弗的描写已近乎神的程度，但却离不了诗人的写作和写作的姿态。顺着对莎弗的描写，朋史和洵美依次谈论着莎弗的诗，欣赏着莎弗诗的境界。这里虽然只是两个人的谈话，但也构成了邵洵美理想"花厅"的基本样态。

如果对照邵洵美本人所描述的他自己的书斋，也会明白一位读书人、爱书人而又是出版书的人，他与书为伴的人生是多么的静美。他在《我的书斋生活》一文中，以欣赏的口味写出了自己的狭小、杂乱而又感觉极佳的书斋："你们简直可以说，洵美的生活是在书斋里的：会客室里是书，卧房里是书，楼梯边上也是书，连三屋楼上的洗澡间里也是书。所以一定要我指出哪一间是书斋，那可不容易。也许在我卧房隔壁的一间最像，中间有只书桌，可是书桌上又堆满了书，没有地方摆稿纸，也没有地方摆砚台，我又不会用钢笔写文章。"这间书房是这样的："这个小房间，长不满十五尺，关于现代诗的书籍，我都放在里面：书架里放不下，便放在桌子上；桌子上放不下，便堆在椅子里；椅子里放不下，便叠在地上。"① 书斋既是自己读书写作的地方，也是可以会客谈话的地方，这样的地方已经具备了"花厅"的某些特征。邵洵美也多次出入过曾孟朴的书房，在那间法租界马斯南路的一个僻静的住所，一个曾孟朴完成过他后期许多杰作的地方，邵洵美与曾孟朴多次倾心交流，"这时候他的真善美书店已打静安寺路搬到棋盘街了；我那时也正在办金屋书店；两个亏本的书估聚在一起自有一种互相安慰及鼓励的滑稽谈话。"② 他们在这里谈的是文学、历史、社会，也谈各种人物，诸如赛金花一类的人物，甚至也谈到邵洵美的"恶作剧式"的假借"刘心舞"之名给曾老先生的书信，等等，凡是文人间可以谈的话题都有可能是他们的谈资。

邵洵美的朋友、新月书店时期的搭档林微音曾创作过一部小说，题目就叫《花厅夫人》。这部小说作为"四社文库"乙部第十一种由四社出版部于 1934 年 6 月出版发行。小说写于 1934 年 4 月 24 日，距离邵洵美的《花厅夫人》发表不久。林微音与邵洵美是新月书店同人，林微音也是邵洵美"花厅"的座上客。林微音写作这篇小说时是否受邵洵美的影响，或者回应邵洵美的《花厅夫人》尚未可知，但也未尝不可以把两篇作品联系起来，至少两篇同题作品，对 20 世纪 30 年代上海的社交界尤其沙龙活动，为我们提供了可以参考的必要的资料。

林微音的《花厅夫人》叙述了一位 19 岁的上海富家小姐孙雪菲的故事。孙雪菲被评为学校的"校后"，圆了她想做"校后"的人生

---

① 邵洵美：《儒林新史》，上海书店出版社 2012 年版，第 47—48 页。
② 邵洵美：《儒林新史》，上海书店出版社 2012 年版，第 32 页。

之梦，由于她长相姣好，名气在外，所以赢得了诸多男同学的青睐和追求，也引来一直暗恋她的胡元康。但她面对众多追求者，却爱恋上了自己的教授钟贻程。孙雪菲与钟贻程的第一次约会是在一个小的朱古力店，他们在一起谈诗、谈文学。朱古力店、诗，这正是那个时代一般文学青年喜欢的地方，富有诗意的地方和有诗的谈话内容，一位如花似玉的女孩子所爱恋的生活方式。钟贻程开始时有意诱惑自己的女学生，但又试图把她培养成上海的"花厅夫人"。但是，孙雪菲还不是夫人，这个身份就不能做花厅夫人，"因为小姐是最脆弱的东西，经不起碰，而做那样主人的人是接触的很多的"。而他自己是有妇之夫，不能再娶孙小姐为妻，于是，当他看到欧阳旭初与孙雪菲在一起时，便向他们二人宣布孙雪菲就是花厅夫人，并要求欧阳旭初答应做花厅先生。我们不敢说这部小说中就有邵洵美的影子，但我们至少看到了当时文人们对花厅的文化期望，看到了洵美式花厅和花厅式的生活，看到花厅与文学的关系，看到了邵洵美在《花厅夫人》一文中所期望的某些文化的因子。

（三）"花厅"的客人们

刚刚留学回国不久的邵洵美也曾参加过一些沙龙式的活动，并在上海滩的沙龙里认识了不少朋友。当年上海北四川路（现在的四川北路）有一家新雅茶室，茶室并不大，一幢单开间的门面房子的二楼上，装修了一些火车卡座，早上供应茶水，中午也向客人出售午餐，中式的西式的，各种花样都有。这里的东西有卫生保障，环境雅洁，虽然菜品花样不多，但却可口，因此吸引了不少的客人。后来这家小店的生意做得红火，小小的店面已经容不下众多的客人，于是乔迁到了南京东路上的一座楼房里，招徕更多的客人。当年上海滩的一些文人墨客经常聚集在这里，谈天说地，谈诗说文，有欧洲生活习惯的邵洵美听说有这样的地方，当然不会放过。慷慨的邵洵美每次到来，都是由他付账，别人觉得心安理得，而他认为理所应当，乐得为他人服务。

我们再看看出入邵洵美"花厅"的那些社会名流，就可大体明晓他们的话题主要集中在哪些方面。1928 年 9 月，邵洵美曾寄给赵景深一封邀请信：

> 阳历九月二十二日星期六，下午六时，谨备薄酌作文友小集。同席为东亚病夫父子、若谷、彦长、达夫等。尚乞驾临武定路胶州口一百三十号面中园跑狗场对门，舍间一叙为幸。
>
> 此上
>
> 景深先生之鉴
>
> 邵洵美谨约①

从这封请柬中可以得知邵洵美邀请的参加者或者经常光顾"花厅"者的名单："东亚病夫"即近代著名谴责小说大家曾朴，创作有《孽海花》，曾创办真善美书店，他的儿子曾虚白也是著名的编辑家、小说家，曾孟朴、曾虚白父子二人是邵府上的常客，而曾府中也会常常见到邵洵美的影子。张若谷是邵洵美的好朋友，编辑家，长于散文写

---

① 孔海珠：《沉浮之间——上海文坛旧事二编》，汉语大词典出版社 2006 年版，第102 页。

作，也是"花厅"的座上客。傅彦长是"民族主义文艺运动"的发起人之一，编辑家、作家，与傅彦长一起步入邵府的还应该有同是"民族主义文艺运动"代表人物的朱应鹏等。郁达夫与邵洵美也有比较深的交情，他曾这样描述过："那时候洵美的老家，还在金屋书店对门的花园里，我们空下来，要想找几个人谈谈天，只须上洵美的书斋去就对，因为他那里是座上客常满，樽中酒不空的。在洵美他们的座上，我方才认识了围绕在老曾先生左右的一群少壮文学者，像傅彦长、张若谷诸先生。从他们的口里，我于是听到了些曾先生的日常起居，与他的老而益壮的从事创作精神之余，还接触了一个口头招请，说曾老先生也很想和我谈谈，教我有空，务必上他家里去走走。"[1] 除此之外，我们还在 1931 年 8 月 1 日出版的《新时代月刊》第 1 卷第 1 期的"文坛消息"上看到了邵府上更多的客人："邵洵美诗人在府上请吃便饭，计到刘呐鸥，施蛰存，戴望舒，张若谷，曾今可，袁牧之，潘子农，董阳芳，徐克培，马彦祥及画家张振宇，曹涵美等人，诗人夫人盛佩玉女士亦帮同招待。饭后主客大吃西瓜，徐志摩，谢寿康，徐悲鸿等人到时，别已席终矣。"这个名单中除了张若谷外，其他人都是在邵洵美给赵景深的信以及郁达夫的文章中没有提到的。

实际上，在邵洵美的观念中，"花厅"是聚集大家叙情忆旧、畅谈文学艺术的场所，因此，"花厅"在家庭中的客厅或院落是理想的地方，在茶馆、咖啡厅当然不错，同时，他把当时开办的书店也当作"花厅"。因此，"花厅"的客人也包括那些经常出入书店参加文化活动的朋友。我们在郁达夫的《记曾孟朴先生》一文中还可以注意到，

---

[1] 郁达夫：《记曾孟朴先生》，载《郁达夫文集》第 4 卷，花城出版社 1982 年版，第 52 页。

邵洵美（1906—1968）

1930 年，徐悲鸿为邵洵美作的画像

邵洵美与夫人盛佩玉

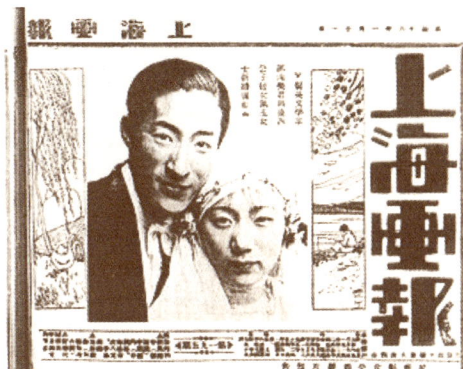

《上海画报》刊登的邵洵美、盛
佩玉结婚照

邵洵美夫人盛佩玉女士

项美丽女士

1936年，邵洵美与项美丽等人在南京中山陵

第一出版社出
版物之一:《从文
自传》

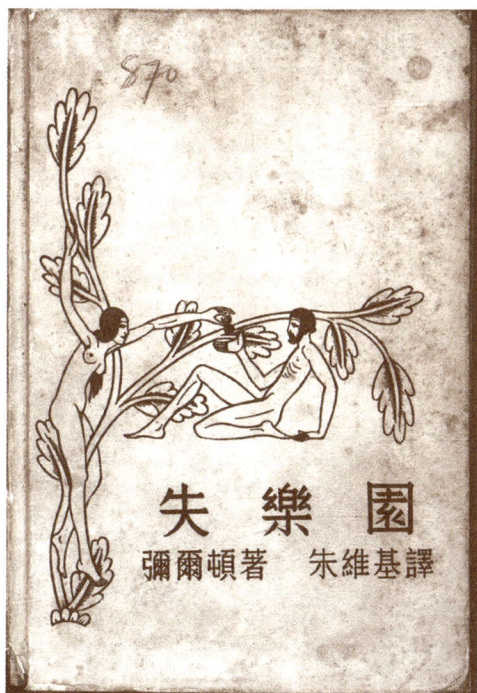

第一出版社出
版物之一:《失乐园》

金屋书店出版
物之一:《爱欲》

妲己

徐蔚炎 著

金屋书店的出版物
之一:《妲己》

邵洵美参与创办
的刊物:《金屋月刊》

邵洵美参与创办
的刊物:《论语》

邵洵美参与创办的刊物:《人言》

邵洵美参与创办的
刊物:《十日谈》

郁达夫提到的是在邵洵美创办的金屋书店的叙会上，认识了围绕在曾孟朴周围的"一群学生装文学者"。这说明当时邵洵美组织的沙龙不仅在他家的"花厅"，而且也把他家对面的金屋书店当作了"花厅"。从这个角度说，邵洵美之所以热衷于办书店、办刊物，与他的理想中的"花厅"具有密切的关系。或者说他是把办书店当作了创办另一种形式的"花厅"，把出版作品作为与朋友交流、叙谈的一种方式，也把出版的作品当作一种谈资。

作为唯美主义诗人的邵洵美，不仅在创作上追求唯美，而且在出版印刷方面也是唯美的。因为一家书店不仅是出版机构，也不仅是图书代售的店铺，而是一家以出版为中心的文化"花厅"。邵洵美创办金屋书店，也不仅仅是因为自己的第一部诗集出版遇到了困难，创办书店可以方便出版自己的作品，而且更是一种理想文化的追求。我们只要看看金屋书店创办后出版的著作，就会清晰地看到他的"花厅"的构想。金屋书店开办后，一是出版了《金屋月刊》，二是以出版文艺著作为主，著译并重，倾向文学。金屋书店的作者中，有相当一部分都是出入"花厅"的朋友。如果仅就文学出版而言，洵美的"花厅"就为新文学贡献了不少优秀的作家和作品。在文学创作方面，主要有章克标的《蜃楼》、《恋爱四象》，滕刚的《末日》，郭子雄的《春夏秋冬》，王任叔的《死线上》，张若谷的《文学生活》，滕固的《外遇》，傅彦长的《十六年之杂碎》，洪为法的《做父亲去》，余世鹏的《最后的胜利》以及邵洵美本人的《一朵朵玫瑰》、《花一般的罪恶》、《火与肉》等；在翻译文学中，主要有 O.Wilde 著、徐培仁译的《一个理想的丈夫》，Walter Pater 著、朱维基译的《家之子》，王尔德著、杜衡译的《道林格雷画像》，武者小路实笃著、章克标译的《爱欲》，哥尔德著、凌黛译的《一万二千万》，厨川白村著、沈端先译的《北美印象记》等。1930 年金屋书店关门后，邵洵美在《时代》画报上发表过一份《金屋书店出版图书总目》，这份总目汇集了金屋书店出版的 38 部作品，主要为邵洵美、章克标、张若谷、滕固等"花厅"里"常客"的创作作品或翻译作品。这份出版名录中的作品虽然不是中国新文学中的顶级作品，文学翻译也不是最经典的作品，但都是有一定艺术追求的，也是文学"花厅"中值得阅读的。

二、"海上孟尝君"事迹考

孟尝君，原姓田，名文，是战国时期著名的"四公子"之一，因封袭其父爵于薛国（今山东省滕州市官桥镇），又称薛公，号孟尝君。据《史记》记载，孟尝君曾任齐国宰相："齐湣王不自得，以其遣孟尝君。孟尝君至，则以为齐相，任政。"他乐善好施，好客养士，宁肯舍弃自己的家业，也给那些归附他的诸侯国的宾客甚至逃跑的罪犯相当丰厚的待遇。因此，孟尝君名誉四起，天下贤士无不向往，以至他的食客有几千人。后人常常把那种好客之士称之为"孟尝君"式的人物。

邵洵美就是这样一位被人称为"海上孟尝君"的人物。

"孟尝君"的称谓源自邵洵美留学欧洲时期。

1921 年成立于法国巴黎的天狗会是留学欧洲的留学生组成的一个松散组织，主要成员有张道藩、徐悲鸿、常玉、谢寿康等。邵洵美从 1924 年到巴黎后参加天狗会，他们有机会就会面，聚在一起组织各种活动，聊天、看戏、看电影、举办舞会、组织晚宴到咖啡厅喝咖啡。他们的每一次聚会都需要一定的费用，喝咖啡需要钱，看电影需要钱，一起吃饭也需要钱，这些经费大多由邵洵美负担。平时很少用钱，不喝酒不抽烟，甚至也很少买衣服的邵洵美，充当起了天狗会的后台老板，他花了大把的钱在巴黎附近的乡村买了一处有庭院的房子，这处房子的对面就是卢森堡公园，还有那间留学生经常去的"别离咖啡馆"，因此，邵洵美的这个庭院就成了"天狗"们聚会的地方，他们在这里玩，在这里开展活动，也在这里吃喝，邵洵美也乐得为大家提供方便，花些钱，有朋友相聚，这是他愿意看到的。后来他发现来的人越来越多，有些人甚至一日三餐都在这里。谢寿康告诉他，这是因为国内军阀混战，一些留学欧洲的学生无人能顾得上，官费没了着落，生活来源被切断，这些穷学生只好到天狗会这里混吃混喝。在这其中，也有像徐悲鸿、蒋碧微这样的好面子的艺术家，他们甚至有时靠蒋碧微替别人干点杂活贴补家用。有一次家中实在没有可吃的了，蒋碧微外出借钱，但却羞于开口，只得饿着肚皮度日。这件事情被邵洵美知道后，他拿出自己的全部积蓄，在天狗会办起了一个食堂，免费接待在法国的一些留学生。邵洵美的"活银行"、"孟尝君"称谓由此叫起来了。

"海上孟尝君"的主要事迹之一，是邵洵美乐于帮助他人，尤其是他所熟悉的作家、艺术家，许多是得到过他的帮助而渡过难关的。当时上海滩一些青年作家没有工作，经济状况比较困难的，或者沦为乞丐者，只要有可能，邵洵美都会欣然伸出援助之手，助一臂之力。而也有些人想到求助的，第一个当然就是邵洵美，因为他有钱，他肯施舍。有一次邵洵美在新雅与朋友聚会，请客吃饭，饭后，他透过玻璃窗看到马路上站着一位衣衫褴褛的乞讨者，他马上回过身，向饭店老板又要了两碗米饭和一份牛肉，走出饭店大门后，他毫不声张地将带出来的食物放在乞丐的身边。在这方面，最经典的故事要算得上邵洵美借钱给沈从文。1931年初，青年作家胡也频被国民党杀害，当时丁玲分娩不久，孩子才四个月大，在经济上也非常困难，1931年3月，沈从文与丁玲假扮夫妻，将胡也频和丁玲的孩子送回湖南老家，交给丁玲的母亲抚养。这时他们连基本的路费都筹措不起，沈从文找到好友徐志摩帮忙，但徐志摩手中也没有钱，他虽然将丁玲的一篇稿子推荐给中华书局买下，但一时却拿不到稿费，无奈之下，徐志摩找到了邵洵美，请求他的帮助。邵洵美马上拿出了1000元钱，交给徐志摩转送给沈从文。后来，沈从文和丁玲就是靠着这笔钱才将孩子送回湖南的。邵绍红在《天生的诗人——我的爸爸邵洵美》一书中曾这样写道："沈从文从朋友王际真那里收到一笔款；急公好义的徐志摩帮助丁玲卖了本书稿给中华书局。可这些仍只是杯水车薪。那时志摩自己手头也不宽，自顾不暇，只好请洵美帮助接济他们。洵美跟他们素有交情，就拿一千元给他们作盘缠。这不算借，也谈不上要他们还。沈从文这才陪着丁玲母女回湖南。"[1] 我们在邵绍红的叙述中大体能够看到这个故事的梗概。邵洵美帮助丁玲、沈从文，不是可怜路边的乞丐，而是与他们有交情，看重了他们作为青年作家的成绩和影响。1935年，邵洵美在续作徐志摩的小说《珰女士》时，曾写下了如下的话："这珰女士是影射一

---

① 邵绍红：《天生的诗人——我的爸爸邵洵美》，上海书店出版社2015年版，第90页。

个朋友，她自己也会写文章。志摩见到会写文章的人总爱。珰女士的文章倒真可爱，她情感丰富，听到一句动心的话，始终不会忘，把一切都记了下来解，人家便感动。"①出于对丁玲的喜爱和对她文章的喜欢，邵洵美才会续写徐志摩未完成的《珰女士》，这种续写也是"孟尝君事迹"的一种方式，他对丁玲、沈从文当年的资助也会由此更有意义。

还有一个比较经典的"孟尝君"式的故事。

1927年，刚刚开办不久的新月书店，正筹划新书出版等事宜，却在有一天迎来了一位陌生的客人。这位客人是位读书人，他知道胡适研究《红楼梦》，先前曾经给胡适写过一封信，特意推荐了这部《脂砚斋甲戌抄阅再评石头记》。因为没有得到胡适的回信，所以现在专程将这部藏书通过新月书店卖给胡适。这位陌生来客对这部藏书很有研究，料定胡适一定会需要这部书，就请书店一定转交给胡适，让他看看货色，如果看中了，再谈买卖。于是把书留在了新月书店，由书店转交。胡适拿到这部书后，大叫道："好书，好书，真是好书！"这部国内最古老的《石头记》抄本，是最接近于《红楼梦》原作的版本，是研究《红楼梦》不可或缺的材料。胡适看到这样珍贵的书，迫切想要买下来。卖主也猜测对了胡适的心情，知道这部书的价值，所以开口就要五百大洋，而且一分不少，不肯还价。胡适一时也拿不出这么多现金，正好邵洵美看到这幕情境，知道胡适喜爱这部书，是研究学术的一部好书，所以，他立刻出钱把这部书买下来送给胡适。胡适得到这部书后，如获至宝，很快就在研究这部书的基础上，写出了《考

---

① 邵洵美：《徐志摩的珰女士》，《人言周刊》1935年第2卷第11期。

证〈红楼梦〉的新材料》，使他的红学研究经过了长时期的徘徊之后获得了新的突破。

这个故事比较真实地表现出了邵洵美愿意成人之美的性格特点，只要是好的书，只要是好的版本，只要是有用的书、喜欢的书，无论花费多少金钱，都不论价钱，不论成本，一定要拿下来。从这个角度理解邵洵美的出版事业，邵洵美接手《狮吼》月刊，接手新月书店，接手《生活》周刊等，是他愿意做好事、善事、乐于助人的举动，也是邵洵美看到了这些刊物或书店的价值所在，而不仅仅是看重了这些出版事业如何赚钱。在邵洵美那里，他真正认识到了这些刊物或书店都是中国文化的"班底"，需要有人站出来扶持。当然，邵洵美能够接手这些刊物和书店，并不是因为他多么有钱、有雄厚的资本。进入20世纪30年代后，由于各种原因，邵洵美在经济上已经开始走下坡路，甚至一度比较困难，但他还是想尽办法接下了他本来可以不接手的杂志或书店。

1933年12月，邹韬奋创办的一份影响巨大的《生活》周刊，由于敢于说话，惹恼了当局，被国民党查封。《生活》周刊的印刷都是托付邵洵美的时代印刷厂，但由于经营等方面的原因，经常欠债，邵洵美从不计较，也不主动讨还。现在，《生活》周刊被查禁了，所欠的印刷费更无法偿还了。出于对邹韬奋的同情，也出于对文化事业的支持，虽然这时邵洵美也不宽裕，但却一笔勾销了刊物所欠所有费用，不仅如此，还为刊物承担了关门费用，让家人送了三百大洋，发放了员工的生活费和路费。同时，他为了读者，又专门创办了一份新的刊物，以《人言周刊》代替停刊的《生活》。这种义举不仅仅出于同情，而更是出于对出版文化的关切之情。

三、"文化的护法"

文化的护法，也可以理解为邵洵美作为"海上孟尝君"性格表现的一个方面。

邵洵美文化追求中具有鲜明的独特性，他办"花厅"，办出版，办杂志，对他来说，是一种个人兴趣，一种生活方式，也是一种文化情怀，一种文化普及、文化传播的方式。文化事业怎样才能发展，文化怎样才能成为一个国家、一个民族的精神传统，在邵洵美看来，文化普及是最需要关注的。文化是民族发展的血脉，而文化普及则是民族精神传承的渠道。正如他在《花厅夫人》中所阐述的"花厅"（沙龙）与文化普及的关系一样，要发展文化、建设文化，需要有文化热情的人，需要有"花厅"、咖啡厅、戏园舞台、出版机构等，通过这些培养国民读书、看戏的文化兴趣，养成人们参加沙龙的文化情趣，这就需要有人来捧场，有人为文化叫好，因此，邵洵美在这里又提出了"文化的护法"的问题。

什么是"文化的护法"？邵洵美在《一个人的谈话》中认为，一个国家的文化发展，离不开"文化的护法"，"一首诗能被一切人欣赏，当然也是诗人的愉快；正像是一个创痛可以由人家代替你去忍受一样"[1]，所以，有些诗人会因为追求这样的欣赏者，而在艺术上不断创新。那么，"文化的护法"也就是能有一批文化的热情人不遗余力地支持文化。1935 年《时代》画报第 8 卷第 11 期的"时代讲话"栏

---

[1] 邵洵美：《一个人的谈话》，载《一个人的谈话》，上海书店出版社 2008 年版，第 14 页。

目发表了邵洵美的《文化的护法》，在这篇文章中，邵洵美还是从文化大众化的角度，来谈"文艺客厅"和"文化的护法"的关系，进而论述了文化普及对文化发展的重要意义。他在《文化的护法》中举例说："许多大庙宇的得发，便是有了一班不时去做佛事的大施主。梅兰芳假使没有几个有力者捧场，他的艺术，恐怕始终不会让人认识。"因为，"世界上无论什么事情，开场总得来一下开台锣，才会引起人家注意"，"因有人捧场而自己的艺术得以发挥；因受到了鼓励而格外要求自己的艺术进步"，这是文学艺术与读者的互动关系，作家的写作需要读者阅读，而读者的阅读又会反过来促进作家的创作。这是一种辩证的关系。文化需要护法者，不免带上了商业的气味，作为出版家的邵洵美不可能不在他的文章中考虑文化出版的商业利益，但邵洵美所说的"护法"又不仅仅是商业，而是期望能在这种"护法"的行为中，强化人们的文化观念、文化意识，从而带动文化的向前发展。或者说，当我们把文化发展的注意力集中在作家、艺术家身上，集中在从事文化的所有人员身上的时候，那些读者、观众以及参与者，也是推动文化发展的不可忽视的因素，甚至他们是非常重要的力量。"从前旧式舞台上，捧角儿的专家有着最大的势力"，尽管这里面也可能会有问题，有弊端，"我们时常看见一个幼稚的角儿，或因他生得漂亮，或因他交际灵活，而被捧得名的"，这种现象是有的，但却不能就此否认捧角本身的问题，"捧场是利多害少的"，因为"'护法'的作用，是使一个无名的艺术家有与世人见面的机会；见面以后，怎样去确定他的地位，那全靠他自己的艺术与努力了"，而对于那些艺术修养、艺术功力还没有达到相当水平的人，或者只知道虚荣炫耀，稍有成绩就自以为不可一世的人，就需要严格要求和监督，"所以'护法'们，一方面捧场，一方面又得监督"，"护法"对于文化艺术的发展应当担负非常重要的责任。这也就是"护法"的意义。

那么，哪些人是文化的护法者呢？邵洵美说，"所谓'文化的护法'，以文学讲，他们便是读者之群；以艺术与戏剧讲，他们便是观众之群。所以'文化的护法'更应有相当的程度。他们一听见有本好小说出版，便应当群相购读；一听有出好戏，便应当群相参观"，如果一个社会能够"使读小说看戏剧成为一种风气"，那么，这个社会的文化就会繁荣，人们的精神生活就会走向健康。因此，培养一个护法群体，就是社会进步、风气向上、精神文明的重要标志。

邵洵美参照西欧社会，提出了护法的两种方式，一种是"文化会社"，一种则是"交际社会"。在他看来，这两种方式在文化大众化的方面，能够起到重要的作用。在"文化会社"方面，组织一批志同道合的朋友，"组织一个会社，不准有名利的企图，只求使艺术的谈话来陶养性灵；也不许有门户之见，凡有志者均可加入，有相当的成绩后，再分头去组织，或托外埠的同道者，各自集合起来，但声气须相通，而每人又均须以服务为目的，有新作品发现时，便应互相介绍，有新戏剧上演时，便应互相通知"，这就是"笔会"、"文艺茶话会"、"文学研究会"一类的组织，这类组织接近于文学团体，能够"集合许多文艺的爱好者"，而且往往"以文艺为对象来研究讨论"，所以，这类团体的专业性较强，对于介绍新作，传播文学艺术作品，都会产生积极推动的作用。而所谓"交际社会"则与"文艺客厅""花厅"比较接近，较之于"文化会社"不是那么专业，组织也更为松散。这种"交际社会"需要有那种有人缘、有志趣、有才华而且有一定财力的人，"还得要有可以踏进所谓交际社会的身份与机会"，这样的人

"在有意无意中，促成一种艺术风气，使文学艺术成为酬应谈话的题材"。这样的文化人物在社会尤其是交际社会中所发挥的作用，从一个方面促成了文化事业的进步：

> 中国本没有所谓交际社会，有之不过是友朋的宴席罢了，每每因为缺乏谈话的资料，或则寒暄几声天气的话，或是传播些人家的隐私，否则便叉麻雀打扑克了。现在假使艺术的讨论成为风气，那么，他们也自会花一两个钟头去看本小说或是看出戏，预备相见时应酬用的。一成了风气而不能表示些意见的，便会是一种羞耻。羞耻之心，人皆有之，他们不必你逼迫，心心愿愿会去预备的。……这种小规模的交际社会，便是所谓"文艺客厅"了。

在这里，邵洵美是从小处说起，从生活的最底层说起，但他盼望的是能够通过一些生活的细节，"使艺术的讨论成为风气"。在他看来，"文艺俱乐部"、"文艺茶话会"一类的组织，政府应该大力提倡，因为"本来文学工作，关系全民族的文化"①，他特别羡慕南京所组织的"文艺俱乐部"，"有一个固定的场所"做自由的交流。

从这个意义上说，邵洵美是文化的使者，作为作家，他从事诗歌、小说、散文随笔的创作，他期望自己的作品能有更多的读者，作为出版家，他从事图书、期刊的编辑与出版工作，试图让自己出版的图书杂志能有更多的购买者，占有更大的市场。但他同时又是文化的"护法"者，只不过他是站在文化高处的"护法"者。邵洵

---

① 邵洵美：《艺文闲话》，载《一个人的谈话》，上海书店出版社 2008 年版，第 95 页。

美不仅是"花厅"的主人,通过办"花厅"吸引众多文艺爱好者参与到"艺术的讨论"中,在惠风和畅的艺术讨论中传播着纯美的艺术。同时,他又是一位"花厅"的参与者,经常在叙会中发表自己的艺术高见。不过,不能忘记的是,邵洵美以另一种方式充当了一位品位高格的"护法"人,这就是他在"编辑随笔"、"金屋谈话"、"编辑谈话"、"编辑者言"等栏目中,向读者介绍刊物、作品的一类文章,以及散见于各种报刊上的读书随笔、文学批评一类的文章,发表这些文章是邵洵美作为第一读者的读后感,或者是作为一位诗人作家的文艺评论,是作为那些有名的或无名的作者的捧场人,这里既是对这些刊物、图书的推荐,是为这些刊物、图书捧场,也是现代文学的批评方式之一。如他为《金屋月刊》所写的"金屋谈话",极力向读者推荐国内外文坛上的作家作品。他把《金屋月刊》当作一处文字的"花厅",在这客厅里与读者倾心交流,认真讨论他所看过的或刊物编发的作品。在《金屋月刊》1928年第9期,邵洵美一口气介绍了 Parson Weems 的《华盛顿传记》、D. H. Lawrence 的《却脱来夫人的情人》(今译为《查泰莱夫人的情人》)、胡适发表在《新月》月刊上的翻译作品《戒酒》等,此后,他在每一期编辑出版的《金屋月刊》上都要介绍多篇作品,或者向读者透露些文坛消息。他不是生硬地做广告,或冷静的文学批评,而是像一位客厅的主人,与读者讨论着大家关心的、有兴趣的作品或作家或文坛故事,他可能会让人们惊异于"东亚病夫的女读者",或者关心一鸣惊人的新进作家,或者让读者知道金屋书店将来的打算,或者明晓销路最好的诗集是什么,也或者给读者介绍潘玉良的个人展览会,等等,读者感兴趣的不感兴趣的,他可能都要讲出来,你感兴趣的,可以参与进来一起讨论，不感兴趣的，轻轻翻过纸页就算过去了。

邵洵美有关文学艺术的谈话类文章，是他致力于"文化的护法"的努力，他与读者通过文学报刊这片现代传媒的中介，让更多的人关注文学艺术，关注中国文化。诸如《色彩与旗帜》、《永久的建筑》、《电影演员的生活问题》、《从中国戏说起》、《画报在文化界的地位》、《舞台剧夫妇诗人》、《艺文闲话》、《盘肠大战》、《小说与故事》、《文学的过渡时代》、《给青年写作者》等，邵洵美不是做专业文艺评论的，所以他的评论文章并不专业，大多是有感而发，是为一些文艺作品捧场的。如《从中国戏说起》是一篇为中国戏剧"捧场"的文章，这篇文章发表于 1933 年《时代》画报第 4 卷第 5 期，署名"郭明"。文章引用了德国希德拉（希特勒）统治时期宣传部长戈培尔的一次演讲，表明"世界最伟大的戏剧是中国戏剧"，中国戏不仅只有中国人可以扮演，而且中国戏剧"是中国人所独有的产业，是最民族的"。邵洵美最赞赏戈培尔的这段话，认为"实中肯要"。中国戏剧是中国所独有的，是民族的，主要是指中国戏剧所体现出来的民族精神。他评论说："即以武戏而言：两兵相接，虽则同是一院子里的演员，但是着扮得何其抖擞，哪一个不是英雄好汉；锣鼓一响，刀枪俱起，你来我去，杀得真像是'烽火连天，血肉横飞'。打罢下台，汗流浃背；外人不察，疑为跳舞，愚哉甚哉！"邵洵美不是一般性阐释中国戏剧的演出技巧，动作扮相，而是将其与民族精神联系起来，从戏剧演出中发掘民族精神的某些方面。邵洵美以"浩文"笔名发表在《新月》月刊"书报春秋"上的两篇书评，也是为文化的护法，一篇是发表在《新月》第 3 卷第 10 期上的《逃走了的雄鸡》，一篇是第 3 卷第 12 期的《孔雀东南飞及其他》，前者是介绍评论英国作家劳伦斯的作品，后者评论的是袁昌英的作品。在评论袁昌英的剧作时，邵洵美指出"在这剧坛枯寂的今日，本来不容易得到杰出的作品"，所以，"袁昌英先生的剧集在这个时候出版实在可说是深山里足音了"。这里不仅是对袁昌英剧作的定评，而是由此考察中国戏剧创作的成绩。在《人言周刊》上，邵洵美也发表过一些评论性的文字，如《不朽的故事》（《人言周刊》第2卷第45期）就是评论沈从文小说《八骏图》的文章。这篇文章也不是纯粹的文学评论，只能说是一篇读后感，或者作品评论随笔。文章题名为《不朽的故事》，既是指沈从文的文字功力深厚，他写的故事好读、耐读，有兴趣，是不朽的，同时也是指"小说一定要有个故事"，这个小说中的故事是不朽的。一个善于"护法"者，他最能从他人的作品中发现其"不朽"的地方。他先看到的是沈从文的文字，"从文的文字，一向是那样的清新简洁"，再看到了作者的创作态度，"他是怎样地想把自己的技巧，训练到最成熟"，看到了"作者态度的谨严与谦虚"。如果一个作家的作品能得到邵洵美这样的"读者"，能得到这样的评论，这是作家的幸事与福音，如果一个时代的文学能有更多邵洵美这样的"护法"，这是民族文化复兴的象征。

《色彩与旗帜》、《盘肠大战》、《抹杀事实》、《文体与题材》等文章，则是为期刊出版"护法"的。20世纪30年代，期刊出版进入一个全盛时期，这在文化繁荣的同时也带来了期刊业的激烈竞争，期刊生存的环境并非如人们想象的那样优越，而是危机暗伏，在竞争中呈现出残酷性，一些杂志出版后发行量少，寿命短，其中除了经济上的原因之外，也有办刊的理念、思路等方面的问题。《色彩与旗帜》（《金屋月刊》1929年第1期）实际上是为《金屋月刊》写的发刊词，在介绍《金屋月刊》的同时，表明了自己的刊物立场和发展方向。邵洵美说："正像开铺子要招牌，进衙门要附号，立国要定花徽，办杂志便都要带一种色彩张一面旗帜。"因为创办杂志也要招兵买马，也要有读者的关注，刊物当然就要有自己的宣言，"最好是在本店或本人经办的刊物上宣言"，"长则有《新月》的态度，短则有《奔流》的凡例，详细则有《春潮》的发刊辞，含糊则有《大众》的释名，憨暴则有《创造》，圆滑则有《语丝》……不再举了，反正一个道儿"。邵洵美不期望自己办的刊物属于什么派别，但他却希望他们的作品"与任何派像"，而又"要超越任何派"。无派之派，超越流派，这也许是邵洵美贯穿一致的办刊思想。在《盘肠大战》（《人言周刊》1936 年第 2 卷第 44期）和《抹杀事实》（《人言周刊》1936 年第 2 卷第 49 期）两篇文章中，邵洵美讨论的是编辑与作者之间的关系问题，提出了"一个最好的编辑乃是一个有经验有学问的鉴赏者，不一定是一个技能高于一切作者的天才"。这里有其他编辑的经验，也有他个人做编辑的经验。他由此出发讨论了《文学》杂志新年号上编辑水先生抽去了作家周文小说《山坡上》里面的一段文字，从而引起了编辑和作家之间的一场笔墨官司的事，他在文章中指出刊物编辑中存在的一个现象，"讨论的是编辑与投稿者两方面所应有的相互的尊敬，相互的谦虚"。编辑与作家间的相互尊重是刊物向好处发展的前提，也是发现并编辑出好作品的前提，也是读者能够接受并喜欢刊物的原因之一。当然，邵洵美也只是从他处的立场或经验上来看他人编辑刊物，是对编辑者能够先做一个好的鉴赏者，再做一个好的编辑者的基本素养的要求。

《文化的班底》是邵洵美于 1935 年 7 月 21 日在上海蚁社的演讲稿，发表于 1935 年《人言周刊》第 2 卷第 20 期。这篇文章由于是

面对听众而作的演讲,所以文风更加质朴和平易。文章所谈内容与
《文化的护法》大体相同,有异曲同工之妙。邵洵美所说的"文化的
班底"是指"一切文化工作撑场面的人物,是一种基本的捧场者",
这个观点和"文化的护法"的意思非常接近,他举例说:"开艺术展
览会,那么,这般'班底'便去看画。要是戏剧表演,那么,他们
便去看戏。要是讲演,那么,他们便去拍手。外国人叫作 Patron,
和尚庙里称作'护法'。"所以,"一切文化运动,一定少不了'班
底'。唐诗的兴盛,因为有了爱诗文的皇上和大官;意大利的文艺复
兴,全靠 Medici 这个皇家。有实力的提倡,自然可以得到物质的成
功。否则一般剧作家和演员,费了许多心血,一旦上演,观众渺渺,
谁还有勇气去尝试?……有了固定的'班底',那么,无论做什么事
情都省力不少。譬如蚁社的'班底'就很大;所以办事情总不会失
败"。也就是说,文化的"班底"是否雄厚,表明文化发展的前途是
否远大,文化实力是否强大。

邵洵美用了浅显的语言,把"文化的班底"这个重大的事
理说清楚了,这就是做任何事情,首先要有人,有人做,也要
有人叫好,"一个人的谈话"是一种境界的追求,人与人的谈话
是社会生活的呈现,但无论是一个人还是人与人的谈话,"一
定要有题材,而且要新奇",这就是要通过一定的谈话内容和
方式打动人心,争取更多的谈话者和听众参与进来,"于是他
们便可以利用一本新出版的书、一出新上演的戏、一个新开的
展览会,来互相讨论、叙述与批评。那时候,你要加入这个交
际社会,你便非得也随时留心新的书、新的戏、新的画不可。
自然而然新书便有人买了;新戏便有人看了;展览会便也有人参观了。

'文化的班底'越扩越大，文化便这般地一天天进步了"。邵洵美的想法带着些理想主义的色彩和文化改良主义的特点，他所希望的是社会的进步、文化的发展，是一步步发展、一点点积累，是一个一个的人、一件一件的事做出来的，而不是一朝一夕就能够突击完成的。文化出版也是如此，一本书一本书地出版，一个活动一个活动地进行，社会就会在这些文化的积聚中进步，由一个人的能力而及更多人的能力，如果有更多的人读书，有更多的人看戏，更多的参观展览，那么，文化的力量就会强大。

四、徘徊在文学与时政批评之间

邵洵美因文学创作而走上出版道路，又因出版而关注时政，以出版的方式参与时政，在文学与时政批评之间，邵洵美走过了不同的人生阶段，也经历了不同的出版时期。无论是对文学的追求，还是对时政的干预，都体现了邵洵美作为现代知识分子的一种文化情怀。早期从事文学出版，期望以唯美的追求而为文化建设做出些努力，改组《新月》月刊的时代，试图与徐志摩一起能够复兴这册杂志，少谈些政治，多发表些文学，以期刊的文学性吸引读者关注的目光，使人们的生活多一些美的因素，再后来的《十日谈》、《人言周刊》则不得不更多地关注时政，但同时他又放不下文学的诱惑，因而不得不徘徊在文学与时政之间，既要寻找自己的文学理想，又要表现一介书生的人文情怀，兼济天下、批评社会的文人思想恰恰反映了邵洵美文化理想的执着与进取。

（一）诗性追求与唯美理想

学者温梓川在他的《邵洵美金屋藏娇》一文中，曾这样介绍邵洵美出版图书的讲究："在当时金屋书店出版的书籍，最精致也最讲究。书页不是古雅的米黄色的书纸，就是用的重磅厚道林纸，虽则是薄薄的一本三四十页的小书，看起来，却显得又厚又可爱。封面又是在芸芸的出版物当中，别出心裁，使爱书家常常不忍释手。因为书籍的品貌既然如此不凡，那么书价也就贵得非常可观；在当年的出版物中，除创造社的书价较贵之外，要算金屋书店的书价最昂。"① 这里写出了邵洵美出版的几个特点：第一是对图书用纸的讲究，不同出版物使用不同的纸张，与书的内容完全协调一致，既可以从一个侧面显示出书的内容，又可以表现出书的品位。第二是对封面设计的讲究，他能够"别出心裁"。从邵洵美编辑出版的期刊来看，其封面设计往往以简洁为主，如《金屋月刊》的封面，在单色的色彩基础上，只印"金屋月刊"、"邵洵美、章克标编辑"和卷期等几个字，没有其他过多的点缀，也没有其他图案的渲染，简单的构图却恰好表现出刊物的内涵。第三，书刊定价高昂。这一方面说明书刊的用纸讲究，另一方面又说明出版者不考虑其市场作用，没有将读者的接受和购买能力考虑进去，而更多地考虑书刊的美观、厚重。

书刊装帧设计及其用纸等，只是邵洵美出版的唯美追求的一个方面，邵洵美办出版很大程度上是他对文学追求的另一种表现方式。这位"天生的诗人"不仅是一位会作诗的诗人，也是一位有诗人性格和

---

① 温梓川：《文人的另一面》，广西师范大学出版社2004年版，第264页。

诗的追求的人，他所做的所有的事情都是为了诗，因为他喜欢"不同平常"，诗是这种"不同平常"的，美与爱是"不同平常"的。这样一位"天生的诗人"的出版活动不是为了追求金钱，而是为了追求美与爱，把诗的追求转化为另一种形式。也可以说，在邵洵美的一生中，诗与出版，这是他的两种不同的生活方式。

邵洵美写诗，更愿意出版诗。他在《人类的典型》一文中，在谈到"文学家"的时候说："他们又买不起种种建筑的材料，于是便把他们所想得到的字眼写在纸上，自己过瘾。同时又想把这天堂炫耀给人看，于是请出版者印行。"[①] 在他主编《金屋月刊》过程中，他在"金屋谈话"中也不断地提到自己办的刊物所坚持的立场，自己的风格，"有许多朋友来对我们问本刊的文字为什么这般纯粹，我们觉得找不到什么答复的话，因为我们尚没有懂得他们的命意所在"，"又有许多朋友要我们加入些有趣味的文字，我们也觉得很难明了他们所谓的'有趣味'的文字是哪一种文字"[②]。作家创作作品，出版者将其出版为图书，一个追求梦想，一个追求利益，这是两类不同的人。但在邵洵美这里，他却试图将二者完美地统一在一起。作为出版者，邵洵美不可能不追求利益，但利益的追求不是他的唯一，甚至也不是第一，而最多是"之一"，在诗和美的前提下，这个"之一"就会退步，让步，他宁愿没有利益甚至亏损，也会要去追求出版的美和美的出版。所以，在邵洵美主编的《金屋月刊》极力想"不带色彩也不张旗帜"，而只是"凭着以文艺而结合的几个朋友，把个人对文艺的忠诚的贡献

---

① 浩文（邵洵美）：《人类的典型》，《时代》画报 1931 年第 2 卷第 4 期。
② 邵洵美：《金屋谈话》，《金屋月刊》1929 年第 6 期。

拿出来贡献给读者"①。

（二）在文学与政治之间

邵洵美并不是一位完全脱离现实的诗人，出身豪门的他，从小见过官场的种种现象以及成长过程中结交的各种人物、遭遇的各种事件，都会让这位一身浪漫气质的诗人不得不逐渐放低自己的身段，在现实中寻找自己的生存。如果说他在诗中看到的是花，但在这诗的花中也会看到"花一般的罪恶"，因为他在爱与美的生活中虽然看到"这里有诗，这里又有画"，沉浸在爱的甜蜜中可以忘却一切。但是，每一个毕竟要回到生活之中，去品尝"人生的酱油"，这时，就会明白"一切原是'自己'的幻相，你还是回你自己的天宫"，当然，"天宫中未必都是快乐，天宫中仍有天宫的神秘"（《花一般的罪恶》）。从诗的生活中回归到社会的生活中，是邵洵美经过《金屋月刊》，在《新月》时代的更深刻的感受，尽管在《新月》改组的过程中，他与徐志摩坚持回到诗与纯文学的世界中，但他毕竟看到了人生的另一面，让他明白了生存不仅仅是诗，还有生活，有政治。1933年《时代》第3卷第9期发表邵洵美（郭明）的《文学与政治》，阐述了他对文学与政治关系的一些看法。文章开篇即说："试想去叫一个蓬头散发的文学家丢开了他的毛笔与理想中的爱人去喊着政治与宪政等口号，或是叫一位口中念念有词的政治家丢掉了总理遗嘱，跑到月亮底下去作诗，这是多么滑稽的事情！"这是文学家与政治家最大的区别，正是

---

① 邵洵美：《金屋谈话》，《金屋月刊》1930年第12期。

这样，文学与政治难以真正合二为一。但是，当文学与政治进行合作的时候，"须先有一位二重人格的天才"，因为"革命者要把文学来当革命的利器，革命文学家却又反对文学被革命来利用"，"文学家想把文学来改良政治，也被人讥为不识天机"。从这篇短文中看到，邵洵美本人试图要说明文学与政治不是一回事，二者的差别无法弥补，同时也说明在文学与政治之间，他同样处于徘徊不定的状态。从邵洵美本人的愿望来说，他期望能有一个纯文学的环境，写诗或出版诗给读者看，但进入 20 世纪 30 年代之后，国内的政治形势以及他本人的生存处境，都让他不能完全生活在唯美的生活里面，也不能不谈政治，不能不涉足政治。

进入《时代》画报时期，尤其进入《十日谈》、《人言周刊》时期，邵洵美已经从纯文学的象牙之塔里走出来，以更多的精力关注社会，关注现实，在这些刊物上发表了大量的时论、政论。1933 年第 3 卷第 10 期《时代》画报曾发表邵洵美的一篇《当我参与政治的时候》，这篇带有一定反讽特点的时评，某种程度上写出了他这一时期的心声，写出了他不得不关注政治，不得不撰写时评、政论的苦衷："自从国民军北伐成功南京建都以来，我便安心过着击壤而歌的生活。党国既已奠定，治内交外自有专人负责，小百姓何必凭了一知半解，对党国大事件作三言两语的批评？所以我每读报纸看见那班为了争什么言论自由而甘愿赴汤蹈火者，不禁哑然失笑。真所谓天下本无事，庸人自扰之。"这里既表达了对国民政府的不满，也表达了一介书生面对这种现实的无可奈何，所以他以自嘲的语气来对待这一切。随后文章笔锋一转，写道："假使我一朝被选举或被延聘了，我尽不妨换上中山装，挂起出入证，接到了开会的通知，即按时出席，照例签名。

遇着有问题发生，大约其中总有几位早已成竹在胸，我只要伸伸手赞成一下好了。要是有什么法律须待审定，账目须待清核，我也尽不妨服从多数伸一伸手。"这里的"假使"就是题目"当我参与政治的时候"，只是一种想象，一种"假使"，一种反讽的手法对国民政府的批评与嘲弄。因为这里还有另一个"假使"："假使这国民参政会是真正宪政的产物，那么，我想其他各种会议的组织与职权也便得根本改革了吧"，这也就是作者写作这篇短文的目的。邵洵美从象牙之塔走出来，提笔撰写批评时政的文章，将期刊与图书出版向现实、向批评时政转移，从一个侧面反映了邵洵美作为现代知识分子的庙堂意识。

关于时政评论，邵洵美曾在为《论语》开设"你的话"专栏所作的"小序"中这样说过："要研究一个时代的文化、政治及社会状况等，每每注意到那个时代所有发表的言论。一个时代的言论，有时简直可以代表一个时代的历史。所谓'言论'，当然范围极广：象征的或抒情的如诗；寄托的或叙述的如文；冠冕的或形式的如公事文件；通俗的或片断的如民间歌谣的征集，时人言行的记录……。不论积极或消极，它们都正面地或是反面地显示着人类被当时的一切所引起的心理反映。不要说一篇文章的本身，即连那篇文章的题目也会表现着当时的风气与忌讳。"① 邵洵美把所有的文章都作为时论，即一个时代的言论，但他这时更看重针对时事政治的有关言论，看重这些言论所代表的"一个时代的历史"。如果一个时评家依托他的期刊杂志，每期都能够发表这种言论，那么，聚集起来，就是一部时代的变迁史，一部时代的编年史。

---

① 邵洵美：《〈你的话〉小序》，《论语》1936 年第 94 期。

从喜爱文艺，喜爱诗，写诗，出版诗，到谈论政治，谈论时政，出版谈论时政的刊物，出版与政治相关的书籍，这对邵洵美来说是一个巨大的变化。引发这个变化的原因是多方面的，既有他个人思想的变化，也有审美观的转型，既有时代的变化，新的政治形势和生存困境对他提出的新的要求，也有写作方式和出版倾向方面的转变，不过，日益增强的社会责任感和对文化大众化追求的文化意识，是促成邵洵美出版思想变化的重要原因。现代出版作为大众传媒的方式之一，从出现开始，就带上了大众文化的特征，报刊媒体必须面对市民日益增长的文化需求，大众文化重要的力量。如果说邵洵美早期所办的刊物和出版更多是为个人而办，是为了个人的审美追求和文学理想，而随着他对出版事业的理解，逐渐开始走向市民大众，尽管邵洵美的出版仍然带有明显的精英文化特征，但大众文化的出版意识已经成为 20 世纪 30 年代一些刊物的主旨。正如他在《十日谈》的《新年特辑编者赠言》中所说："《十日谈》不是几个人的刊物，而是大众的刊物；他不愿以导领自居来改变大众的人生，他但愿大众站在顾问的地位，以《十日谈》为大众交换及发表各人意见的场所。"在《人言周刊》所发表的《新年之词》中邵洵美也说："凡此希望，均系维于吾国全人民之决心如何，而尤须上下一心，共同努力，共赴其成方可。若治者必欲以奴隶视民众，则无怪民族必以恶魔视治者，因而上下交恶，则仍蹈数千年来专制政治之覆辙，至多只映重演历史上的故事，于民族文化之进展无与也。"① 心系大众，面向市民，为大众代言，这也就是邵洵美的出版思想转型的必然条件。

---

① 邵洵美（郭明）：《新年之词》，《人言周刊》1935 年第 1 卷第 47 期。

第五章

邵氏出版的鼎盛时代

20 世纪 30 年代前半期，是邵洵美出版事业最兴盛的时代。这一时期邵洵美不仅全面参与时代图书公司，在图书出版方面取得了重要成就，而且创办了七大期刊，文学、文化、科学等全面开花，创办了时代印刷厂，为图书出版打下了坚实的基础。

一、时代图书公司的发达

（一）购置新型印刷机

在邵洵美的出版构想中，不仅要创办适合于自己的出版社，能够实现自己的出版梦，而且也要成立属于自己的印刷厂，形成编辑、出版、印刷、发行，甚至也有自己的写作队伍的一条龙出版格局，这是"洵美的梦"，也只有邵洵美才会有的梦想。

盛佩玉在《盛氏家族·邵洵美与我》中回忆说："洵美书店出版书总是亏本，没有进账只有出账，尤其他好客，日用开支也大，只剩'毓林里'火烧过的地皮，也做了押款，利息很大，想到如此下去，还是将它卖掉了，可以还清钱庄的押款，多下的一些钱可以办些事业了。但是洵美爱好的东西多，经常看的是外国杂志、画报。他最爱的是西方影写版印刷物，清晰，有质感，所以想到当时中国没有这种机器，如果自己有就可以印刷出版高质量的画报了！脑子里这么想，事在人为，居然不久就向德国订购了一架机器，又订了一些彩色版的小型印刷机，还从德国订了油墨。"①20 世纪 30 年代，影写版印刷机是最先进的机器，尤其德国生产的影写版印刷机在世界上都是最有名的。印刷机有"平版印刷"（也叫胶版印刷）、"凹版印刷"和"凸版印刷"三种，"凹版印刷"的机器所用的印版一般有"照相凹版"也即影写版，和雕刻版两种，凹版印刷的主要特点是印版上的图文部分凹下，空白部分凸起，印刷制品具有墨层厚实、层次丰富、立体感强、印刷质量好等优点。凹版印刷主要用于印刷精致的彩色图片、商标、邮票、装潢品、有价证券和彩色画报等。中国最早使用影写版印刷机的是财大气粗的商务印书馆，他们出版的《东方杂志》中的插图就采用了凹版印刷的影写技术，而良友图书公司则是最早使用影写版印刷机印制画报的，他们于 1930 年 3 月开始使用影写版机器印刷《良

① 盛佩玉：《盛氏家族·邵洵美与我》，人民文学出版社 2004 年版，第 124 页。

友》画报。正是在这种印刷技术向现代发展的趋势下，邵洵美果断决定向德国购买最先进的机器，以便能够出版最好的《时代》画报。

1932年8月16日出版的《时代》画报第2卷第12期，曾经登载过一篇介绍时代印刷公司开幕的预告，并向读者介绍了影写版印刷机器的优点："按影写版印刷，用途最为广大，无往不利，最宜多量之印刷，其出品迅速及用纸之遍普，尤为难能可贵。对于印刷各种杂志之插图，画集，新闻杂志之附刊，各种小册子，教科画书之插图，雕刻版地图，各种广告用招贴，美术明信片，以及大小画片之类，具有专长，最为适当。本公司除影写版外，亦兼营普通之铅印、活版及各种铜锌三色版等。出品精良，比众不同，各界如有所需，请向本公司接洽，当有满意答复，亦可代为计划一切。"这则业务广告向客户介绍了影写版印刷机可以印制的印刷品，可以承揽的印刷业务，从中可以看到这种机器在当时是多么先进。当年德国郁海纳堡厂制造的影写版印刷机，就是非常先进的印刷机，为众多印刷商所青睐，《时代》画报曾多次刊登影写版印刷机的广告。一向追求新生事物，对先进的新异的机器抱有浓厚兴趣的邵洵美，对最先进的印刷机器也特别在意。在他的设想中，要想办出色的出版，就需要有出色的印刷机。但是，购买一台价格不菲的印刷机器，对已经进入经济困境的邵洵美来说，也是一笔不小的投资。义无反顾地决定购买影写版印刷机，恰恰又反映了邵洵美追求完美的性格特征，表现出他追求印刷一流、出版物一流的出版文化态度。

邵洵美之所以舍得投资购买一台影写版印刷机，与他投身《时代》画报有关。

《时代》画报创刊于1929年10月20日，由张振宇、叶灵凤创办，张振宇、张光宇、叶浅予、鲁少飞、郑光汉、叶灵凤、梁得所等先后担任编辑。最初可能有借鉴《良友》并与之竞争的意图，但由于经营不善，出版往往脱期，一度陷于困境之中。第1期出版之后，一直到1930年3月才出版第2期，编者不得不在该期刊物上发表《致读者》向读者致歉："本期延迟了这许多时日才出版，我们觉得非常抱歉！主要原因，是为了第一期印刷的不满意，筹划有以改良的办法：差不多费去很多的时间在找一间较好的印机上，一方面也因废历新年印刷厂停工之故，于是印刷的时间又延长了许久。"这篇《致读者》透露了两个信息，一是没有找到一家好的印刷厂，印刷质量不能令人满意；二是经费不足，以致出版脱期。在这种情况下，他们想到了乐善好施的邵洵美，邀请他加入《时代》画报。已经有了一些出版经验的邵洵美，主要以出版文学作品和文学期刊为主，但也喜欢图画一类，现在有人邀请他参加画报的出版，正好满足了他的又一爱好。

从目前资料来看，邵洵美的名字出现在《时代》画报上，是1930年11月第2卷第1期，与张光宇、张振宇、叶浅予、郑光汉的名字一起列在编辑一栏，这说明邵洵美大体是在这个时间参与中国美术刊行社的。邵洵美参与《时代》画报后，开始在印刷技术、印刷纸张以及刊物内容等方面进行改革，追求其出版理想。《时代》画报在印刷技术和印刷材质上的改良，极大地促进了刊物的发展，一下子提升了《时代》画报在读者中的地位。但他们仍然苦于让其他印刷厂代印，这往往就容易误工，甚至脱期出版。1931年8月出版的《时代》画报第2卷第6期就在《本刊启事》中这样说："本刊自第二卷第一期，采用影写版后，销路激增，但屡为印刷公司所误，致每不能如期出版，对于读者殊为抱歉，此次因印刷公司毁约，致不能刊行，只得竭力设法，暂时一律改用铜版纸，不惜重大牺牲，先出一期，以副读者之期望，现在本刊已经采购影写版印刷机器，大约月内即可到沪，一俟装制完竣，即行开工，自行印制，届时本刊面目一新，当再与诸君相见，日前暂停刊一二月，幸读者见谅焉。"从这则启事中看到，邵洵美参与《时代》画报之后，启用影写版印刷机印刷，刊物的印制效果当然取得了不错的变化，深得读者的喜爱，所以"销路激增"。同时，影写版印刷的成本也相对降低了，为办刊者带来一定的效益。但是，由于邵洵美订购的德国影写版印刷机没有运抵上海，这时期的《时代》画报仍然依托其他印刷厂制作，当时上海有影写版印刷机器的厂家并不多，《时代》画报只得交由在上海的德国人经营的有影写版印刷机的印刷厂负责印刷，而这时期的画报及需要采用影写版印刷的图书或者刊物猛增，签约印刷厂可能承担的合同较多，因此也常有不守规约甚至毁约的事情发生，经常使《时代》画报脱期。第 2 卷第 6 期就是因为承揽的印刷厂毁约而不得不改为一般的铜版印刷，这让刊物蒙受了巨大损失，也让读者极为失望。就在这一期的"编完以后"中，编者曾诉说其苦衷："一切要仰人于人，是很麻烦的，出版与印刷更有不能分离的关系，本社已求得同志另行组织一宏大之印刷公司专印影写版。此后本社的印刷即交与该公司承办，因为两边关系很深切，我们相信可以和本社自有印刷之设备同样便利。现在新机器已经到沪，一俟装配竣工即可开始印刷，而本刊亦即将由该最新式之机器印行以问世也。"

邵洵美购买的德国影写版印刷机大约于 1931 年的七八月份到货，随后进行了安装、试验，甚至邵洵美因为工人无法调试好，不得不自己亲自对照说明书进行调试，随后，时代印刷厂开始承接印刷合同。

邵绡红对此说:"影写版机器运上海,安装好试印,却不成功。高薪聘请的留法印刷专家解决不了问题,洵美只好看着说明书翻译,经理盛毓贤依此步骤一一操作,反复多次,总算摸到门道,最终试印成功。时代印刷厂正式开幕,那是 1932 年 9 月 1 日,这是我国第一部影写版印刷机。在金屋书店结束时,洵美把它过户到了'时代'。"①邵洵美购买的这部影写版印刷机应该不是第一部,在此之前商务印书馆、良友图书公司已经开始使用。

影写版印刷机投入使用后,不仅极大地提高了工效,提高了印刷质量,而且可以不再求人。但是,邵洵美真是有些"生不逢时",他的德国印刷机器到货了,安装调试好了,《时代》画报还没有完全恢复编辑出版。1932 年初,上海"一·二八"战争爆发。在战乱条件下,人们忙于躲避战事,一些出版机构或书店因战火被毁或书稿被焚,商务印书馆总厂及尚公小学就被完全炸毁,东方图书馆及附设于图书馆的商务编译所遭到火烧,损失惨重,不可计数。著名作家老舍在济南创作的长篇小说《大明湖》已经寄给《小说月报》主编郑振铎,准备发表,但不幸被毁于这次战火中。邵洵美当时居住在租界,但他的时代印刷厂却在虹口,也不幸遭到巨大破坏,他几经搬运,虽然保住了影写版印刷机没有被炸,但因停工停业等原因而在经济上蒙受不可估量的损失。

《时代》画报再行编辑出版,是在停刊十个月之后,即 1932 年 6 月出版第 2 卷第 7 期,这时,刚刚成立的时代印刷公司承担了刊物的印刷,《时代》画报在印刷者一栏中署名:"时代印刷有限公司",这

---

① 邵绡红:《天生的诗人——我的爸爸邵洵美》,上海书店出版社 2015 年版,第 109 页。

也说明邵洵美创办的"时代印刷厂"也改为"时代印刷有限公司"，也可承揽更多的期刊、图书的印刷业务。如邹韬奋主编的《大众生活》的封面就是由时代印刷公司承担印刷，另外，邵洵美参与创办的一些刊物如《万象》、《论语》、《时代漫画》、《时代电影》等也都由"时代印刷有限公司"承担印刷任务。

一台影写版印刷机有多厉害，我们只要看看相关出版社使用影写版印刷机印制图书所做的广告，就能够了解其大概的情况。1936年第84期《论语》曾刊登《世界影星集美》的发行广告，打的就是影写版印刷的牌："包罗全世界闻名的电影明星用精美影写版印刷活页装订。"在《人言周刊》所发《上海轮廓》的广告，同样以影写版招徕读者："本书全部用影写版精印，描写上海社会动态，人物小志。举凡一切伟大建筑都市风光，手被一册无异身历其境，洵大观也，本公司积数年搜集，编辑方克告成，得与诸君谋而用以纪念迁移，亦盛事也。"时代图书公司出版的画册一类图书，大多是以影写版印制，其艺术效果显然要比一般印刷好得多，不仅更加清晰，而且具有一定的立体感，色彩也比较真实。所以他们在广告中极力推行这种影写版的印刷，这也从一个方面看到时代公司的出版水平，能够了解到邵洵美追求已久的印刷变革已经取得了成效，这为他的出版事业打下了良好的基础，为迎来他的出版黄金时代奠定了基础。

（二）成立时代图书公司

时代图书公司的前身是中国美术刊行社。1928年张光宇兄弟、叶浅予、郎静山、胡伯翔、张珍侯等六人，各出二十元股份创办《上海画报》，为了便于刊物的发行，又组建了一个中国美术刊行社，具体负责《上海画报》的出版与发行，由张光宇任总经理兼总编辑，张振宇任副总经理兼营业部主任，叶浅予任漫画版编辑。由六个人搭建而成的这个出版机构，类似于一个草台班子，他们这几个人既不懂编辑，也不会经营，出版一份《上海画报》就已经举步维艰，很快郎静山等人就提出了拆伙的要求。1929 年 10 月，中国美术刊行社又出版了由张振宇、叶灵凤编辑的《时代》画报，随后由于经营不佳，两个刊物宣布合并为一个，更名为《时代》半月刊。一直到邵洵美参与《时代》画报之后，中国美术刊行社的经营状况才有所好转，在出版《时代》画报的同时，又出版了《论语》、《十日谈》等刊物。在这种情况下，为了适应出版发展的需要，中国美术刊行社增资改组，在此基础上成立上海时代图书股份有限公司，地址设在原中国美术刊行社的地址：上海市福州路 95 号。

改组后的时代图书股份有限公司成立于 1933 年 11 月 1 日，由张振宇任经理，曹涵美为副经理兼财务科长，张光宇任编辑部主任，王永禄做总稽核。1933 年 12 月 1 日出版的《论语》第 30 期发布《中国美术刊行社改称时代图书股份有限公司启事》："本社成立以来，出版各种美术图书杂志，深得各界欢迎。兹拟扩大出版范围并求业务发展，特行增加资本，改组为股份有限公司。为切合名实起见，自十一月一日起改称时代图书股份有限公司（简称时代图书公司）特此公告。"至此，上海时代图书股份有限公司成为邵洵美旗下的主要出版机构之一，开启了洵美出版的一个新时代。

时代图书公司成立后，主要以印行书刊为主，该社除已经出版的《时代》画报、《论语》以外，还创办了《万象》、《时代漫画》、《时代电影》、《声色画报》、《文学时代》等杂志，在图书出版方面，开始趋向大众化文学和纯文学并重，如《玮德诗文集》（方玮德）、《一切的顶峰》（梁宗岱译）、《红一点》（崔万秋）、《庶务日记》（老向）、《富春江》（周放天、叶浅予）等，再版了《老舍幽默诗文集》（老舍）、《幽默解》（邵洵美编）、《论语文选（一）》（林语堂编）、《论语文选（二）》（郁达夫编）、《我的话（上、下）》（林语堂）、《蒙尘集》（海戈）等。同时策划出版一套晚明文人的作品文集，其中由刘大杰等编校的《袁中郎全集》于 1934 年 9 月出版，由钱杏邨编校的《李卓吾文集》虽已基本完成，却未能最后出版。应当说，时代图书公司在短短的两年时间里，做了大量的出版工作，无论对当时文学还是对古代文学的出版，无论是对文学的大众化还是对唯美主义文学，都努力给予扶持，初步形成了自己的出版体系和发展趋向。

　　1934 年，时代图书公司搬进汉口路弄堂房子办公以后，出现过一个喷薄日出似的全盛时期。当时，时代图书公司大打广告，宣布旗下同时拥有五大品牌杂志。但是，文人经商，总会出现这样那样的问题，想象的比现实情况永远要美，实行的可能比设想的差很远。就在邵洵美提出再成立一家出版社专门出版纯文学图书的时候，他与张光宇兄弟的关系一度出现紧张。这种状况维持了一段时间，1935 年，张光宇、张振宇和叶浅予突然宣布退出时代图书公司，时代图书公司的资本也已经严重亏损。12 月，邵洵美驾车去杭州，途中遭遇车祸，面部受伤，这年年底，家中的杨庆和银楼倒闭，邵洵美在各个方面遭受打击，他的出版事业再次遇到了不得不面对的困境。1936 年再次振作的邵洵美策划了新的出版计划，其中包括"时代科学图画丛书"、"新诗库丛书"等，为自己的出版生涯写下了浓墨重彩的一笔。但随后由于上海沦陷，邵洵美孤立无援，战乱之际，人心惶惶，其出版活动也断断续续，深受冲击。

（三）成立第一出版社

邵洵美经营时代出版公司期间，从出版事业的整体考虑，认为在发展文化大众化、出版面向普通读者的同时，也需要有所追求，单纯追求出版的商业利润不是邵洵美的风格，他更希望在出版事业中寄托自己的文化理想。

第一出版社成立于 1933 年 12 月 30 日，设在上海平凉路平凉新村 26 号。关于设立第一出版社的初衷，邵绡红曾做过分析："关于另设'第一出版社'是有缘由的。在 1933 年 8 月，洵美突发奇想地出版了本《十日谈》。因为当时《时代》画报是份月刊，又常脱期，时有老朋友久违之感，他等不及下个月再见面，于是办起旬刊来，由章克标、郭明主编，谢文德发行（后由杨天南即章克标主编，沈同发行）。……这本旬刊是一本'横冲直撞'的刊物，'给青年人发泄愤怒之用'，先是用中国美术刊行社名义发行，到第 5 期成立了'十日谈旬刊社'来发行。到第 15 期，由于文章里芒刺太多，为免生出事端，殃及时代其他出版物的正常刊行，就另外设立了个'第一出版社'。"① 随后，邵洵美将《十日谈》转由第一出版社出版，并另行创办了《人言周刊》和《声色画报》。

《十日谈》和《人言周刊》是时事政治一类的综合性刊物，邀请

---

① 邵绡红：《天生的诗人——我的爸爸邵洵美》，上海书店出版社 2015 年版，第 130—131 页。

全增嘏、章克标、林语堂、林微音、郁达夫、孙斯鸣、李青崖、叶秋原、丁文江、曾迭等为之撰稿。这些作家的关注点虽然不尽一致，但无论时事政治、军事经济，还是文学艺术、生活情感，都试图发出不一样的声音，写出自己的风格。《十日谈》创刊于1933年8月10日，杨天南任编辑，设有"短评"、"时论"、"专篇"、"海外奇谈"、"国内通讯"、"农村素描"、"地方游记"、"今文观止"、"杂录"、"漫画"、"吸烟室"等栏目。正如《十日谈》第1期的"编辑者言"所说，能够通过这本刊物，"说出一般人所想说而没有说出的话；我们想要对一切所能作积极的讨论"。邵洵美在1934年第16期的《新年特辑编者赠言》中也说，《十日谈》"不是几个人的刊物，而是大众的刊物；他不愿以导领自居来改变大众的人生，他但愿大众站在顾问般的地位，以《十日谈》为大众交换及发表各人意见的场所"，"《十日谈》不是一个讲虚话，发空论的刊物"，所以发表的文章能够有的放矢，针对性强。如邵洵美本人以"郭明"、"浩文"或本名发表的《究竟有没有蓝衣党》、《文人无行》、《请宋部长说真话》、《自由监狱》、《不能说谎的职业》、《头脑简单的元首》、《文字狱》、《领袖的人选问题》等，章克标以及他用岂凡笔名发表的《骂人风与吐泻》、《开学记》、《吃饭问题》、《不要做的文章》、《论公开的秘密》、《释人渣》等，以及《十日谈》这一栏目里的短小评论，读来大有一吐为快的感觉。

《人言周刊》是在邹韬奋主编的《生活》周刊被查封后，邵洵美为《生活》的读者着想而创办的一个刊物，于1934年2月17日创刊，邵洵美亲自担任主编兼发行，另有编辑谢云翼、象恭、孙斯鸣、曾迭。邀请了"编辑同人"：林语堂、全增嘏、潘光旦、徒然（陶亢德）、章克标；特约撰稿人：胡适、郁达夫、叶秋原、顾苍生、谢保康、丁文江、沈亮、李青崖、章克标等，这是一个出版发行和作者阵容强大的队伍。但实际上真正为《人言周刊》写稿的却常常是邵洵美、章克标、全增嘏、曾迭、李青崖、陶亢德、潘光旦、象恭等几位。负责编务的曾迭曾经说过："第一出版社第一个定期刊物是章克标编的《十日谈》，它是一个有名的横冲直撞的刊物。我们这班青年，又在困难严重时期，有一处可以大放厥词的地方，自然趋之惟恐不及了。然而我们总觉得《十日谈》不过是给青年人发泄愤怒，至于理论的建设，平心的探讨，如其用于气力都在愤怒上发完，只剩了'强弩之末'，那也未必是健全舆论之道。于是邵洵美先生又有《人言》创刊的计划了。……于是说办《人言》，就办《人言》，计划版式的计划版式，核算成本的核算成本，拉稿的拉稿，写发刊词的写发刊词。"① 这个说法大体符合《人言周刊》的实际，从发泄愤怒到理论讨论，这是邵洵美等人办刊的一个进步，发泄只是一种情感需求，而理论的讨论才是刊物的实质，既能发泄情感，又能进行学理上的探讨，这是《人言周刊》的追求，也是其刊物特色。《人言周刊》的"发刊词"开篇就带着一种愤愤不平，"大家总感到现在缺少了一种可以阅读的周刊吧，《人言》就是想弥补这个缺陷的。我们有许多话想说，大家一定都有许多话想说，因为这是一个可以令人感慨的时代。我们大家都是人，无疑地要说人说的话，所以周刊定名为'人言'。很明白地说，人言就不是鬼话。……《人言》为社会大众所有，将说社会大众希望说的话，说人人以一吐为快的话。"《人言周刊》是要为弥补《生活》被查封而出版的杂志，其本身就具有反抗统治者查禁报刊的意图，是为了"促文化

---

① 曾迭：《人言 101 期》，《人言周刊》1936 年第 3 卷第 1 期。

之向前发展，为了时代的催促"。因此，"人言"与"鬼话"，这是报纸期刊应坚守的一条底线，有话要说，说自己要说的话，这是说人话，也是办刊的一条底线，所以邵洵美试图使《人言周刊》"摈弃一切鬼话"，只有这样，才能真正通过报刊出版促进文化的发展。《人言周刊》创刊号上还发表了《〈人言〉创刊征稿启事》，指出"我们发起创刊这一个《人言周刊》，我们要将现在的一切真相显露出来，作为批评的基础"，并宣示刊物的宗旨是"在忠挚的态度显露现状，以诚恳的态度批评现状"。对《人言周刊》的这种文化态度，特约撰稿人之一的曾迭撰文，对《人言周刊》的命名进行了解释，他从不同方面阐释了"人言"的几层意思，也恰是这份周刊所表现出的应有的态度，认为《人言周刊》的同人"如果不斤斤于人言的字义，而单单爱好人言两字的字音，那么，除了'人言'之外，要另找几个字音相似字义更时髦的名字，是不患缺失的"①。他通过"慎言"、"顺言"、"剩言"、"陈言"、"诚言"这些与"人言"相近的词汇，从不同的方面阐释了《人言周刊》的言说内容，这里面既有针对当时文化统制的反讽，也有对办刊方向的指正。

与《十日谈》相同，《人言周刊》也开设了比较多的栏目，"短评"、"专著"、"社会现象"、"时人访问记"、"每周人言"、"海外珍闻"、"国外写真"、"通讯"、"书报评述"、"杂著"、"艺文闲话"、"读者邮箱"、"一周间"，包罗万象，应有尽有。这种栏目杂陈的现象，也恰恰是邵洵美办刊物的一种风格，尽可能地包罗世间一切，让读者能够在一本杂志中阅读到更多的内容。邵洵美本人以"郭明"、"浩文"或者本名

---

① 曾迭：《人言的命名》，《人言周刊》1934 年第 1 卷第 1 期。

在《人言周刊》发表了大量的评论、文艺杂谈以及文学创作等文章。一般来说，以"郭明"为笔名的文章，以时评、政论为主，如《德意志公开的秘密》、《中国始终是中国》、《权威在中国》、《科学的影响》、《新名词》、《文明结婚》、《亡国话》等，这类文章居多，是邵洵美通过《人言周刊》最想说的话，但也是最招来是非的一些文章，他的《待宰的羔羊》就在审查时被"抽去"，虽然目录中出现了这个题目，但正文却被代之以其他文章，甚至于到第 2 卷第 9 期被罚停刊一个月。邵洵美曾发表《言论自由与文化统制》等文章，对此进行抗议，要求在出版方面能够真正做到"言论自由"。以"浩文"笔名发表的文章以文艺闲谈为主，如《诗坛并不寂寞》、《新诗与"肌理"》、《诗与诗论》等。1934 年 5 月 5 日出版的《人言周刊》第 1 卷第 12 期开始连载他的《一个人的谈话》，纵谈有关文学的各个方面，诸如诗、小说、自传、戏剧、批评等，一直到同年 8 月 18 日的第 1 卷第 27 期止，中间只有第 25 期停刊一次，其他共连载 15 期。发表第一篇《一个人的谈话》时，编者特意在文章前面加了一个小注："洵美健谈，无论什么题目，他说来总是滔滔不绝。本刊自即期起特留出一页地位，让他一个人去谈话；看他有没有疲乏的时候。"这种谈话也是邵洵美的独创，也是刊物能够吸引读者的一个方面。

二、出版"自传丛书"

"自传丛书"是 1934 年 6 月到 11 月间由第一出版社出版的中国现代作家自传，包括《庐隐自传》、《从文自传》、《资平自传：从黄龙到五色》、《巴金自传》四部，以及第二批策划出版的《钦文自传》、《达夫自传》、《洪深自传》、《蛰存自传》等。这套丛书从策划到出版，伴随着邵洵美出版活动的风风雨雨，也表现出邵洵美的出版趋向及风格。

早在 1929 年初，邵洵美就在《金屋月刊》创刊号上发表了他翻译的英国作家乔治·摩尔的回忆录《我的死了的生活的回忆》的一节，并于同年年初将其出版为单行本。邵洵美在所附的"小记"中说："'回忆是中年人的资产'，Turgenev 曾在他的美丽的故事中说过。我们的作者便是最善于享受及使用这种资产。这篇是他的 *Memoirs of My Dead Life* 中的一篇。"乔治·摩尔是英国唯美主义作家、画家，邵洵美留学时期曾与其有过密切往来。1928 年夏天，乔治·摩尔曾将自己的一部 *Confessions of a Young Man*（《一个青年的自白》）赠送给邵洵美，现在将《我的死了的生活的回忆》的一节作为单行本印刷发行，"也算是感谢他而回敬他的一个小小的礼物"[①]。这次翻译和发表乔治·摩尔的自传，可能是邵洵美较早从事与自传相关的文学出版活动。

1931 年《新月》第 3 卷第 8 期发表了由邵洵美翻译、英国作家莫洛华的《谈自传》。

莫洛华的《谈自传》主要阐述了自传对于个人的意义以及自传的真实性问题。在莫洛华看来，每个人都有遗忘，也都有唯美的追求，唯其会遗忘，所以自传对于个人具有记事本或者备忘录的作用，唯其有唯美的追求，所以会在自传中对自我的生活进行筛选，从这个意义上说，每一个人的回忆，无论写出什么样的故事，这个故事对他来说都是美好的，"既然他要写述，他便是一个艺术家，他便也像别的艺

---

① 邵洵美：《一朵朵玫瑰》，上海书店出版社 2012 年版，第 90 页。

术家一样想要寄托；而假使他真要在那本记述里寄托些什么，那他一定要选一个比他的真生活更适宜于他的希望的生活"①。《谈自传》虽然是译作，也可以从某些方面看到邵洵美本人对于传记尤其是自传的一些想法。从邵洵美在文章前面所加的一小段文字，更能够清楚地看到他的个人想法：

> 自从胡适之先生在《新月》发表了他的自传几章，便引起了外界许多人对于自传的注意。胡先生自己在某次笔会的席上曾长论自传文章的优点，他更说自传是最好的文学体裁中的一种。
>
> 我们知道传记文字的目的，是在真确地叙述一个人的真相，那么，这是否是可能的呢？当然最了解自己的是自己，那么，犹有什么障碍呢？莫洛华在本文里很详尽地答复着我们的问句。

这里所说的胡适发表在《新月》上的自传，是发表于《新月》第3卷第1期的《我的母亲的订婚——〈四十自述〉的一章》、第3卷第3期的《九年的家乡教育——〈四十自述〉的一章》、第3卷第4期的《从拜神到无神——〈四十自述〉第三章》、第3卷第7期的《在上海——〈四十自述〉第四章》等，这些自传成为中国现代知识分子较早撰写发表的自传文学。《四十自述》出版后不久，《世界文学》于1934年第1卷第2期就发表了苏雪林的《自传文学与胡适的四十自述》，对胡适的自传给予充分肯定，她从对"西洋文学的一大宗派"的自传梳理开始，一直说到中国文学中缺少真正的自传，把《四十自述》放

---

① 邵洵美：《一朵朵玫瑰》，上海书店出版社 2012 年版，第 81 页。

在东西方文学史的框架中，认为这是"觉得很满意"的一部传记作品，"尤其可贵的，是书中的一种诚恳坦白的态度"。我们虽然不能说20世纪30年代初期的"自传热"是由于胡适的《四十自述》引发的，但至少可以说明胡适的《四十自述》在这其中起到了重要的示范作用。

邵洵美后来发表的《一个人的谈话》也有过对自传的叙述。

《一个人的谈话》连载于1934年《人言周刊》的第1卷第12期到第27期，所谈内容大多是有关作家创作文体的选择与经验，其中谈到自传写作，虽然所占篇幅不是很大，但自传却在邵洵美的文学观念中占有重要的位置，因为在他看来，自传写作能使人寻找到快乐，"假使把一切的经过写部自传，我相信一定很有趣"，一个人的生活与其环境密切联系在一起，他与环境的和谐一致会使他感受到快乐，"故意逃避了我的环境"，也能够得到快乐，所以作家在自传写作的经历中，通过重新回忆自我生存的环境而得到新的快乐。但是，一个人需要有一定的生活经验后才可能写作自传，"我想过写自传，但是我总觉得年纪还轻，这世界上有趣的事情尽会接二连三地发生，鲁迅也许不久会变成唯美主义者"①，这就是写作自传的趣味。当然，这里也有写自传与写小说的相同与不同的地方，小说文体相对于自传更能表现作家所要表达的故事与人物。

邵洵美出版自传是从邀请沈从文写作自传开始的。1931年8月，沈从文刚刚接受了国立青岛大学的聘请，从北平来到青岛任教。刚到青岛的沈从文，对这里的气候、居住、生活等，都非常不适应，没有朋友，没有事做，能够有时间、精力和心情，去完成朋友交付的任

① 邵洵美：《一个人的谈话》，载《一个人的谈话》，上海书店出版社2008年版，第17页。

务，他用了三个星期的时间撰写出这部十多万字的《从文自传》。但这部自传却一直到 1934 年，才与其他几位作家的自传一起由邵洵美创办的第一出版社正式出版。

1934 年 6 月 9 日出版的《人言周刊》曾刊发过一则宣传广告：

自传丛书

出版预告并发售预约

本社最近计划出版自传丛书，特约国内著名作家撰述，关于本人一生艰苦奋斗经过，尤为青年自修观摩之最好读物。兹先出黄庐隐、沈从文、张资平、巴金四大作家自传。不幸黄女士最近患病逝世，自传为其最后遗著，尤为名贵。各书均用七十磅米色道令纸精印，式样美观，定价每册六角，兹为减轻读者负担，自即日起发售预约。办法：

预约一本三角五分，二本六角半，四本一元二角。寄递如需挂号，每册加八分正。

庐隐自传　庐隐女士遗著　准于六月十五日出售

从文自传　沈从文著　准于七月十五日出售

资平自传　张资平著　准于八月十五日出售

巴金自传　巴金著　准于九月十五日出售

第一出版社发行

随后，第一出版社又在《十日谈》上刊登广告，广泛宣传介绍"自传丛书"，同时也分别为《庐隐自传》《从文自传》等刊登广告。从"自传丛书"第一批所选的四位作家以及第二批的四位作家来看，邵洵美并没有着意选择那些一线的著名作家，如鲁迅、郭沫若、老舍、叶圣陶等，而是选取了具有一定影响的正在创作上升期的青年作家。沈从文、庐隐、张资平、巴金等大多是 20 世纪 20 年代中后期开始从事创作，还应该算是"青年作家"群体，他们已经在文坛上取得了不错的成就，甚至出版了他们的代表性作品，但他们还没有达到在文学界的顶峰位置。在第二批被邀请的作家中，也只有郁达夫是五四时期的著名作家，而其他三位也都是新成长中的青年作家，这说明邵洵美在策划组织"自传丛书"的作家人选时，更看重作家的成长性，看重他们未来的发展前途，或者说，他将作家的希望以及出版社的未来发展作为现在选择作家的首要条件，对有希望的优秀作家的培养要超越为著名作家抬轿子。同时，以青年作家为对象，也是对青年学子和更年轻一代作家的鼓励和带动，所以，在"自传丛书"的广告中，特别看重这些作家自传是"青年自修观摩之最好读物"。

第一批四部作家自传于 1934 年出版。1934 年第 33 期《十日谈》为刚刚出版的《庐隐自传》所做的宣传是："全书一百四十余页，为故黄庐隐女士之遗作，风格朴素老实，九十磅米色道林纸精印。现已出版，欲购从速。"同时《人言周刊》1934 年 6 月 30 日出版的第 1 卷第 19 期也发布《庐隐自传》出版广告："中国文坛上，女作家寥若晨星，庐隐女士为国内三大女作家之一，不幸上月以病而亡，吾人不能再读其作品矣。所幸女士著有自传一书，详记其生平，坦白诚实，得未曾有，足为研究女士作品之基础，足为理解女士作品之助，尤足为青年良好之读物，以其教吾人以刻苦奋斗之径途。书已出版，印数无多，欲购从速。并有邵洵美先生长序，尤为名贵。"1934 年 6 月 15 日，广告多日的《庐隐自传》终于面世，但这时作家庐隐已于一月前去世，所以书前特别印制了"庐隐女士遗像及其手迹"，邵洵美则撰写了《庐隐的故事》作为本书的代序，认为庐隐"这么一个作家最适宜去写自传了。第一，她对自己特别感兴趣，于是会细心去观察自己而写下几乎是大公无私的评语；第二，她有充足的脑力去记忆或是追想她的过去；第三，她有勇敢去颂扬自己的长处及指斥自己的弱点；第四，她有那种痴戀或天真去为人家抱不平及暴露人间的丑恶；第五，她有忍耐同时又有深刻的观察力去侦视这人生的曲折；第六，她有生动的笔法，可以使一切个人的事情使别人感兴味；第七，也是最难得的，便是她是一个'自由人'，她不用在文章里代什么人说话或是为什么人辩护及遮蔽，所以这一本自传值得我们去宝贵了"。《女声》半月刊曾发表晓君的书评《〈庐隐自传〉读后感》，认为"我们应该赞美她写自传态度的忠实"，因为"她没有像人家写自传那样把自己捧到天上去，说是自己由神仙送下来或自小便聪明过人。相反地，她告诉我们在幼年为了病弱她在家庭中成了个畸零人，甚至在亲生的父母前都得不到一丝钟爱，直到进了学校"。晓君在《庐隐自传》中读出了这位女性作家多愁善感性格形成的原因，即"幼年在家庭中的畸形地位和早年失怙，以及年长在社会上恋爱上所受的波折"[①]。晓君的阅读感受与邵洵美在序中的评价基本一致，人们在为这位女性作家英年早逝感不幸的同时，又为她留下这部自传而感有幸。

早就约来的《从文自传》晚于《庐隐自传》一个月后于1934年7月15日出版。1934年7月14日出版的《人言周刊》上发布的广告说，"天才而又多产的作家沈从文先生，已名满大江南北，无远弗届，

---

① 晓君：《〈庐隐自传〉读后感》，《女声》半月刊，1935年第3卷第10期。

而且多才多艺，其生平想必为人所乐闻"。所以，在邵洵美的推荐文字中，对这部作品则无须太多介绍而读者自知，这部自传"是他的自述生平刻苦上进的历程，不但趣味横生，而且获益必多，幸勿失之交臂"。尽管《从文自传》出版较为仓促，印刷出现了一些不应有的错误，但这部著作还是带给出版界一些新的气象，为读者广泛接受。《从文自传》出版后，《十日谈》和《宇宙风》等杂志相继发表评论文章，对《从文自传》的出版感到欣喜。名为"前辙"的作者在 1934 年第 41 期《十日谈》发表《读了〈从文自传〉之后》，认为"这本自传所给予我们读者的印象，并不是他如何创作，如何成功；有的是他如何逃学，如何当兵……而且，从那儿你可以知道一点关于清乡的情形，——正是杀人如草不闻声"。毕树棠发表在 1935 年第 1 期的《读〈从文自传〉》，认为它"委实是一部很可爱的书"。正是这样，《从文自传》被周作人和老舍认定为"1934 年我最爱读的书"。

《资平自传》和《巴金自传》随后也相继出版，完成了第一出版社策划出版的第一批《自传丛书》。第二批《作家自传》在邵洵美的策划组织下，也已经进入了组稿与出版的程序，但此时第一出版社已经关门，所余工作包括"自传丛书"的出版事项由上海时代图书公司承接过来，当然，负责人仍然是邵洵美。1935 年 11 月 10 日出版的《文学时代》第 1 卷第 1 期上，刊登了第二批《自传丛书》的出版预告："故特再约定若干名作家，不日均可完篇，特此预告：达夫自传，郁达夫著；钦文自传，许钦文著；洪深自传，洪深著；蛰存自传，施蛰存著。一俟付印，即可发售预约，本丛书之将为出版界放一大异彩，定可断言，试请拭目俟之！"但是，由于种种原因，这四种预约出版的自传，却只出版了《钦文自传》，《达夫自传》也只写出了部分章节，在《人世间》和《宇宙风》发表，而其他两种自传作品则毫无踪影。

邵洵美精心组织的"自传丛书"虽然只出版了五部，但在中国现代出版史上，的确可以算是"一大异彩"，由于这套丛书而带动了整个出版界出版自传的热潮，此前出版的胡适的《四十自述》以及同时期出版的鲁迅、冰心、郭沫若等现代著名作家的自传，共同形成了这一时期的自传出版热。

三、"新诗库"：不忘诗的初心

出版新诗一直是邵洵美的梦想，从出版自己的第一部诗集《天堂与五月》，到他成立金屋书店，从创办《诗刊》到接手新月书店，都没有忘记诗的初心。在这期间，他曾出版过自己的《花一般的罪恶》、译诗集《一朵朵玫瑰》、徐志摩的《云游》等，但这些出版由于各种原因，并没有真正达到邵洵美的出版理想，与他的新诗艺术的出版目标相差甚远。

1936 年《人言周刊》曾刊发"新诗库"的出版广告，我们可以通过这份广告，简略看到其中的情形：

集新诗之大成

新诗库

供时代之需要

新诗集的出版，在数量上，这几年比较稀少；但这个不能说是新诗人不努力，或是新诗人不踊跃。他们的体裁已经来得丰富，他们的技巧已经更来得成熟，他们的题材已经更来得广大，他们的认识也已经来得深切。但是因为没有有系统有组织的出版计划，所以新诗集的印行，疏疏零零地像是彗星的显现，仅有奇儒的光芒，却受不到一般人的注意。

可是在文学革命史中，新诗的成就是更彻底的。他是一种完全的新艺术。这要表现一个颤动变化得如此厉害如此迅速的时代，它是一个最适宜的工具。我们为要鼓励新诗人更兴奋的努力；求得社会上更普遍的认识；贡献读诗人更圆满的欣赏：不惜牺牲金钱与精力，征得全中国新诗人的同情与援助，希于今年能陆续出版诗专集数十种，集全中国新诗之大成，定名"新诗库"；新诗宝藏，从此公诸同好。三月七日出版第一种，以后每月出版四种。兹将第一集十种露布于后：

（1）玮德诗文集　　　方玮德著

（2）一切的峰顶　　　梁宗岱译

（3）梦家诗存　　　　陈梦家著

（4）蝙蝠集　　　　　金克木著

（5）诗二十五首　　　邵洵美著

（6）永言集　　　　　朱　湘著

（7）龙涎　　　　　　罗念生著

（8）望舒诗　　　　　戴望舒著

（9）海上谣　　　　　侯汝华著

（10）二十岁人　　　徐　迟著

上海时代图书公司发行

"新诗库"所出版的十部诗作或译作，虽然不一定是有影响的代表作，但却是具有一定代表性的作品，"诗歌的风格是多样的，形式感也很强；多种诗体的运用比较成熟；所选都是当时有一定影响的年轻诗人代表性的作品"。这种出版选题非常符合邵洵美多年来的出版特点，以扶持青年作家为主，看重的是作家、诗人成长性，事实也是如此，这些诗人中，"除三位在诗集出版前后数年之间亡故；其余后来多成为中国文化界有影响的学者、文人、翻译大家和研究人员"①。这些诗人有的曾是新月派的成员，如方玮德、陈梦家、朱湘，而有的则是后来现代派诗人群中的骨干，如金克木、戴望舒、徐迟、侯汝华等，邵洵美选取这些诗人诗作，可以看到他的出版选题策略，能够在这其中领略到邵洵美的审美情怀。

方玮德是后期新月诗派的重要诗人，他的姑姑方令孺在《悼玮德》中说："玮德有的是一个美丽纯洁的灵魂。他却又是个最会从丑陋里求美，现实里求理想的人。不是人家常说玮德喜欢 tell beautiful lies，这批评也够美了，不管说者是否含些幽默意味，给一个不能从现实里看见幻象，平庸里挑出精华来的人，听到一些意外语言，当然要视为谎话。……玮德的谎，就是他爱把极平常的事情，说得如七宝庄严，灿烂悦目；把浮薄的人情，渲染得如清水芙蓉，澄静清密。"② 方令孺非常喜欢她这位侄子，以至于方玮德病逝对她打击沉重，长久陷于痛苦之中。深受古典传统影响的方玮德在新诗创作方面也带着些传统的气息，除讲究新诗格律外，在用词造句、意象营构等方面，"好似隔湖

---

① 唐薇、黄大刚：《追寻张光宇》，生活·读书·新知三联书店 2016 年版，第 247 页。
② 方令孺：《代序——悼玮德》，载方玮德：《玮德诗文集》，时代图书公司 1936 年版。

望见湘神，一层雾一枭烟，似显而隐，欲去不去"①，这也就是方玮德诗作的魅力所在。在新诗艺术形式上，方玮德有意学习徐志摩，追求新诗格律的整齐、匀称，在一定的诗的格律中，对情感进行节制，将诗人思想情感纳入到诗的形式之中。如《丧裳》、《脱逃》、《海上的声音》、《十四行诗》、《秋的荡歌》等，严谨的诗格中包裹着的是诗人的热情。

邵洵美的《诗二十五首》是他的第三部诗集，虽然只有 25 首诗，却是邵洵美以"十二分的认真"的创作态度创作出来的，也是他多年来新诗创作的一次总结。邵洵美写诗，是受到莎茀的影响后开始真正进入对一种诗格的追求，"过后我便怀抱了个创造新诗格的痴望，当时写了不少借用'莎茀格'的诗"，并意识到"一个真正的诗人一定有他自己的'最好的秩序'。固定的格律不会给他帮助，也不会给他妨碍。所以我们与其说格律是给写诗人的一种规范，不如说是给读诗人的一种指点；字句的排列与音韵的布置，不过是为便利别人去欣赏"②。收录在诗集中的 25 首诗，有的是旧作，已经收录在其他诗集，有的则是首次收录，但应该都是邵洵美比较看重的诗作。《洵美的梦》、《女人》、《一首小诗》、《声音》、《你以为我是什么人》、《假使我也和神仙一样》等，诗人所构筑的独特意象以及对诗格的讲究，为这位唯美主义诗人带来了中西合璧的新诗体式，现代里带着古典的特点，自由中多了一份格律的制约。

梁宗岱是广东新会人，曾经留学过法国，深受法国诗歌的影响，回国后，先后在北京大学、清华大学等任教。译诗集《一切的峰顶》

---

① 陈梦家：《〈玮德诗文集〉跋》，载方玮德：《玮德诗文集》，时代图书公司 1936 年版。

② 邵洵美：《〈诗二十五首〉自序》，载《诗二十五首》，上海书店出版社 1988 年版。

收集了梁宗岱翻译的 8 位著名诗人的 32 首诗，其中有歌德、雪莱、波特莱尔、尼采、魏尔伦、里尔克、太格尔（泰戈尔）等，诗集是"以其中一首的第一行命名。缘因只为那是我最癖爱的一首罢了"，这就是歌德的《流浪者之夜歌》中的第一句：

> 一切的峰顶
>
> 沉静，
>
> 一切的树尖
>
> 全不见
>
> 丝儿风影。
>
> 小鸟们在林间无声。
>
> 等着吧：
>
> 俄倾
>
> 你也要安静。

在梁宗岱看来，"诗，在一意义上，是不可译的。一首好诗是种种精神和物质的景况和遭遇深切合作的结果"[①]，是诗人心灵感应的结晶，因此，当他人使用其他语言进行翻译时，并不能很好地传达出诗人的内心感受。所以他认为，"至于译笔，大体以直译为主"，也许只有这样才能更接近于原作的样子。梁宗岱的翻译架起了东西方文化的桥梁，在中西诗学与文化的汇通中，建立起将西方诗学和中国传统诗歌理论相结合的体系，使欧洲诗适应于中国的阅读需要。所以，在《一

---

① 梁宗岱：《〈一切的峰顶〉序》，载《一切的峰顶》，时代图书公司 1936 年版。

切的峰顶》中的译作，都能够有一种明朗而又沉静、活泼而又严谨的诗风，欧洲现代主义的诗作在他的手中，被赋予了诗画的特点。

"新诗库"由张光宇设计封面，让这一套丛书具有一致的艺术风格和雅致的审美品味。正如唐薇、黄大刚在其《追寻张光宇》中所说："1936 年，已经离开时代公司自办独立出版社的张光宇为《新诗库》专门画了全套封面画，看上去十种别具一格的封面画很像一组现代主义风格的木版画。"① 而且张光宇的封面设计往往根据诗集的内容或者其中的诗篇构思，既体现了设计者的思想情感，也符合该诗集的特点。如《玮德诗文集》的封面，是根据诗集中的两首诗《海上的声音》和《十四行诗一首》的诗意所设计的，"很符合序言中对方玮德个性人格的描写，也符合玮德诗'轻逸的意致'这样一个总的特点和印象"。《梦家存诗》的封面则是选取了陈梦家诗中的多种意境设计而成，诸如《白马湖》、《潘彼得的梦》、《太平门外》等诗，都可以在封面中找到其中的某些诗句、诗意，"《梦家存诗》的封面乍看上去也同样是不得要领。封面画的构图是些矩形为主的片段组合，看上去有流转放射的印象，还有颠倒的塔、睁眼的暗影、游走的湖和坠落的星雨；但是毫无疑问，画面传达出了奇异的美感和幽静的诗意。"② 应当说，"新诗库"的出版是邵洵美出版生涯中一次唯美的实践行动，也是张光宇艺术生涯的一次重要设计活动，一个唯美的诗人，一个追求艺术的画家，而且两个人都是现代出版界中的艺术追求者，由他们联袂设计出版的"新诗库"成为现代出版史上虽不重要却很唯美的事件。

---

① 唐薇、黄大刚：《追寻张光宇》，生活・读书・新知三联书店 2016 年版，第 228 页。
② 唐薇、黄大刚：《追寻张光宇》，生活・读书・新知三联书店 2015 年版，第 230—232 页。

四、杂志年的期刊梦

（一）"办画报是一种冲锋的运动"

1934 年 10 月 10 日第 6 卷第 12 期《时代》画报发表了邵洵美的《画报在文化界的地位》，此时，邵洵美接管《时代》画报已经有两年多的时间，《时代》画报也从一个举步维艰的刊物而发展为一份比较有影响力的画报，邵洵美已经在出版画报方面积累了一定的经验，对画报的认识与理解显然已经比较成熟，这时，他出来谈论画报在文化史的地位，既是介绍经验，也带有进一步推动画报发展的目的。

邵洵美从画报与文字刊物的比较说起，指出英国的《伦敦图画新闻》、法国的《插图报》、美国的《中土周刊》等画报，都特别关注时事，对在二十年前第一次世界大战时期发生的一些重要事件，"奥皇子被刺、德国宣战，以及战后军士的残废状态、失业情形等照片系统地重行登载；使我们曾参加及未参加大战的都得到一个整个的回忆或追想的印象"，人们可以在读图的过程中，重新回味或获得那些直观的印象，产生身临其境的感受。所以，画报与文字刊物的不同在于，"文字只能使我们知道二十年前有过这样一段惨痛的事迹，但是图画却能使我们领略当时那种恐怖的空气"。也就是说，读者在阅读文字的过程中，只能体验文字所带来的想象性的空间和事件的抽象过程，而不能体验到具体可感的形象世界，不能真正还原事件的发生、发展及其情景，而读图的阅读过程就不一样了，图片能够把读者带入当时的情景之中，引起人们的"回忆或追想"，还原时代的图像和事实，给人直观的感受。所以，"图画能走到文字所走不到的地方；或是文字所没有走到的地方"。

邵洵美为什么如此热衷于画报，并且在这一时期将画报出版作为自己最重要的出版工作之一？主要原因就是他特别看重画报在文化普及中的教育功能。他所说的画报能够重新刊登二十年前第一次世界大战的有关图片，这种让人回顾和追想的阅读，可以使人重新感受战争的恐怖，认识战争的危害，从而可以引起人们反对战争、抗拒战争的思想认识。当然，对于现实生活中的人们来说，画报能够引起更多的人阅读兴趣，能够对更多的人产生教育和启蒙的作用。因此，他在《画报在文化界的地位》中回顾和总结自己的办刊经验时这样说：

从新闻学及教育的观点上，我的确对画报发生过极大的兴趣：这在我一部分的朋友是不了解的。有次在宴席上，一个朋友问我为什么曾经花了全副的精神去办画报，为什么不再办一个正正经经的纯文艺刊物？我明白他的意思，我的回答是："为什么你们以为画报是不正经的呢？况且你办一个刊物，不是先应当有一般读者么？试问我们中国有这许多人口，但是报章杂志的销路为什么这样微小呢？普及教育唤了这许多年，为什么没有多大的成效呢？原因是你们办的高深的刊物，只能给极少数人去享受；而这极少数人的知识又都是和你们的知识相差不远；他们能读得懂你的文章，但是读了你们的文章以后，很少会有什么进步，也很少会有什么退步。你们的刊物，有和没有，几乎一样。办画报的目的，是使人感觉到这是一种快乐，而不是一种工作。我们要增加识字的人对于读物的兴味；我们要使不识字的人，可以从图

画里得到相当的知识，同时假使他们是有灵魂的，他们一定还会
觉得光看图画不能满足，而开始要认字：这时候画报的功绩是多
么伟大！所以我们先要养成一般人对于读书的习惯。

邵洵美看重的是画报在文化普及上的意义，是画报的启蒙教育意义，
这与他一贯坚持的文化大众化主张是一致的。办画报，提倡读者看画
报，让文化走进一般读者生活中，这是真正的文化大众化。在他看
来，一般的文学报刊能销售一万册就已经很不容易了，而如《时代》、
《大众》、《良友》等这一时期有影响的画报，其销售数量则在六七万
之多，这足以说明画报在读者中的地位，也足以说明画报对于读者影
响的程度。所以，邵洵美结合左翼文学正在提倡的大众语的问题，进
一步提出了画报对大众语的意义："所谓大众语的问题，现在喊得应
天响，但是谁都知道这不过是一般有闲阶级的玩意，他们既不懂什么
是文学，更不懂什么是大众——他们以为大众是奴隶，可以受他们自
由的驱逐；他们以为大众是猴子，可以受他们强迫的训练。试问'大
众语'和'王先生'，同样是三个字，谁真是大众所需要的？画报，
的确也曾经被前进的作家如鲁迅先生等注意，但是他所提倡的是高深
的木刻：可怜我们浅近的大众，比不上苏维埃高深的同志！所以我说
画报能走到他们所没有走到的地方。"邵洵美所说的"大众语"的问
题，是正在上海展开讨论的有关文学文体尤其是语言接近大众的革新
运动，是针对南京国民党报刊反对白话文提倡"文言复兴运动"而提
出的，当时参与讨论的主要有陈望道、陈子展、叶圣陶、曹聚仁、黎
烈文等。邵洵美提到鲁迅"提倡的是高深的木刻"，实际上是把两件
不同的事情拉在一起，鲁迅非常喜欢木刻和连环画，在 20 世纪 30 年

代曾提倡"连环画",也非常喜欢木刻,但都与"大众语"讨论没有直接的联系。邵洵美之所以把鲁迅拉进来,并把木刻与大众语联系在一起,主要目的在于说明大众语讨论无关乎文化大众化,讨论的再多也不如以实际的创作或办大众能看的报刊更接近大众。所以,他在这里又把"大众语"和"王先生"放在一起,说明大众并不关心"大众语"的问题,而当大众看到"王先生"的时候,能够喜欢并且接受。

"王先生"是著名画家叶浅予创作的大型系列漫画,先后在《上海画报》、《十日谈》、《时代漫画》等杂志上发表,1934 年由上海时代图书公司出版《王先生》第 1 至 3 集,后又被电影导演看中,从 1934 年到 1940 年改编为《王先生》、《王先生的秘密》、《王先生过年》、《王先生到农村去》、《王先生奇侠传》等 11 部影片。叶浅予的《王先生》在当时产生了强烈的社会反响,深受读者喜爱,成为 20 世纪 30 年代最有影响的连环漫画,"王先生"也成为最有名的漫画人物。《书报展望》第 1 卷第 8 期曾发表文章,对《王先生》这样评价:"毋庸赘言,读者谁都知道,占着连续漫画历史最早一页的便是叶浅予的《王先生》。……《王先生》是以大场面、多角色、多画幅出品之唯一的一种。"[①] 邵洵美与叶浅予关系密切,曾共同出版《时代》画报,创办上海时代图书公司。在这里,邵洵美主要借"王先生"这个漫画人物以及画报上的"王先生"形象与"大众语"讨论相比较,从而说明什么是真正的文化大众化。这也就是邵洵美所说的"图画能走到文字所走不到的地方",画报比文字更能吸引读者的注意力,更能产生教育的作用,读者更能接受"王先生"。

---

　　① 汪子美:《王先生和三毛》,《书报展望》1936 年第 1 卷第 8 期。

从这个角度出发，邵洵美更深入地讨论了画报的独特文化功能。在现代传播媒体当中，由于技术方面的原因，画报的出现相对较晚，但随着影写版印刷机的出现，画报出现了快速的发展，这是因为画报与读者之间的距离通过直观的画面和形象的介质而得到消解。所以，邵洵美把办画报和玩木刻、拍美术照相比较后，得出了以下观点，画报的对象"决不是极少数的欣赏者，而是一般无成见有人性的群众。所以它的取材，不是完全在表现自己的艺术，而是在供给大众的需要。办画报和办文字的刊物也两样。它不看重自己的主张或是意见，而注意人类所应享受的幸福。它不相信凭你的三言两语可以移风易俗；它只想把一切的真相有组织地显示出来，使你们自己去欣赏你们的长处，惭愧你们的弱点。总之，它绝不有一些自私的念头。再说得透彻些，那么，画报的自身始终只处于一种介绍者的地位，不像旁的刊物总把自己掮出来"。也就是说，与以文字为主的刊物比较，画报更具有直观的、客观的意义，它不是发表观点，而是呈现画面，表现形象，它不是说教，而是表现，让读者在喜欢看的画册中自觉地受到教育。

五四新文化运动以来，启蒙始终是现代文化的主潮，但是，如何进行启蒙，启蒙的途径是什么，一直在讨论和争论中。一定程度上说，五四新文化运动的启蒙运动就是文化大众化的过程，就是让国民提高文化素养的过程。在邵洵美看来，要提高国民素养，养成国人读书的习惯是第一位的。但养成国民读书的习惯并不是一蹴而就的事情，也不是"批判国民性"就能够解决问题的，而是要首先为大众提供可读、喜欢读的读物，让读者有如画报这样可读的读物。正如邵洵美在《画报在文化界的地位》中说的：

　　　　要养成人读书的习惯，从画报着手应当算是最好的方法。用图画去满足人的眼睛，再用趣味去松弛人的神经，最后才能用思想去灌溉人的心灵。第一步工作是《时代》画报的；第二步工作是《论语》半月刊的；最后一步工作才用得到我那位朋友所希望的所谓正经的刊物。这条道路是最正当的，也是最奏效的。今年出版界热闹得变成杂志年，谁说上面几种刊物没有相当的功绩？

　　　　当然，《时代》和《论语》所做到的不过是手段的奏效；这哪里是办刊物人最后的目的！有一天人们读书的习惯养成，在供给眼睛及神经的享受以外，自会有心灵的食粮。

邵洵美在这里提出一个非常有意思的问题，"用图画去满足人的眼睛，再用趣味去松弛人的神经"，这也就是要把阅读变成一种生活的享受，或者把读书作为一种生活，而不是简单的教育或启蒙。也可以说，要让大众读书，先要书好读、好看。所以，在邵洵美的论述中，"用图画去满足人的眼睛"是首要的，满足了人的眼睛，才能把读者拉回到书上来。早在 1931 年，邵洵美就以"汉奇"的笔名在《时代》画报第 2 卷第 3 期上发表过一篇题为《一九三一年》的文章，对于读者的阅读需要和人生的物质与精神享受发表过这样的观点："对于肉体的享受，我们先得有健全的体格；对于精神的享受，我们先得有艺术的修养。"因此，"有了健全的体格，我们便可以去享受现代的文明；我们可以舞蹈不觉得头晕；游泳不觉得心跳；驾车挡得起风；乘船经得起浪；有了盛会不至于错过；有了名胜也可以无所困难地去游览。有了艺术的修养，我们便可以戒除遗传的恶习；在团体里面可以有谈话的资料；在寂寞的时候有消遣的工具：——你唱的歌人家会感动，人家作的诗你会领悟。那时，你要交际不必一定要请吃酒席；你要酬应不必一定要叉麻雀，打扑克了"。这里对肉体与精神的论述，从另一个侧面表现出邵洵美对文化大众化的理解。同样，画报的理想境界就是能让人享受得了，在阅读《论语》之前，先能喜欢看《时代》画报，在满足精神的享受之前，先养成审美的眼睛，既要能够满足读者的感官需要，也要提升大众的艺术修养。

（二）《时代》画报：为读者提供好看的刊物

1928 年夏天，邵家商定要改造房子，以增加收入。到 1930 年改造落成，全家迁入"同和里"。同时邵家不得不卖掉一些房产，偿还造房的贷款，余款由邵氏父子分配。邵洵美随后将所分得的钱用于购买印刷机，准备扩大印刷出版。尽管邵家改造房子，并且出租房屋后可以有一部分固定收入，但也透露出了一些不太好的信号，邵家一大家子人坐吃山空，邵友濂留下来的一大片家产和无法数清的财富，眼看着渐渐变薄了，曾经那么富足的一个家族竟然将房租作为主要收入。因此，邵洵美也不能不考虑如何通过出版活动赢得利润的问题。进入 20 世纪 30 年代后，邵洵美的一系列努力，当然是他实现文化理想的一些手段，但也不能不说带有明显的商业活动的目的。人们往往只是看到了邵洵美追求唯美的艺术，追求新奇的生活方式，看到了他"海上孟尝君"的大方与义气，但同时也应当看到他的另一面，即商业的头脑，经济的眼光。他不会在办出版的过程中，让自己的投资打水漂，而是尽可能地让这些投资有所收获。当然，这个时期的邵洵美还到不了通过办出版吃饭的地步，他的经济实力足以支撑他的出版活动。

　　邵洵美之所以接手中国美术刊行社，把《时代》画报也接过来，与他特别喜爱画报这种媒体形式有关，这一点我们已经在他的《画报在文化界的地位》一文中看到。邵洵美在欧洲留学时，曾到法国巴黎学习过绘画，与徐悲鸿、常玉等画家有深厚的交情，而他自己也有这方面的才分，对美术有较深的研究。同时，他又是作家、诗人。集美术与文学于一身的邵洵美，在创办《狮吼》复活号、《金屋月刊》等杂志时，就特别喜欢在刊物里面插入一些绘画作品，其刊物以图文并茂而著称。现在，当他接手编辑一份画报时，真正发挥了他的特长，让他的特长转化为一种优势。所以，当他接手编辑《时代》画报之后，马上进行了一系列的改革。就在邵洵美接手《时代》画报之前，《时代》画报第1卷第12期就在封二刊登《本刊重要启事》，宣布刊物的"三大革新"措施，其中改革举措之一就是采用影写版印刷技术印制《时代》画报。邵洵美首先从印刷技术上改革刊物，应当说这是抓住了办画报的一个重要问题。改革画报的内容固然重要，没有好的内容，印刷再好也没有意义，但是，如果刊物印刷出现问题，或者印刷技术比较落后，当然是对不住读者的眼睛的，无法满足读者的眼睛，就无法让读者接受刊物。因而，邵洵美首先从印刷技术方面改造刊物，提升刊物印刷品质的同时，带来面貌一新的刊物风貌。

　　1930年11月1日出版的《时代》画报第2卷第1期起，邵洵美正式参加了刊物的编辑工作，这一期刊物的版权页上就标明"编辑者：邵洵美、张光宇、张振宇、叶浅予、郑光汉"。在这五个人中，有四个人都是美术出身，对文字并不是特别内行，所以，早期的《时代》画报主要刊登绘画、摄影，而在文字上则显得较弱。邵洵美负责编辑后，在文字方面下功夫，使刊物既突出了绘画、摄影，又具有了文学的色彩，思想的厚度。就在邵洵美编辑的第 2 卷第 1 期《时代》画报上，发表了他写的"编完以后"，通过这篇文字，我们就可以看到不一样的《时代》。在这篇"编完以后"中，邵洵美特别强调了《时代》画报与刊物所处时代的关系，强调了刊物与读者的关系，突出了时代与读者在刊物编辑出版过程中的意义与作用：

> 我们为要使读者不和本时代的社会与世界隔膜，因此便更注意新闻照相的收集，特委专员，不避艰苦烦难，务必使一切动摇的事实的真相，在最短时期中，供给读者的目前。

> 我们为要使读者不和本时代的伟人与名人疏远，因此便特聘伟人名人担任稿件，又委专员与各伟人名人作详细谈话，务使未曾与他们谋面过的人，也能和他们相熟的朋友一样，彻底地了解他们的为人，他们对社会服务的苦心，他们对学问研究的热诚。

> 我们为要使读者不和本时代的艺术太少兴趣与了解，因此便特请艺术家多人，将本时代的艺术与造成本时代艺术的以往的历史，用最简洁的文体，最简易的方法来说明一切；同时又把所有讲到的原画，用彩色版及铜版印刊报端，俾读者如睹真迹，而有充分的了解。

> 我们为要使读者不和本时代时尚有忽略，因此凡关于交际场中的人物，她或是他们的装束，娱乐及其他都去采访来给读者们赏鉴与参考。

> 我们为要使读者对于本时代的一切有整个的观照与笼统的比较，因此将每个月中国内外的大事，作一种简单而不失要点的叙

述；更加时事漫画，使一壁心与政治而一壁又可以寄情于艺术。完备了人生乐趣的一切条件。

　　这是我们此后的目标与方针，本期的一切便是第一次的表白。

这篇"编完以后"写出了《时代》画报改革后的办刊方针与发展方向，在体现刊物大众化，让更多读者接受、阅读的前提下，使每一个栏目和每一篇文章力图贴近时代，贴近读者。这些改革的举措坚持了刊物的真实性原则，试图通过新闻照片还原事实的真相，让读者在阅读画报的过程中，最大可能地了解"社会与世界"。这也就是邵洵美反复在他的文章中强调的文学艺术的真实性问题，文学是"不能说谎的职业"，新闻当然更要真实；刊物还要让读者更多地接近"伟人名人"，让读者读到更多伟人名人的作品。因此，《时代》画报从第2卷第1期开始增加了"名人谈话"栏目，通过记者对名人的采访，让读者与名人伟人接近，了解名人的近况、著述、思想，在名人的谈话中读到时代的信息。《时代》画报每期一篇这种名人谈话，发表过《胡适之先生访问记》、《见蔡孑民先生的半点钟》、《见蒋百器先生》、《与陆小曼女士十分钟的谈话》、《见王晓籁先生的一点钟》，等等，这些文章是记者的访问记，具有亲历性、情景性的特征，名人如同在与读者谈话一样，亲切、自然，容易接受，能够引起读者的极大兴趣；刊物还注重引导读者的艺术趣味，增强刊物的多种艺术类型，让艺术走进大众的生活之中，让大众的生活充满了艺术的情调。所以，《时代》画报在原来发表艺术家的绘画作品的同时，增加了"美术作品鉴赏"和"欧洲美术馆纪游"等栏目，在美术鉴赏栏目中，每期推出中外著名画家的名作，对这些名作进行鉴赏分析，诸如徐悲鸿、常玉、安格尔、庞熏琴等名家的作品，都在《时代》画报上介绍过，在每一期"鉴赏"栏目介绍的画作中，邵洵美都撰写了鉴赏文字，介绍艺术家的生平事迹，对作品的鉴赏评论。邵洵美是诗人、作家，而他又懂得美术，学习过绘画，因此，经他的手写出来的美术鉴赏文章，文字优美，内容贴切，读者可以一边赏美图，一边赏美文，其阅读兴趣可想而知。而在"纪游"栏目中则向读者介绍欧洲著名的美术馆，并由此介绍西洋名家名画。编者领读者参观的是欧洲的美术馆，是一种景观旅游，而又欣赏了欧洲的名家名作，并且在东西方的比较中，看到了不同艺术风格的作品。

在邵洵美的锐意改革和精心编辑下，《时代》画报面貌一新，无论是版式设计，还是内容编排，都突破了第 1 卷各期的局限，带上新的时代特点。读者从中享受到美的文字，也享受到名家画作，了解了社会真相，也认识了世界各国的文化。

还应注意到的是，邵洵美改革后的《时代》画报，还是一处读者参与的大众文化交流平台，这同样体现了邵洵美一贯的编辑出版思想。在邵洵美的出版过程中，他把刊物放在与读者交流的位置上，不是高高在上，指导、教育读者，而是让读者在阅读的享受中，使刊物与读者做朋友。正如他在《时代的编制》一文中所说："时代是人类大众的产业，所以《时代的编制》便也不是为了去取悦于某一方面。"邵洵美把刊物的编辑出版作为一种文化产业，这也就让刊物降低了身段，能够与读者处于朋友的位置上。因此，刊物不去取悦于人，也不高傲地抬着头颅，而"目的是在使读者接近时代，既不是供读者低级的娱乐，也不是为读者高深的研究"，而是融入大众的生活当中，"我们希望在这一块小小的园地里能种植着时代的每方面的名花奇卉：我们要从国际的情况讲到个人的问题；我们要为时代上最新的一切作详细的介绍及透彻的批评。而我们最大的希望便是能使一般人的目光，从对金钱的争逐转向到人生的享乐上去"①。既要把刊物办成读者大众能够愿意读、愿意看的读物，而又尽可能地避免商业化和媚俗，承担起一位编辑出版家的社会责任，这是邵洵美一直追求的出版家的一种境界。

从邵洵美投身《时代》画报的过程来看，他的出版活动已经开始发生转型，即从早期的唯美主义，热心于文学出版，而转型为以文学为中心的文化出版。也正是从《时代》画报开始，邵洵美更多地关心社会、关心文化，不再局限于文学的一隅，从象牙之塔的文学世界里走到了大众文化的广阔世界，从唯美的眼睛转向了关注社会、关注政治的出版家的眼睛。所以，他看到的是"画报在文化史上的地位"，期望能为大众提供可读可看的文化产品，从而使大众拥有健康的体魄和高尚的艺术修养，能够享受人生、享受生活。与《狮吼》复活号半月刊和《金屋月刊》以发表文学作品、文学评论为主不同，《时代》画报真正面向时代，面向社会，面向大众。邵洵美在编辑《时代》画报期间，以浩文、汉奇和编者的名义，发表了大量的时事评论和文化评论，阐述了他对中国社会、文化的基本认识，表现出了一位知识分子的人文情怀。

1936 年，邵洵美连续在《时代》画报上发表了《爱国不是投机，爱国不是反动》、《激昂慷慨的文字忽然少了》两篇谈论报刊与时事的

---

① 编者：《时代的编制》，《时代》画报 1932 年第 2 卷第 9 期。

文章，这两篇文章都是针对特定时期报刊的编辑方针，尤其是言论自由和爱国言论的问题而发的。《爱国不是投机，爱国不是反动》是由一位文学刊物编者在一篇文章中的话而发的感想，这位编者指出"目前的报章杂志里，充满了爱国的热烈的文字，这里面一定有许多投机分子，乘机来讨好读者"，这位编者由此又说："这种投机分子，不配写爱国的文字。"对于这位编者的话，邵洵美提出了不同的意见。在他看来，"凡是国民，对国家都有相当的责任（即使不言权利），那么，在存亡危急的时候，喊几声救国，至少是应尽的义务"，所以，他指出这位编者的观点是错误的。邵洵美区别了报刊上的政治评论和爱国文字，"前者是专门学问，后者是常识与义务"，那位编者应该看清楚，"一个对政治外行的老百姓，到了今天，喊几声救国是没有发财或害人的心理的"。也就是说，特定年代的报刊，应当尊重群众发言的权利，尊重群众爱国的权利，因为"报章杂志上爱国的论调，那又决不是几个编辑者私人的意见，它是反映着群众的意志的，当局更应当极力来维护这一种代表公意的言论"①。《激昂慷慨的文字忽然少了》一文，同样说的是报章杂志上有关爱国的言论问题，指出在报刊上发表爱国的言论是民众的自觉，"这一次杂志报章上的激昂慷慨的文字，和以前杂志报章上的激昂慷慨的文字，其性质完全不同。以前是唤醒民众的警钟，而现在却是民众呼声的反响。以前是作者以先知先觉的身份对着民众的说话，而现在是作者以共存共荣的态度代表民众的呐喊。以前唤到力竭声嘶的时候会静止，而现在却即使叫得口枯舌烂也不会休息"，这种民众的自觉，"我们是出了莫大的代价才获得的"，

---

① 邵洵美：《爱国不是投机，爱国不是反动》，《时代》画报 1936 年第 9 卷第 7 期。

所以"我们决不能让这正在苏醒的元气又受到催眠"①。从邵洵美的这些言论，可以看到他从唯美的文学世界里走出来，面对了一个现实的社会，而且是站在大众的立场上，从传播媒体如何保护民众的爱国热情的角度，要求报章杂志能够有更多的"激昂慷慨的文字"。这也正是邵洵美站在民众的立场上，要求文化大众化的表现之一，是在"救亡"时代的新启蒙思想的表现。从邵洵美发表在《时代》画报的社会评论、文化评论来看，他对社会的认识，对时事的了解，对文化的理解，有其独特的地方。邵洵美不是政治家，甚至可以说不懂政治，他也不是一位社会评论家，但他却以一位有良知的知识分子的情怀，表达了自己对政治、社会、文化的理解，表达了自己应有和应当表达的观点，这是邵洵美参与出版活动转型的表现，从文学出版到文化出版，这对邵洵美来说是一次华丽转身，是一次重要的出版转型，而这种转型，成就了他在出版界的地位，我们甚至可以在《时代》画报那里，看到《论语》半月刊、《人言周刊》、《十日谈》等杂志的影子。

（三）《万象》：人和人的距离多么远

《万象》，是邵洵美期刊出版的一个不成功的案例。但《万象》却是邵洵美创办的诸多杂志中非常有特点的一种，也是邵洵美期刊梦中一个很美的梦。

《万象》创刊于 1934 年 5 月 20 日，张光宇、叶灵凤任主编，第三期由项美丽、邵洵美任主编。在它之前，时代图书公司已经有《时

---

① 邵洵美：《激昂慷慨的文字忽然少了》，《时代》画报 1936 年第 9 卷第 8 期。

代》画报、《论语》、《时代漫画》、《时代电影》四个杂志，这些杂志
尤以《时代》画报、《论语》拥有众多的读者，为时代公司带来了较
高的声誉。这四大杂志各有特点，以画报为主，兼有《论语》这样的
大众化程度较高的刊物。在此基础上创办《万象》，主要从出版公司
的整体形象出发，出版一份严肃的文艺杂志，"《万象》属于比较严肃
的文艺综合刊物，无论张光宇还是邵洵美，都十分重视《万象》。就
张光宇个人来说，在艺术上他是一个力求完美的人，办刊亦是如是，
而邵洵美的理想色彩也十分浓厚，在创办《万象》中，他们都倾入心
血，格外卖力"①。

　　第一期《万象》的封面一改时代图书公司出版的《时代》画报、
《时代漫画》等期刊的风格，由张光宇设计，以"森罗万象"与"万
象"对应，简洁朴实的设计中，透露着对人类生命、对现代科学的诸
多信息，颇具文艺风格。《编者随笔》可以看作为刊物的"发刊词"，
比较明确地表达了刊物的编辑方针："《万象》的创刊，目的是在以充
实的内容，精致的外表每期供献于进步的读者们的一个水准较高的刊
物。因为我感到，在风起云涌的现在杂志界，有许多对于艺术，对于
文艺有精审的鉴别力的读者，每感到在此刻所有的画刊以及文艺刊物
中，因了各种条件的限制，每不能达到他们所期望的那样一个理想
的杂志。《万象》的创刊，便是不惜精力与财力的巨大的消耗，来满
足许多进步的读者们的这种要求的企图。"这种纯文艺的努力显示了
在 20 世纪 30 年代风云变幻的现实环境中，邵洵美、张光宇等人的唯
美追求，仍然在做着他们无法不做的文学梦。从第一期发表的作品来

---

　　①　唐薇、黄大刚：《追寻张光宇》，生活·读书·新知三联书店 2015 年版，第 178 页。

看，也的确是用心的，穆时英的《骆驼·尼采主义者与女人》、施蛰存的《随笔二题》、叶灵凤的《夜明珠（创作）》、邵洵美的《感伤的行旅》、灵凤的《现代日本的藏书票》、刘呐鸥的《电影形式美的追求》以及几篇翻译的外国作家的作品，这些作品大多内容充实而艺术上讲究，是作家们的精心创作。再配以叶浅予、张光宇、张正宇等人的插图，应当说具有较高的艺术水平，在 20 世纪 30 年代杂志林立的出版界，也属于有档次、有水准的一份杂志。

第二期的内容同样丰富，更加趋向于文艺期刊的风格。张光宇所设计的封面《科学与理想》让人们感受到现代科技带给人们生活的变化，暗示着人类也可能会因为机器人的诞生而走向毁灭，在未来的科学化世界中，人类退出江湖，只有机器人与恐龙决战于森莽的草木之间。"万象谈座"中的四篇文章，《书与剑》(洪范)、《杂志年》(殊)、《关于电影批评》(兼葭)、《谈佛》(殊) 可以作为文人随笔阅读，既有一定的时事性，又带有随笔的谈话风。其他作品我们可以在以下目录中看到一个大概：

暑	梁得所
愚园路中所见之万象	林语堂
"皆要人也"	全增嘏
晚霞	杜衡
新加坡的色感	郑光汉
情感与战争	邵洵美
赞病	施蛰存
明朝的笑话	阿英

欧美影片的比重及其分野　　　　　　　　黄嘉谟

跳舞考　　　　　　　　　　　　　　　　张崇文

贞操带之话　　　　　　　　　　　　　　秦静闻

　　讨论文学艺术，展示文学艺术的美学精神，这是《万象》的追求，从上面的目录可以看到，文学艺术的介绍文字、史话类的文体，成为刊物主要内容。从编排形式来看，这两期《万象》都与时代图书公司的其他刊物一样，呈现出文字与图画并重的特点，每一期《万象》中的作品，都配有张光宇、张正宇、叶浅予等名家所作的插图，以及卢世侯、胡考等人的绘画或摄影作品。第二期中所刊登的张光宇、张正宇设计，叶浅予摄影的《新古典设计》，在生活化的艺术设计中，体验了新古典的艺术精神。这类艺术作品与作品未必完全协调，但却给人以耳目一新的感觉。从这两期刊物中，可以看到时代图书公司的办刊趋向，对生活的关注，对艺术的关注，对社会的关注，对世界的关注，应当说，刊物所呈现的特点及其艺术风貌具有领先意义，也具有某种实践意义。但是，也恰恰因此，当出版者对刊物投入较大资本与精力的时候，却与他们的初衷相距较远，投入得不到回报，经济上不断亏损。因而，出版了两期之后，不得不宣告停刊。

　　1934年11月1日出版的《论语》第52期，在封三的位置上发表了《时代图书公司〈万象〉月刊停刊启事》，宣布仅仅出版了两期的《万象》月刊即将停刊：

　　　　径启者：在筹备《万象》出版以前，我们总以为年来中国读书界对于文艺作品的欣赏兴趣确已提高到水平线上，对于杂志购买力已非常增高；所以《万象》的内容与印刷要力求新颖与豪华。及创刊号问世，此一刻的确震撼了中国的出版界。虽则拥护《万象》的读者不为不多，但营业统计的报告使我们格外失望。好在我们是不大易于灰心的人，所以仍抱着牺牲的精神，经过各种苦斗，第二期居然也出版了，销数也稍有起色，不过营业上所蒙的损失，已出乎杂志界同人意料之外的数字，我们经几度慎重的考虑后，方才决定暂时宣布停刊，以我们有限的精神，努力经营《时代》画报，《论语》半月刊，《时代漫画》及《时代电影》等刊物。总之，这不算是我们的惨败，的确是我们冲锋太勇敢，尚希原谅。

从这份启事来看，《万象》停刊原因一是经济上亏损，二是时代图书公司办的刊物过多，精力有限。1934 年作为"杂志年"，一方面说明杂志盛行，刊物不断创刊，不断出版，但从另一个方面，也说明其中潜在的危机，刊物间的竞争力越来越强，稍不用力就有被吞噬的可能性。《万象》的结局也许是创办者所意想不到的，但却是无可奈何的。1935 年 5 月，不甘心的邵洵美、张光宇等人，再次复刊出版了《万象》第三期，仍然由张光宇设计封面，但主编则换为邵洵美、项美丽，刊物仍然延续了原来的风格，作者队伍也基本不变。不过，稍加留意，还是可以看到其中的变化，一是作者队伍中缺少了林语堂、全增嘏、杜衡等人，这三个人都是原《论语》的主要力量，但林语堂辞职《论语》主编之后，与邵洵美以及时代图书公司渐行渐远，缺少了林语堂等人的稿源，《万象》在作者队伍方面就出现了空缺，从第三期刊物来看，文章的数量较之前两期大大减少，而代之以更多的图画、摄影作品。从某种意义上说，这也正是《万象》感觉精力有限的根本原因。

（四）《时代漫画》：以漫画志喜

邵洵美与时代图书公司出版的 9 种期刊杂志中，《论语》、《时代》画报和《时代漫画》是最有代表性的几种刊物，这几种刊物都是文图并存、文字与图画相互说明的。《论语》和《时代漫画》都是以幽默漫画为主，《论语》是以文为主，而《时代漫画》则以图为主，而且两种杂志还存在着密切的联系。对此，邵绍红曾有过比较可靠的叙述：

> 《时代漫画》继《时代》画报之后诞生是必然的。张氏兄弟和叶浅予原就是《上海画报》的班底。《时代》画报是综合性的刊物，怎能满足这班漫画家的需要？苗子忆及邵洵美和朋友们创办幽默杂志《论语》之初，是想效仿英国的老牌幽默杂志《笨拙》（Puncb），半本文字半本漫画；因林语堂的失着，计划泡汤。《论语》留给漫画家们的篇幅实在少。张光宇他们自然想出版一本专门的漫画册。邵洵美跟他们情谊深，言听计从，于是请鲁少飞执编。邵洵美自己也是极其欣赏漫画的。在介绍墨西哥漫画王子珂佛罗皮斯的文章里，他说："漫画"是日本 caricature 一词的翻译。漫画是一种"幽默的艺术"，不是讽刺，也不是游戏。漫画家画漫画，是彻底了解及同情的观察后的一种不动火的表示。目的不在激怒或挖苦，而是引起你自己会心的微笑。一个真正的漫画家，除了他成熟的艺术以外，一定要有善良的意志，清晰的头脑，充分的

修养，丰富的经验和尖锐的观察力。①

从邵洵美到张光宇，从鲁少飞到叶浅予，都是非常喜欢漫画的人物，《论语》中大量漫画（幽默卡吞）作品，既是对《论语》里的文章很好的阐释，也是漫画在中国的一次展示，尽管这些展示并没有达到出版者的预想目标，但一定程度上向读者提供了可看、可读的漫画作品，让人们了解了漫画与生活的关系。在他们看来，从看漫画开始让读者养成读书的好习惯，是文化刊物的一大功能。提倡漫画，出版漫画、漫画期刊，是与邵洵美等人文化大众化思想密切联系在一起的，也是与张光宇兄弟、叶浅予等画家的特长联系在一起的，出版漫画和漫画刊物，是邵洵美唯美主义出版的表现，也是张光宇等人发挥自己特长、努力贡献于漫画事业的努力。

从这个意义上说，《时代漫画》正是从《论语》的漫画作品独立并分化出来的一份漫画刊物。《时代漫画》于 1934 年 1 月 20 日创刊，主编鲁少飞，发行人张光宇，"这是时代公司正式挂出牌子后创刊的第一份刊物，也可以说是办了一百一十期的原《上海画报》并入《时代》四年后的转世再生"②。这是从画报与画报的出版关系上说的，实际上，从时代图书公司编辑出版的刊物来说，《时代漫画》更可以说是与此前的《论语》存在密切的关系，也可以说《时代漫画》是从《论语》中的幽默卡吞发展而来的漫画专刊。1936 年 9 月 1 日出版的《论

---

① 邵绍红：《为什么〈时代漫画〉得到那么多人的宠爱》，载《生活月刊》编：《时代漫画》，广西师范大学出版社 2015 年版，第 3—4 页。

② 唐薇、黄大刚：《追寻张光宇》，生活·读书·新知三联书店 2015 年版，第 155—156 页。

语》第 95 期刊登广告介绍《时代漫画》，指出该刊"是讽刺和幽默什志的彗星，漫画刊物中的权威。是非常时读书界的兴奋剂，治疗忧郁病的圣药"。这不是《时代漫画》的自夸，而是表明对刊物风格的向往与追求，也是刊物在读者中的基本评价。

《论语》从创刊号开始，就特别重视刊登有一定现实批判意义和幽默的漫画作品，一是将国外杂志如《笨拙》、《纽约客》等刊物中的漫画转载过来，让中国读者可以通过《论语》看到外国杂志上的漫画，《论语》的前几期几乎全是转载的漫画。二是原创漫画作品，从第 4 期开始，则开始发表有关现实社会以及各界人物的漫画。在主编鲁少飞看来，漫画是时代的反响，是社会的良心，"有不平，我们要讲话；有丑恶，我们要暴露；有战争，我们要反对"，"漫画是良心，为正义活着。为公道拿画笔是我们的天命"[1]。《时代漫画》面向读者，发表读者能看、喜欢看的漫画作品，体现着鲜明的时代特点。张光宇本人在《时代漫画》上的《民间情歌》、曹涵美的《金瓶梅全图》等作品，都是读者喜欢的美术作品，出现了叶浅予、丰子恺、张乐平、华君武、胡考、蔡若虹、黄苗子、丁聪等一批漫画家，形成了 20 世纪 30 年代中国漫画的高峰时期。尤其张光宇的漫画，题材或来自于民间歌谣，或取材于历史故事，或从古典文学中得到材料，贴近生活，贴近读者的感受，"1934 年 1 月，《民间情歌》首次在《时代漫画》创刊号上发表，连续刊载一年半，除了一次因为张光宇出访日本没有来得及交稿以外，一直持续到第十九期才停止。前后共发表有四十八幅大大小

---

① 张怡欣采访、郑辛遥谈：《〈时代漫画〉的启示》，载《生活月刊》编：《时代漫画》，广西师范大学出版社 2015 年版，第 143 页。

小的图画"[1]。

1936 年 3 月，创刊两年有余的《时代漫画》被查封，鲁少飞不得不以王敦庆的名义出版《漫画界》。6 月，《时代漫画》从第二十七期开始复刊，但此时由于种种原因，《时代漫画》受到巨大影响，而战争的迫近又为刊物的正常出版带来诸多问题，1937 年 6 月出至第 39 期后最终停刊。

---

[1] 　唐薇、黄大刚：《追寻张光宇》，生活·读书·新知三联书店 2015 年版，第 157 页。

第六章

创意《论语》，闲谈古今

《论语》半月刊，是邵洵美一生投入时间、精力和财力最大，也是影响最大、最为成功的刊物，是他编辑出版事业中最值得书写的一章。用林达祖的话说就是："他编辑、出版《论语》半月刊的时间最长，而且其出版事业最终是随着《论语》半月刊而结束的。也可以说，邵洵美与《论语》的感情最深。"①

对于《论语》的创办与发展，《论语》的编辑之一林达祖曾经说过："一般杂志，某年创刊，某年结束，简单明了，没有二话。《论语》却与众不同，创刊了，结束了，复刊了，又结束了。它是1932年创刊，1949年结束。

---

① 林达祖、林锡旦：《沪上名刊〈论语〉谈往》，上海书店出版社2008年版，第9页。

它的生命力顽强，若笼统讲，从 1932 年至 1949 年，经历了十七年；实际细算，则中间经历了抗战八年，筹备复刊又消耗了一年，实足存世八年。《论语》是半月刊，从 1932 年 9 月 16 日创刊，至 1937 年 8 月 1 日第 117 期出版，之后，因为全国抗战爆发而结束。抗战胜利之后，至 1946 年 12 月，《论语》复刊，称第 118 期，嗣后连续按期出版，至 1949 年 5 月 16 日第 177 期出版，上海解放，《论语》再次结束。……在旧中国一本杂志连续数年，出版期数前后共达 177 期，好像为数不多，或者仅仅是《论语》一家。"[①] 这是一份办刊时间最长、出版期数最多、销售数量最广，而且也有相当影响力的刊物，也是一份独具特色，以幽默著称的刊物。应当说它是中国期刊史上的骄傲，是中国出版史上的骄傲，是期刊中的典范。能够使一份刊物产生如此大的影响，为中国出版作出如此大的贡献，这其中需要创办人的眼光与智慧，需要编辑者的能力与勤勉，需要投资人的胆识与胸怀，需要有一批著名作家的关怀与支持，需要读者的认同与保护，在这其中，人们忘不了林语堂，人们也忘不了邵洵美……

一、《论语》的创刊与经历

（一）《论语》的创刊

《论语》半月刊创刊于 1932 年 9 月 16 日。关于《论语》的创办，

---

① 林达祖、林锡旦：《沪上名刊〈论语〉谈往》，上海书店出版社 2008 年版，第 18—19 页。

我们先看两位当事人的说法。

首先看林语堂的说法。林语堂是《论语》的发起人之一，第一任编辑，他在晚年的《八十自述》中说：

> "幽默"一词与中国的老词儿"滑稽"，两者常有颇多混乱之处。……我在上海办《论语》大赚其钱时，有一个印刷股东认为这个杂志应当归他所有，我说："那么，由你办吧。"我那位朋友接过去。这份杂志不久就降格而成为滑稽笑话的性质，后来也就无疾而终。我后来又办了《人间世》和《宇宙风》，同样以刊登闲适性小品文为特色——直办到抗战发生，甚至日本占领上海之后，还继续维持了一段时间。①

林语堂作为《论语》杂志的创办者、亲历者，他的回忆当然具有某种权威性。这段文字至少传达出这样几个信息，一是《论语》是林语堂创办的，这里没有提及其他创办者的名字。二是当《论语》大赚其钱的时候，"一个印刷股东"把杂志接过去了。这里所说的"印刷股东"是指邵洵美。也就是说，在《论语》创办的过程中，邵洵美只是一个"印刷股东"。三是邵洵美接过《论语》后，杂志就降格了，以至于"无疾而终"。四是林语堂在转交《论语》之后，另行创办了两个杂志，并且办的都比《论语》要好，而且长命。林语堂的回忆已经被不少学者指出有误，比如，《论语》并没有因为邵洵美接手而"无疾而终"，而是坚持到 1949 年，这要比《人间世》、《宇宙风》的办刊时间长得多。

---

① 林语堂：《八十自述》，载《林语堂文集》第 8 卷，作家出版社 1995 年版，第 369 页。

《论语》是否在这之后"就降格而成为滑稽笑话的性质"，也是可以商榷的。

再看看邵洵美的说法。邵洵美在 1947 年《论语》复刊一周年时，发表了《一年论语（编辑随笔）》，在本文的"《论语》简史"一节中说：

> 《论语》创刊于二十一年九月。最先的几期是章克标先生编辑的。后来他为了要专心撰著《文坛登龙术》，于是由孙斯鸣先生负责。到了十几期以后，方由林语堂先生来接替。这时候《论语》已日渐博得读者的爱护，销数也每期激增。林语堂先生编辑以后，又加上不少心血，《论语》便一时风行，幽默二字也成为人人的口头禅了。此后林语堂先生又与徐訏先生合编《人间世》，接着又与陶亢德先生合作《宇宙风》，为了外来的稿件不易分开，于是只得与《论语》脱离。我们便请郁达夫先生来继任编辑。不久郁达夫先生到福建去做官了，便由邵洵美约请林达祖先生合编。①

邵洵美主要是从编辑更迭的角度谈的《论语》简史，没有涉及到刊物的创办人。但在这短短的文字中，邵洵美充分肯定了林语堂的贡献，尤其是对林语堂提倡幽默与刊物的"一时风行"的叙述，是对林语堂最重要的肯定。这也是作为当时刊物编辑的邵洵美对《论语》的尊重，对在刊物创办和发展过程中作出贡献者的尊重。

林语堂和邵洵美都是《论语》不可或缺的人物，他们都是亲历者、

---

① 邵洵美：《一年论语（编辑随笔）》，《论语》1947 年第 142 期。

创办者，他们所述应该是比较可信的。但由于时间久远，有些事情可能会出现偏差也是可以理解的。

第 10 期之后，林语堂将自己的投资撤出，邵洵美成为实际上的独资人，出版发行这些具体的事务完全由他以及他的时代书店负责，而且编辑等方面的事务也逐渐转移到邵洵美身上。《论语》的发起人除了林语堂和邵洵美二人之外，还应有章克标、李青崖、全增嘏、沈有乾、林微音、张光宇兄弟，后来被邀请来参加的还有潘光旦、叶公超、陶亢德、林达祖等人。《论语》的作者并不确定，凡在刊物上发表过作品的，都是《论语》的作者，但有些是经常为《论语》写作的，有的则偶尔为之。《论语》半月刊曾登出过一个"长期撰稿员"，罗列"次序先后毫无意义"的 24 人名单：章克标、全增嘏、潘光旦、李青崖、林幽、邵洵美、郁达夫、刘英士、孙斯鸣、沈有乾、俞平伯、章川岛、章衣萍、刘半农、孙福熙、孙伏园、符蒂、赵元任、陆晶清、谢冰莹、岂凡、老舍、孟斯根、韩慕孙。这其中岂凡就是章克标的笔名，而有些人则少有给《论语》写稿，也罗列其中，有些在《论语》上面发表过作品的如沈从文、周谷城、刘大杰、蔡元培、鲁迅等，则由于种种原因没有列在上面。而据章克标回忆，以"厚黑学"的名目来概括世态人情的四川人李宗吾、著名的幽默文学的作家老向、笔名为大华烈士的简又文等，都对《论语》有很大的支持，发表过不少作品，但他们也没有在这个名单之列。

《论语》创刊的第一期除发表"论语社同人戒条"外，还发表了《缘起》，介绍创办《论语》杂志的初衷，声称"论语社同人，鉴于世道日微，人心日危，发了悲天悯人之念，办一刊物，聊抒愚见，以贡献于社会国家"，而在《编辑后记》中则又特别解释了"论语"二字的来历：

"我们同人，时常聚首谈论，论到国家大事，男女私情，又好品论人物，又好评论新著，此'论'字的来源；语，说话的意思，便是指我们的谈天，归人论字的话题以外，我们还有不少的谈话，此'语'字的来源。两字拼凑，成《论语》。"这篇出自林语堂之手的《编辑后记》，在阐释"论语"的同时，也显示了杂志的风格，给读者耳目一新的感觉。同时，时代图书公司对《论语》的出版发行从不脱期，按时出版。这一方面得益于为刊物供稿的作家尽力而为，准时提供稿件，另一方面则是邵洵美经营的时代印刷厂为刊物的出版发行提供了必要的条件，只要稿子编辑整齐，印刷厂立刻排版付印。还有一点就是邵洵美所组织的发行网络，能够让准时出版的刊物及时迅速地送到读者手中。《论语》的发行网络是全方位的、立体的，"除了论语社同人和订户由我们直接寄发外，其他就由各地代售处向读者出售。发行人员将杂志向全国发行，不是靠邮局发行的，而是靠各地的代售处"①。这种灵活的发行方式，可以使读者第一时间拿到最新出版的刊物，方便了读者的阅读，增强读者对刊物的信任度，使其在阅读到最新刊物的同时，建立起对其阅读的依赖性。对此，林达祖对《论语》的发行方式还有更具体的叙述：

> 根据《论语》早期刊物的封二上所刊登的"本刊各地代售处"，可分为三类。一是本埠，在上海本地有光华书局、现代书局、大同书局、大华杂志公司、神州国光社、作者书社、华侨公司等 27 家书局和杂志公司代售《论语》，也就是有这么多家销售

---

① 林达祖、林锡旦：《沪上名刊〈论语〉谈往》，上海书店出版社 2008 年版，第 17 页。

网点。在外埠的代售处也是各地的书局,如苏州的文怡书局、小说林书社;杭州的湖滨书局、西湖小说林;南京有花牌楼书店、现代书局、大中书局、钟山书局、正中书局、益新书局、世界书局等七家代售处;此外在江苏的无锡、常州、镇江、南通、扬州都有当地的书局代售《论语》,沪宁沿线的特别多。此外,《论语》还面向全国各大城市发行,辐射到各省的省会甚至边远地区,诸如广州、厦门、福州、重庆、成都、汉口、武昌、郑州、济南、保定、北平、烟台、天津、琼州、芜湖、太原、桂林、汕头、香港、云南等地的书局都成为《论语》的代售处,可以说覆盖了大半个中国。不仅如此,《论语》半月刊还远销南洋各地华语区,即仰光的鼎新书局、美亚公司、南洋书局;菲律宾的三元书局、中国报局、施纯之;苏鸟的友联公司;罗省的芝宁堂;新加坡的上海书局;甚至美国的大光公司都是《论语》的代售处。所以说当年的《论语》确是畅销海内外,为当时文坛上最为畅销的刊物之一。至《论语》后期,甚至扩大转销至英、美、日本等国,那是通过《论语》的热心读者自己同《论语》总发行联系后设法邮寄转销的。[①]

这在当时条件比较落后的情况下,是相当了不起的刊物发行盛况。正是依靠了完备的发行网络,《论语》才能够为更多读者所接受,有了读者的保证,才可能产生一种责任感,也就会越办越好,形成良性的循环。

---

① 林达祖、林锡旦:《沪上名刊〈论语〉谈往》,上海书店出版社2008年版,第17—18页。

　　《论语》出版一年后，林语堂退出另行创办《人间世》和《宇宙风》。有关林语堂离开《论语》的原因，各家说法不一，真真假假，无从判断，不过，这其中的经济纠纷在所难免，但林语堂也可能会有其他退出的原因，诸如编辑方针的不同、刊物风格的变化等。但无论如何，《论语》的一大摊子事都落到了邵洵美身上，由他来主持所有的事务，甚至编辑方面的事情他都要参与。

（二）"忙蜂"也会忙于编辑

　　"忙蜂"是邵洵美在《论语》等刊物发表文章时使用的笔名。蜜蜂是忙碌的，它要飞来飞去，也要忙于采蜜，只要活着，蜜蜂就会忙个不停。邵洵美以此比喻自己忙于各种事情，他既要忙于各种应酬，参加沙龙，组织花厅，还要经营他的印刷厂、书店，还要撰写各种文章，还要编辑刊物，他不仅办一种刊物，这个时期他甚至手中有多种刊物，真可谓是一只不停息的"忙蜂"。《论语》时期，这只"忙蜂"由于林语堂的退出，不得不在忙于《论语》的出版发行的同时，也充当编辑的角色。

　　邵洵美编辑《论语》始于陶亢德辞别主编之时，即 1936 年 3 月 1 日第 83 期，此前，他基本上以《论语》的创办者、出版发行者和投资人的身份出现，但林语堂离去、陶亢德辞职，邵洵美就不得不出面做编辑了。从这时到 1937 年 2 月 1 日，是邵洵美与郁达夫合编，接近一年的时间。在此期间，郁达夫因在福州任职，路途遥远，很少有时间投身于《论语》，所以，具体的编辑工作又往往是邵洵美一个人来做。从 1936 年第 91 期开始，邵洵美在《论语》增加了"编辑随笔"栏目，这个栏目是在《论语》原有的不定期的"启事"基础上改进而设的，主要向读者介绍有关编辑方面的事务和想法，介绍一些作家、编辑的行踪，或者诉说编辑的苦衷、编辑刊物的过程等，"编辑随笔"读来亲切自然，拉近了刊物与读者的距离，让读者能够更多了解编辑设立一些栏目的目的。如第 91 期的"编辑随笔"开篇就写："这一次出专号，真似乎有'鬼使神差'的样子，从征文启事到发稿日为止，总共不上十五天，但是同仁惠稿却应有尽有，而且材料多得一期（篇幅还增加了一倍）登不下；而得出上下两册。"这一期《论语》是"鬼故事专号"，发表了周作人（知堂）、施蛰存、曹聚仁、老舍、老向、章克标、曾迭、徐无鬼、陈铨、汪霞庵、灵丝、曙山、徐蔚南、林庚、邵洵美等 27 位作者的"鬼故事"，可谓是琳琅满目，不可胜收，所以编者对于各位作家的"赶写"表示谢意、敬意，"总之，这一次的文章，没有一个人不是'赶写'的。征文信发出，三天内即得附着稿子的复信，使人疑心他们都有未卜先知的本领，预先写好了等我们去征求一样"。这期鬼故事专号的"编辑随笔"也写得神鬼一般，努力给读者一种作家对"鬼"题目的兴趣、认真感受，以及写作迅速的印象。当然，编辑也可以在随笔中表示对来稿的意见，如这一期鬼故事的来稿，邵洵美就表达了一些不同的看法和期望："这次的来稿有一件事出于我们意外，那便是论说的文字多于叙述的文字；这种现象在无论哪一个编辑的眼睛里都是少见的。可知这次惠稿的，决不同于平时的酬应式的应征；每人都把每人真要说的话说出来了；同时在叙述的文字里也都有作者的真情流露着。……但是科学的鬼论，直至今天止，却一篇也没有收到。莫非持有鬼说的科学家一天到晚正在向鬼国进攻，反而不与人间通消息么？"这就给读者更多的期待，写出了编辑的设想与思路。

从邵洵美编辑《论语》的过程来看，充分表现了他的独特眼光和人格魅力。所谓眼光即他的选稿眼光，对来稿的认真筛选和准确把握。首先他把《论语》当作一个家，给作家一种回家的感觉，给读者一种家的温暖；同时，又把刊物作为一个公园，大家都可以进来看看。所以，他编辑刊物选取来稿的过程，是与作者进行密切交流和对话的过程。在第93期《论语》的"编辑随笔"中，他对投稿者说了这样几句话："投稿人对于编辑者时常有一种误会，他们总说后者选择文章有私心；他们以为陌生作者的作品是永远得不到'青睐'的。"针对一些向《论语》投稿的作者，邵洵美是非常理解他们的心情的，也明白每一位作者的苦衷和用心，所以，"其实一个'正式的'编辑者，他哪里肯让一篇好稿子轻易错过！他是无时无刻不在希望着能遇见一位生疏的天才的。第一流的东西当然难得；但是通常的投稿中，只要有一篇多少有些'创见'的，他已视同至宝了。好稿子，为无论那一个编辑者，都是一种'当前的急需'"。所以，他一方面希望作者不要迁就猜测编辑者的心思，应当保持自己的写作个性，另一方面也能理解编辑者的苦心。邵洵美负责编辑《论语》后，"读者也许早已注意到了，自从91期到现在，有许多素来不为《论语》写文章的，蒙他们都惠赐稿件；将来的《论语》，应当不再像以前那样狭隘"。好的刊物自然会吸引更多著名作家的赐稿，也会招来陌生作者的投稿，而好的稿子又促进了刊物的发展，编辑者可以有更从容的选稿空间。邵洵美把《论语》作为一个公园，是把刊物作为一个公共空间，所有人都可以进公园看看，或欣赏，或歇脚。在第94期《论语》的"编辑随笔"中说："整个的《论语》，现在也十足表现是一座'公园'了。一般老游客，不用我们声明，他们一定早已明白。编辑者也正像是公园的经理一样，每次总有许多新花样来向诸位炫耀：他的愉快那里可以形容！"一个把刊物当作"公园"的编辑，一个把刊物当作"公园"的作者，这个"公园"就是一个无论编辑、作者、读者都愿意进去的公共空间，一个开放、自由的，大家可以在里面进行讨论发言的公共空间。邵洵美正是这个公共空间的经营者、管理者。

（三）前期《论语》的其他几位编辑

1933 年第 27 期，恰逢《论语》创办一周年之际，林语堂在刊物上发表文章说："承论语社同人之托主编《论语》，安度一年，基础粗定……另有编译计划，势难兼顾。"同时，林语堂辞去主编一职，同一期《论语》发表论语社启事，对主编林语堂表示谢意，并同时宣布自第 27 期起一切有关事宜由陶亢德继续负责。第 28 期《论语》，林语堂发表了《与陶亢德书》，表达了大体同样的意思："我孕育《论语》，使之出世，鞠之育之，爱之惜之，面目粗具，五官俱全，今将有远行，交先生抚养，安能无数句叮咛语耶？人人视其文章，亦各如其血脉骨肉，今举众胎儿以托于子，又安可无数句语耶？吾不知话从何说起，惟子知其饥则哺之，寒则衣之，毋使傲慢荒嬉，亦毋使失其赤子之心天真之乐。吾知子之爱之，故以托子，吾不知话从何说起也。"①林语堂对《论语》的感情由此可见一斑。放不下《论语》的林语堂对继任者陶亢德的嘱托也可谓语重心长。一般人们认为陶亢德担任《论

---

① 林语堂：《与陶亢德书》，《论语》1933 年第 28 期。

语》主编是由于林语堂的邀请，这应当没错，但也与邹韬奋对邵洵美的推荐有很大关系。陶亢德原在邹韬奋的《生活》周刊当编辑，《生活》停刊后来帮助编辑《论语》。他于1933年9月第25期开始担任编辑，该期封底所印的即是主编林语堂、编辑陶亢德，从第27期开始，由陶亢德独自担任主编，一直到1936年2月16日的第82期。陶亢德编辑《论语》的两年时间，也是《论语》获得读者认可的全盛时期之一，他一方面继续保持林语堂的编辑特点，同时也融入了自己的风格，所以刊物风格特点在稳定中发展。正是如此，在他辞去编辑职务时，论语社非常认可他的成绩。

　　1936年2月16日，陶亢德编辑第82期后，辞去《论语》主编一职，这一期的《本刊启事》对此作了交代："本刊编辑陶亢德先生，因事务繁忙，自即期起完全脱离编辑职务。本刊自下期起由郁达夫先生主编。"继编者郁达夫从第83期开始行使编辑责任，这一期刊物封底的编辑署名变成了"邵洵美、郁达夫"，而实际上是由郁达夫具体编辑。所以这一期郁达夫发表的《继编论语的话》中说："《论语》出世的时候，第一次在邵洵美的那间客室里开会，我也是叨陪末座的一个。后来经过几次转折，编者由语堂而换了亢德，我虽不才，也时时凑过一点数，写过一点东西。但是根本就缺少幽默性的我，觉得勉强说几句话，来赶热闹，结果总像大脚姑娘坐里高低，对人对己，都是不舒服不雅观的事情，所以近一两年来，论语的文章，就绝对不再写了。"郁达夫既是《论语》创刊的策划者、参与者，又是其作者之一，写过一些作品，但却自觉认为与《论语》的格调并不一致，所以后来写的并不是太多。其实，不仅仅是如此，而是郁达夫到福州做官去了，远离了上海，也远离了文学，自然少有时间写文章。但现在邵洵美邀请他回到上海编刊物，这对他是一次新的挑战，也具有一定的诱惑性，在犹豫不决中接受了邵洵美的好意："当论语出版不久的时候，鲁迅先生有一次曾和我谈及，说办定期刊物，最难以为继的有两种，一种是诗刊，一种是像论语那么专门幽默的诗志；因为诗与幽默，都不是可以大量生产的货物，每期每期，要一定凑集多少被字数来'诗'它一下，或'幽默'它一下，势必有所不可能"，这是他犹豫的原因之一，办幽默小品类的刊物之不易早在他的预想之中。另一方面，此前林语堂和陶亢德编辑过程中，都取得了不小的成绩，获得了读者的认可，"居然能够把《论语》维持得这么长久，真才是天大的本领"，在"这种奇迹之后，要我这一个根本就缺少幽默性的笨者来规随继武，即使旁人不说，我也早晓得是不能胜任的"。《论语》在这两方面的特点，对于郁达夫来说，虽然并不算特别之处，但也算是一个挑战，"但是洵美的脾气，却又一个不肯把说话收回去的人，我虽远在千里路外的闽中，一时不及赶回上海去埋头苦干，但拉拉稿子，陈述陈述编辑的意思，或者一时来得及，也写篇把不三不四的文章的责任，想来总是不得不负的了。所以最近两三个月之内，当由洵美偏劳一下，等我从七闽回航之后，再来糨糊剪子地作文钞文简以及小丑的劳工"。其实，并不是郁达夫"根本就缺少幽默性"，而是他没有时间和精力顾得上《论语》的编辑工作，1936年第85期《论语》就曾发表"编辑部启事"，申明"郁达夫因事羁闽，约一月后方能返沪，蒙赐稿件，请直接寄交《论语》编辑部，勿写私人姓名，以免往返周折"，这说明郁达夫很少把精力放在刊物上面。这种局面维持到1937年2月16日出版第106期时，只好完全由邵洵美一个人承担刊物的编辑工作。

林达祖是协助邵洵美编辑《论语》时间比较长的一位编辑，他见证了前期《论语》的发展、辉煌及停刊，也见证了后期《论语》的复刊与停刊，应该说他是《论语》坚持时间长、读者认可度高的主要编辑者之一。对此，林锡旦曾有中肯的论述："林达祖继章克标、孙斯鸣、林语堂、陶亢德、邵洵美、郁达夫诸文坛名将主持笔阵后接任《论语》编辑，时年方二十五岁，一初出茅庐之青年耳。既任编辑，不敢懈怠。林语堂有专栏'我的话'，邵洵美有'你的话'，林达祖则辟有'他的话'专栏，在编务之余，先后撰写专栏稿，编辑随笔、述评、专号征文等238篇，成为当时幽默文学流派主要作家之一。"①林达祖编辑《论语》取得如此大的成绩，创作也取得了惊人的成绩，不能不说与邵洵美的知人善用有关，他们二人的奇遇、奇缘，也似乎只有邵洵美才会这样识人，这样用人，而似乎也只有林达祖才会敢于在时间紧迫的情况下接受这个任务，而且有才华有能力编好这个刊物。

林达祖在自己的回忆中是这样叙述这个故事的："1937年4月1日出版第109期后，时值清明期间，他要回故乡扫墓去，遂邀我来合编《论语》。我本是《论语》读者，时在上海圣约翰青年会中学教书，间向《论语》投稿，第一篇是'谈谈子路'，我去书店买《论语》，发现文章在《论语》第85期发表，但隔了好一段时间仍不见刊物和稿费寄来，于是，'兴师问罪'，发信给邵洵美，邵洵美即回信邀我去他家面晤，相谈之间，顿成知己。此刻他急于要回乡扫墓，立邀我编《论语》。急人之难，义不容辞。我遂于1937年4月16日第110期首发了我的'编辑随笔'，同时在这一期上开辟了我的专栏'他的话'，

---

① 林锡旦：《前言》，载林达祖、林锡旦：《沪上名刊〈论语〉谈往》，上海书店出版社2008年版，第3页。

这时我虚龄二十六岁实足才二十五岁。"① 林达祖是因为写信讨要样刊和稿费而与邵洵美相识，二人相见言欢，随即成为好朋友。急需人手的邵洵美遇见林达祖这样懂文学、能写作的青年自然喜出望外，而林达祖不仅满足了写文章的愿望，而且可以借编辑刊物一显身手，所谓一拍即合，也无非如此。在随后出版的第 111 期《论语》的"编辑随笔"中，邵洵美向读者作了一个告白："上星期回家扫墓，《论语》由林达祖先生编辑，在上期的'编辑随笔'里已有声明了。……达祖先生始为《论语》读者，继为《论语》投稿者，我们只见过一次面。请他合作，事先并未接洽，事后也未交代，但他编辑的成绩，实获我心。我一方面庆《论语》得人，一方面自喜平时与读者间关系的密切：编辑方针，已可心照不宣，此地是最大的证据！"可以说，林达祖是邵洵美培养、提携起来的一位年轻的编辑、作家，他与邵洵美轮流撰写"编辑随笔"，同时每期写一篇"他的话"，一直到 1937 年 8 月 1 日出版第 117 期《论语》，由于抗日战争全面爆发而不得不停刊。

二、"幽默是不会死的"

林语堂一生大力提倡幽默，他首先把英文 Humour 音译为幽默，得到了学界、读书界的承认，在他主编《论语》时期，亦把幽默作为主要的办刊方向。林达祖认为："林语堂编《论语》，大力提倡幽默。起初国人对幽默这个'词'，还不大熟悉，经《论语》连连发表文章，

---

① 林达祖、林锡旦：《沪上名刊〈论语〉谈往》，上海书店出版社 2008 年版，第 25 页。

林语堂、邵洵美、李青崖等纷纷对幽默进行解释与讨论，邵洵美搜集这些文章汇编成书，名曰《幽默解》，作为论语丛书出版，于是国人皆知幽默，成为知识分子中流行的口头语。"①林达祖既肯定了林语堂在提倡幽默中的重要作用，也指出邵洵美在这其中所做的努力。作为《论语》的编辑之一，林达祖的论述是有说服力的。邵洵美留学过英国，对英国文化有较深刻的认识，英国式的幽默以及中国传统文化中的滑稽，在他那里得到了比较好的结合，形成了他对幽默的独特理解。

1936年邵洵美接连在《论语》上发表过多篇有关幽默的文章，其中包括《一位真正的幽默作家》（《论语》第84期）、《幽默杰作百年纪念》（《论语》第88期）、《幽默真谛》（《论语》第90期）、《幽默的来踪与去迹》（《论语》第96期）等，在这些文章中，邵洵美对幽默进行了比较全面的系统的阐释。《一位真正的幽默作家》说的是英国作家林克莱脱的传记作品《璜在美国》，这部作品"有美国人活泼的感觉，有德国人细腻的情调，但是它的成功却还在英国人幽默的意味"。这也正是邵洵美介绍这部书所感兴趣的地方，这种幽默"在英国原是传统的生活调剂，没有了它，俨然的绅士态度会干燥到像根油漆的枯木。……这幽默便是《论语》一般朋友几次三番解释而始终解释不透彻的那样神秘的宝贝"。但是这个"宝贝"在林克莱脱那里表现出来了，因为他"有幽默的血统、环境、性格，他的成功决非意外的"，因为在他看来，"幽默是内在的不是外表的"，那些追求外在的东西的人、心术不正的人是没有幽默、写不出幽默文章的，"名利场

---

① 林达祖、林锡旦：《沪上名刊〈论语〉谈往》，上海书店出版社2008年版，第6页。

中的写不出幽默文章，迷信宗教的写不出幽默文章，好胜之徒写不出幽默文章，贪财的写不出幽默文章，装雅的写不出幽默文章，多疑的写不出幽默文章"①。邵洵美所罗列的这几种"写不出幽默文章"的人，与《论语社同人戒条》所遵守的几个条规是一致的，"不评论我们看不起的人；但我们所爱护的，要尽量批评"，"不破口骂人"，"不拿别人的钱，不说他人的话"，"不附庸风雅，更不附庸权贵"，"不互相标榜，反对肉麻主义"……从这个角度来看，无论林语堂还是邵洵美，在其编辑《论语》过程中，都以刊物的内涵为重，追求一种精神上的幽默，而不是外在的滑稽，追求文化上的幽默，而不仅仅是讽刺。有关这一方面，邵洵美在《论语》第 93 期的"编辑随笔"中有更明确的说明："《论语》自从林语堂先生主编以后，人都觉得《论语》是个专谈'幽默'的刊物，人又都为我们担心'幽默'的不能持久。其实'幽默'是生命的活力：有它便有生命，有生命便有它。可是它虽然没有穷尽，而大家担起心来，生命会没意思，它也因此会完结。我们思前想后便找个新题目来给生命一些活力，叫人明白'幽默'是无往而不有的。"正是对幽默的生命活力的追求，对幽默与刊物的文化内涵关系的看重，所以，"'幽默'是不会死的，正像'美'是不会死的"，只要别像那些怕美会衰败的女人那样只会"拼命涂脂抹粉"，"装出妖形怪状，讨人喜欢"，幽默就不会从《论语》里逃走的。

因此，如何在编辑中体现幽默，如何把作家的幽默文章体现为刊物的风格，是林语堂，也是邵洵美编辑风格的追求。在邵洵美主编的一段时间里，主要从以下几个方面努力保持一贯的刊物风格。

---

① 邵洵美：《一位真正的幽默作家》，《论语》1936 年第 84 期。

（一）名家名作

如果说早年邵洵美办出版社、办期刊杂志，主要依靠一些刚刚出名的青年作家的话，那么，《论语》时期，邵洵美则将注意力投向了那些文坛著名作家。在《论语》的作者队伍中，有周作人、孙伏园、孙福熙、刘半农、章克标、徐訏、沈有乾、孙斯鸣、全增嘏、李青崖、章川岛、潘光旦、林语堂、邵洵美、俞平伯、郁达夫、老舍、老向、何容等，前后为《论语》供稿者多达几十位，这其中有些是一直投稿，而有些则是偶尔为之。无论怎样，有几十位作者作为刊物的基本队伍，为刊物的正常运转提供了保障，再加上其他一些作家和自由来稿，足可以使一份半月刊在稿件来源方面不会犯愁。

20世纪30年代的周作人已经是著名的"文化老人"，他的文章平和冲淡中带有老辣的文风，于平静的叙述中蕴含着嬉笑怒骂，在谈古论今、说东道西中表达自己的思想情感。周作人在《论语》以知堂的笔名发表文章，如《谈鬼论》、《家之上下四旁》、《老人的胡闹》、《再谈油炸鬼》、《谈孟子的骂人》，这些文章有的是谈鬼说狐，有的则是借古讽今。《谈孟子的骂人》是比较有代表性的一篇，文章借孟子骂杨朱、墨翟为"无父无君，是禽兽也"说起，引经据典，指出"不佞读经史，见中国骂人名家似当以孟公为第一，所用名词如洪水猛兽，禽兽"。但他不同意用禽兽这样的名词骂人，"无论是猛禽小兽，生活都是自然的。亦即是便于生物的常道，它们与人类有些地方不同，却难得说出好坏。据我看人类也未尝没有禽兽所无的坏处"。既然人未必有禽兽一样的坏，那么，人也有不如禽兽的地方，"人间的卖淫、思想文字狱等，我曾经说过也正是禽兽所未尝有的事"。以此类推，"今以奴狗骂人，又岂当乎?"周作人在《论语》上的文章虽然数量并不算多，但有他的名字在，刊物的分量就足够重，足可以得到读者的认可。

《论语》就像是专门为老舍办的一样，其风格倾向与老舍的文风极为相近，所以老舍是较早就为《论语》写文章而且是数量较多的著名作家之一。老舍是从第4期开始在《论语》上发表作品的，《祭子路岳母文》从如何给《论语》投稿写起，说到《论语》到底要什么样的稿子，再说到投稿者到底要抱什么样的态度，当三思四思而至百思无计可施之际，想起了子路之岳母，于是作《祭子路岳母文》以投寄《论语》，并以虚拟中的与编辑之间的往来书信让读者一笑了之。从这篇文章可以看到老舍的幽默文字，或忧国忧民，或讽刺现实，或模拟生活，诙谐调侃，这也正是《论语》所期望的。与此同时，老舍本人也对《论语》提倡幽默极力赞成，他在《论语》创刊一周年所作的五言贺诗《贺论语周岁》中就说:"《论语》已周岁，国犹未全亡，苍天实惠我，放胆做流氓!"他把对国家存亡的忧虑，用幽默的方式表达出来，"放胆做流氓"也就是要幽默地对待国难世事。由于老舍与《论语》的这种一致性，他的作品大量见于《论语》，有短文，有诗歌，有小说，有论文，也有歌词。如《救国难歌》、《当幽默变成油抹》、《我的理想家庭》等，而他的长篇小说《牛天赐传》、《选民》就是首先发表在《论语》上的。1936年第97期《论语》特别刊登了《选民》的预告:"老舍先生最新创作长篇小说下期起在本刊陆续发表"，将《选民》的发表作为"《论语》五岁纪念之新贡献"，并特别刊登了老舍本人手写的介绍:"长篇定名《选民》，述说一个留学生回国后的谋职求婚。以至于吸鸦片。以济南为背景。"可见老舍的作品在《论语》多么受重视。

老向也是《论语》的重要作者。老向（1898—1968），名王焕斗，字向辰，号老向。河北省辛集市（原束鹿县）人。与老舍一起并称"二老"，为《论语》的主要作家之一，他的《元旦唆狗记》、《糖瓜祭灶》、《郊外窥井记》、《寄包裹》、《抽水机》等文章，题材广泛，通俗易懂，兼具京派文学、幽默派文学、通俗文学的特征，而又具有鲜明的个人化特征，成为《论语》杂志广为读者喜欢的作品。

全增嘏也是《论语》的重要作者，也是邵洵美创办的多种刊物的作者。全增嘏（1903—1984），浙江绍兴人。1928 年获美国哈佛大学哲学硕士学位，他既是新月派的成员，也是论语派的骨干，与温源宁、林语堂、郁达夫、邵洵美、潘光旦、林同济等来往密切。《论语》创办初期，他就在上面发表了《小顺子，珠儿，玛琍》、《废止内战的方法》、《神圣的爱与世俗的爱》，此后又发表了《关于萧老头子》、《谁是真正的中国人》等，同时他还为《论语》的"雨花"栏目撰写文章，都是一些短小精悍的文章。"雨花"上的文章大多都是他多年整理的有关幽默文选，如《红衣主教之幽默》、《科学化之德国》等，这些短文只有几十个字，多者也不过百八十字，但读来饶有趣味，他也为《论语》翻译外国的文章，如《我的养生术》、《节妇多情记》、《关于相对论》等。全增嘏的文章虽然没有他的《西洋哲学小史》等为世人所知，但也可读、耐读，是《论语》的品牌文章。

徐訏（1908—1980），浙江慈溪人，1931 年北京大学毕业后到上海从事职业创作，成为《论语》的主要撰稿人。较早发表在《论语》1933 年第 26 期上的《论文言文的好处》对文言白话的问题进行新的阐释，其他如《新年论》、《论看女人》、《女子从论》、《论中西艺术》、《论女子的衣领》、《论算命、看相、卜课之类》、《鬼戏》，被人们称之为文坛鬼才。从抗战后他为复刊的《论语》所写的《〈论语〉周年话白卷》，可以看到他对这份杂志的独特认识："我觉得《论语》这个杂志与别种杂志是不同的。它既非学术刊物，又非文艺刊物，也不是时事刊物，然开口微中，常及学术，涉笔见俏，亦带文心，引证觅据，不出时事。有趣而不肉麻，乐而不淫，讽刺而敦厚，笑人亦笑己，凡此种种都是《论语》特色，也成为《论语》空气。"[①] 正是这样，他成为经常为《论语》写稿的作家，《论语》杂志也成为文人感觉最自由的园地。

这么多著名作家喜欢《论语》，为《论语》写稿，主要在于《论语》办得好，有水平，同时又因为林语堂、邵洵美的人格魅力，他们能以宽容的态度容纳这些不同风格的作者，为他们提供"自由的园地"。在《论语》第 97 期的《编辑随笔》中，邵洵美曾有一段阐述"名家"的名言："名作家文章不一定好，好文章不一定出自名家之手，这当然是不会错的。"但是，名家也有名家的出名之处，好文章出自名家的可能性会更大。在邵洵美看来："一个名家的成名，绝少是侥幸的——成名的程度当然有高下的分别，这要视读者的趣味而定。他一定有他的成绩。同时名声也不能专靠一篇文章；他继续享受荣誉，是因为他继续的努力。同时名声的维持，和偶然受人赞赏也不同，那一定是得力于技巧方面的。……名作家在技巧上既已有了成就，此后他的文章的优劣便多半取决于内容了。名作家的坏作品便是一种技巧极完善而内容平淡的文章。"在邵洵美笔下，名作家与无名作家，名作家的坏作品与无名作家的好作品，名作家的好作品与无名作家的不好的作品，得到了比较客观的分析。在他看来，

---

① 徐讦：《论语周年话白卷》，《论语》1947 年第 142 期。

名作家写出好作品的成功概率要比无名作家大得多，而且，名作家比无名作家还多了一个优势，"那便是为了某种心理的作用，名声的确有时可以遮蔽内容的弱点"。因此，一个刊物要办得读者愿意读，不仅要有好的内容，而且也要有名声大的作家的好作品，或者有名作家的一般作品。与此同时，名作家较之无名作家更能写出幽默的作品，他们在心态上、创作方法上、创作内容上，都具备了幽默的本领和条件。邵洵美也是看好了这些名家的这方面的特点，所以《论语》有无名作家的好作品，但更看重名作家给刊物提供作品，建立了一个长期为刊物撰稿的名作家名单，在向读者宣布刊物强大阵容的同时，也将这些作家悉数作为论语社的同人，为《论语》的进一步发展奠定了基础。

（二）集古今中外幽默故事

《论语》除了名作家和无名作家创作的作品外，还非常重视从古代和外国幽默故事中，选登可读性强的作品。《论语》从一开始就开辟了"雨花"栏目，专门发表一些幽默故事。这些故事有些是当下的，有些则是古代或外国的，故事简短，内容精练，语言活泼，可读性强，这些小故事既有体现作家的智慧，又为读者提供了必要的阅读材料。如1932年第5期《论语》中的"雨花"七则小故事，有的是改编于当代新闻，有的则是改编于古代或外国流传的故事。如"语"（林语堂）写的《颜任光之幽默》，只讲述了一个人物的小故事："新任交通部电政司司长颜任光为人短小精悍。报上发表消息以后，有新闻记者问他履历。颜司长说：我没有履历。记者又请他发表谈话，颜氏说：我不会谈话。最后记者以刊登照片请，颜说：我太难看。由是我们推知颜氏颇有大才，兼有宋朝之佞与祝鮀之美。"短文写的是新任交通部电政司司长颜任光之幽默，其实文章本身也是幽默的，在不动声色中点出了颜任光所做、所说都是幽默的。同期"雨花"也发表了"堠"（全增嘏）的一则《日本外交家之语言学》，说的是一个外交语言学上的故事："据说，有一次日内瓦国联开大会的时期，有一个日本代表演说了两个多钟头。他说完后，就有法国某代表立起来，请求他把刚才的日文演说翻译成英文或法文，使大家好领会其中的奥妙。日代表面红筋涨的用英文回答道：'I have just spoken in French!'（"我刚才讲的就是法文！"）"这种语言上的幽默对参加国联大会的日本代表和法国代表都是绝妙的讽刺，而日本代表在回答法国代表的问题时，竟然"面红筋涨"，而听了两个多钟头的法国代表竟然没听出日本代表的演讲用的就是法文。这其中的反讽起到了意想不到的艺术效果。

邵洵美主编《论语》后，保留了早期的"雨花"栏目，依然通过一些短小的幽默故事或片段来提供给读者阅读了大块的文章后再有一个轻松解闷的轻阅读。如第95、96期的"雨花"发表了几则短小的故事，如戴季陶、林森、谢六逸、张之洞、邓少琴、法师等的故事，以人物自身的矛盾或语言的冲突，表现生活或社会上的幽默之处。第99期《论语》上"会涛"讲述一个这样的故事："辜鸿发曾与美国女子解释妾字为立女，云妾者手靠也，供男子倦时之用耳。女驳曰：'岂有此理？如此说，女子倦时，又何尝不可将男子做手靠？男子既可多妾多手靠，女子何以不可多夫乎？'言毕甚为得意，以为辜辞穷理屈矣。不意辜回答云：'否否！汝曾见一个茶壶配四个茶杯，但世上岂有一个茶杯配四个茶壶者乎?’”这个诡辩式的幽默从一个侧面写出了辜鸿铭的才华和狡辩，但也不失为一个可读的幽默故事。

另一个"幽默文选"则是专门发表古代幽默短文的栏目，这些文选或出于《世说新语》，或出于某一古代名人，有的短小，几十个字，百十个字，有的则是较长的篇幅，多则千余字，或几百字。如第3期中龚自珍的《说京师翠微山》，第4期龚自珍的《论私》，第5期李太白的《草书歌行》、《笑歌行》、《悲歌行》，第71、72期由凡渔辑的《明人幽默辑》都是几百字或百十个字的小短文，每篇文章叙述一个幽默故事，或者有关幽默的一些文字，从古代各种文集中选取出来，与现代文章同时刊登，有一种特别的阅读趣味。

邵洵美主编《论语》后，"幽默文选"虽然不再作为单独的栏目出现，但选载的古代幽默文章或幽默故事，仍然占据了刊物的重要篇幅，如徐中玉在《论语》上发表的《袁才子的妙喻》、莫名的《读书杂记》等，都是此类文章的选段或故事改编。

其实，这些"雨花"或"幽默文选"，并不是《论语》的主打栏目，但这些栏目却从某种意义上补充了《论语》的不足，这些小短文、小故事能够给人以会心的一笑，为那些长篇小说、长篇大论等文体作了不可缺少的补白。

（三）封面与卡吞的艺术价值

《论语》的成功不仅在于它所发表的各种作品，文章、诗、小说、故事、论文等都是支持刊物的重要材料。同时，不应该忽视的是刊物在封面设计、刊物装帧以及美术插图等方面的成功。邵洵美作为一位唯美主义的诗人、出版家，他在追求刊物的美观、可读的同时，也追求刊物装帧设计的美。

《论语》的艺术设计一直是曹涵美。曹涵美原名张美宇，江苏无锡人，与张光宇、张正宇是同胞兄弟，因其外婆家无子，张美宇过继给外婆家曹氏，改名曹臻庠。张家三杰都是中国现代漫画界的奇才。老大张光宇曾在《世界画报》、《上海漫画》、《时代》画报等现代著名画报画漫画。张正宇一度为《论语》的发行人，曾与长兄张光宇创办《时代漫画》、《时代》画报、《独立画报》等画刊。曹涵美是张家老二，从小喜欢美术，1919 年起以曹涵美为笔名向一些报刊投稿。据林达祖回忆，"1930 年，由其弟张正宇介绍与邵洵美认识，进邵洵美开办的新月书店任经理，负责发行新文艺刊物。1932 年，他们兄弟三个与邵洵美合作办上海时代图书公司，曹涵美担任会计兼美术编辑，一起出版《时代》画报、《时代漫画》、《时代电影》、《论语》等刊物"①。

曹涵美是《论语》的艺术设计，主要是封面设计。《论语》的封面风格多样，变化多端，或用人物漫画像，或是其他漫画，或是编辑书写的名人名句，但无论何种方式的封面，与当期的刊物协调一致。这些由曹涵美设计的封面多带有漫画的特征，即使封面上没有漫画，也会给人以轻松幽默的感觉。内容的编辑排版也多是由曹涵美负责，"《论语》半月刊中其他标题、版式、插图，还有许多卡通漫画，文章有长有短，都由涵美去具体安置了"②。

---

① 林达祖、林锡旦：《沪上名刊〈论语〉谈往》，上海书店出版社 2008 年版，第 121 页。
② 林达祖、林锡旦：《沪上名刊〈论语〉谈往》，上海书店出版社 2008 年版，第 125 页。

曹涵美除了为《论语》设计封面和版式编排以外，还在上面作了大量插图，最有影响的要算是他画的《儒林外史》的漫画及图解。作品以漫画的方式表现《儒林外史》中的故事，一共42幅图解，在《论语》上连载了一年的时间。《儒林外史》是连续性的图画，但它又不同于连环画，它采用的是上图下文，图文并重，文字基本上就是《儒林外史》的原文，而插图则是曹涵美的手绘，插图是对文字的图解，文字则是对图的说明，上下对照，相得益彰。

《论语》上的幽默卡吞是刊物的点睛之笔，丰富了刊物的内容与形式。邵洵美编辑《论语》时期，以更突出的位置登载幽默卡吞。所谓卡吞就是卡通或漫画，当时《论语》发表的漫画大多采用了卡吞代替卡通，或者也采用漫画的名称。刊物几乎每期都配有若干幅鲁少飞、陈浩雄、曹涵美、屠龙坦、方恬等画家的卡吞画，立意新颖，讽刺幽默，深为读者所喜爱。这些卡吞画不仅幽默、形象，而且能够针对时事，大胆评说，有的讽刺现实，有的讽刺社会，有的讽刺大学生，而有的讽刺政府官员，各种类型，不一而足。第91期上的宣文杰作的《无眼鬼》，是配合这一期"鬼故事专号"而作的，卡吞画一"无眼鬼"行走于世，说明文字对这幅图作了说明："此公专拾阳世冤字鬼，凡无端受刑，有意被删，均可一手办理，从无延误。（再此人眉目已无，惟生活仍如常，均可告慰云。）"同期还有钱化佛作的《钟馗役鬼》和几幅《鬼趣图》。《钟馗役鬼》是一幅扇面漫画，由钟馗捉鬼而改为役鬼，一字之变，内容会改，画的是鬼，讽刺的则是现实。黄尧的《鬼天鬼地》从大元帅到救国军再到小头鬼汉奸，从省主席到搜刮民脂民膏无常鬼，从色痨鬼到吊死鬼，从银行行长到饿死鬼，画出了鬼天鬼地中的几类不同的鬼，而这些鬼无疑都是现实社会中的典型。鲁少飞的《新鬼趣图》与艾中信作的《首相的办公室里有许多颗骷髅给他挑选作为装饰品》相映成趣，画出了人与鬼的关系。第 100 期是"家的专号"，配合家的专号而出现的卡吞则主要以家庭为主，如陈浩雄作的《他："我的花园太小了！"》，画的一边是居住在豪华别墅里的"他"，还嫌自己的花园太小了，而另一边则是低矮狭小的房子里面挤满了人，对照之中，看到了不同的家，不同的人生。王君慧作的《画我的家庭》画出了父母及兄弟姐妹的不同生活状态，而在许超然的《一个大家庭的透视》中则看到了"幸福的家庭总是相似的，不幸的家庭各有各的不幸"，一个大家庭也是一个小社会。

三、专号策略与刊物魅力

出版专号也是《论语》编辑策划成功的案例。

第 100 期"家的专号"中有邵洵美谈专号的一段文字："我们编专号的确编出兴趣来了：一半因为读者都写信要说，我们的专号的确和'卖野人头'的不同；一半又因为作者方面都特别肯合作。编专号的难，是在出题目。题目出好了，作者倒总会寄好文章来。我们至少可以偷几天闲。第二个难，便是选文章了，每篇文章，我们总要反复看几遍；但是最后评定的权威，我们是诚恳地让给读者的。"不仅是"编出兴趣来了"，而且是编出经验来了，编出故事来了，也编出读者的兴趣来了。

《论语》第一次出版专号是萧伯纳来华时出版的 1933 年第 12 期。

《论语》是声称"不附庸风雅，更不附庸权贵"①的刊物，但却首先为萧伯纳的到来专门出版专号，这是刊物的第一次，也是其他期刊所不常见的。萧伯纳是爱尔兰著名作家，1925年因其作品具有理想主义和人道主义而获诺贝尔文学奖。胡适在1916年12月《新青年》上的《藏晖室札记》中曾写道："自伊卜生（Ibsen）以来，欧洲戏剧巨子多重社会剧，又名'问题剧'（Problem Play），以其每剧意在讨论今日社会重要之问题也。业此最著者，在昔有伊卜生（挪威人），今死矣，今日名手在德为赫氏，在英为萧伯纳氏（Bernard Shaw），在法为白里而氏。"1921年，中国话剧运动史上的一个重大事件就是萧伯纳的剧作《华伦夫人的职业》在上海上演，1933年萧伯纳乘英国"皇后号"大船周游世界，2月12日到香港，17日到上海。上午在宋庆龄家中开会并共进午餐，下午国际笔会中国分会特意邀请萧伯纳到笔会活动，蔡元培、林语堂、鲁迅、梅兰芳、邵洵美等出席了这次总共20分钟的笔会活动，邵洵美还代表国际笔会中国分会送给萧伯纳两件礼物。1933年3月1日出版的《论语》第12期就成为"萧伯纳游华专号"，该期专号发表了经由宋庆龄过目并亲手修订的《萧伯纳过沪谈话记》（镜涵）、《萧伯纳颇有老当益壮的感想》（蔡元培）、《谁的矛盾》（鲁迅）、《我也总算见过他了》（洵美）、《关于萧瑟老头子》（全增嘏）、《水乎水乎洋洋盈耳》（林语堂）等，并刊发了一张萧伯纳与蔡元培等人的合影。"萧伯纳游华专号"取得了巨大的成功，就连一向不太说好话的鲁迅，也禁不住说起了《论语》的好话，认为"每月说出两本'幽默'来，倒未免有些'幽默'的气息"的《论

---

① 论语社：《论语社同人戒条》，《论语》1932年第3期。

语》，所办的"'萧的专号'是好的"，因为"它发表了别处不肯发表的文章，揭穿了别处故意颠倒的谈话，至今还使名士不平，小官怀恨，连吃饭睡觉的时候都会记得起来。憎恨之久，憎恶者之多，就是效力之大的证据"①。

"萧伯纳游华专号"的成功对办刊人是一个很大的鼓励，也受到了启发，1933 年 9 月 16 日出版的第 25 期《论语》，自然就成为了"周年纪念号"，1934 年元旦又出版了"阳历新年专号"，1934 年 9 月 16 日出版的《论语》再出"两周年纪念特大号"，此后又分别出版过"西洋幽默专号"、"中国幽默专号"、"现代教育专号"。其中的两期幽默专号是专门讨论幽默问题的，从东西方对幽默的不同文化态度以及不同论述，多方面表现了幽默的不同特点。林语堂在第 56 期"西洋幽默专号"所作的《跋西洋幽默专号》中说："据亢德说，本刊阴历新年要来一中国幽默专号，那么在阳历新年出一西洋幽默专号，做个幌子，护身符，可谓用意甚佳。"邵洵美接任《论语》主编后，在短短的时间内接连出版过"鬼故事专号"、"家的专号"等，以出版专号的方式带动了《论语》的持续火热的发展态势。"鬼故事专号"出版于 1936 年第 91 期，是邵洵美主编的第一个专号。这个专号从征稿到出版，仅仅用了半个月的时间，但由于题材新颖，有故事，有观点，有内容，有趣味，也由于鬼远离人的生活世界，任何人都可以知道而又可以不知道的神鬼世界，所以写起来也容易一些，不仅收到的稿子迅速，而且数量多，谈鬼说狐，论鬼说事，各种鬼的故事、鬼的话题、鬼的漫画，使这一期刊物成为"鬼"的世界，周作人、老舍、老向、

---

① 鲁迅：《"论语一年"》，《鲁迅全集》第 4 卷，人民文学出版社 1981 年版，第 567—568 页。

宋春舫、曹聚仁、章克标、陈铨、林庚等新老作家同时登台，为这个鬼的世界增添了不少好的材料。第 92 期《论语》仍然是"鬼故事专号"，刊登了第 91 期"鬼故事专号"没有来得及刊发的有关鬼故事的文章，丰子恺、梁实秋、李金发、许钦文、毕树棠等著名作家悉数登场，继续演绎鬼的故事。这种专号的影响力甚至都渗透在后来的一些作者的投稿中，如第 93 期的王心正的《谈闹鬼》以及屠龙坦和桃叶的有关鬼的漫画，第 94 期伯上的《见鬼》等。"家的专号"作为第 100 期出版的专号，带有一定的纪念意义，人们谈论的既是家的事情、家的话题，也是把《论语》视为自己的家。在第 96 期的出版预告中邵洵美曾做过说明："我们预定要出一个特大号，为他祝寿，题目也已定了'家的专号'，心想用这一个题目来纪念生日，是再好也没有；新家，老家，有家，无家，都是极好的题材；我们从此希望《论语》将来长大了，成家立业或是离家谋生有个借镜。"在第 100 期"家的专号"当期，邵洵美两次对"家"作了解释，并期望从这一期的专号中，通过人和家的关系看到人对一切的关系。

后来《论语》出版的"灯的专号"、"癖好专号"、"病的专号"、"睡的专号"、"逃难专号"等，越到抗战胜利后复刊的《论语》，出版的专号越多、越集中，不仅编辑想方设法找专号的题目，甚至也动员读者提供专号的题目。据林达祖统计，"如果包括'周年纪念号'、'复刊号'在内，《论语》半月刊先后共计出版过 22 期专号，占全部《论语》177 期的 12% 强"①。在现代期刊出版史上，刊物出版专号之多，可能无人能比。

---

① 林达祖、林锡旦：《沪上名刊〈论语〉谈往》，上海书店出版社 2008 年版，第 230 页。

四、编读往来中的文化期望

《论语》创刊的第一期曾有"编辑后记",但并没有形成一个稳定的栏目发表编辑的感想。"我的话"是林语堂设立的一个栏目,主要发表主编对于时事、社会、人生的一些感言。邵洵美于1936年7月1日第91期开始,每期增设了"编辑随笔"栏目,专门发表主编对于组稿、编辑、作家、稿件的有关感想。第94期开始又增设了"你的话"专栏。邵洵美是写作"编辑随笔"及"你的话"非常勤勉的一位编辑,几乎每期必写,有话要说就要通过"编辑随笔"向读者交代出来,即使后来林达祖接过编辑的责任,"你的话"改为"他的话",由林达祖担任写作,其他"编辑随笔"除第110期刊物是由林达祖撰写"编辑随笔"外,仍由邵洵美担任。"编辑随笔"与"你的话"分工有所不同,"你的话"题材比较宽泛,有关文学艺术、时事政治都可以成为"你的话"要说的,邵洵美为此写过《幽默的来踪与去迹》、《和议不屈》、《南京的新建筑》、《飞机到哪里去了》、《痛苦的情侣》、《阴历难废论》等,这些文章大多体现了《论语》的幽默文风,以轻松、调侃的语气来批评时政、讽刺某些不正常的社会现象。

1937年2月16日的《论语》第106期开始,由邵洵美独自编辑,一直到4月1日的第109期,第110期后邵洵美请来林达祖合编,此后又是17期,到8月1日出版第117期后,因为抗日战争爆发而结束了前期《论语》的出版。从邵洵美与郁达夫合编到与林达祖合编《论语》,前后一年半的时间,邵洵美的主要精力都投入到了编辑工作，写"编辑随笔"、"你的话"等，这对于"忙蜂"来说的确是忙。王京芳在研究邵洵美这一时期编辑《论语》的成就与特点时说："邵洵美在《论语》里有两个专栏：'你的话'和'编辑随笔'，在这两个专栏里，他写了大量的批评文章，所谈主要为两方面：政治与文艺。这恰好对应邵洵美的两个角色——政论家和诗人。"①这里总结出了邵洵美所关注的重点，也是他人生中两个主要角色在编辑刊物方面的表现。不过，在邵洵美的"你的话"和"编辑随笔"中，又不仅仅是这两个角色的互换，而且也有一位独具眼光的编辑家和出版家的策略与情怀。在第92期的"编辑随笔"中，邵洵美曾谈到刊物的一个重大"变动"："那便是我们已不再用简字了。本来改用简字是一件很幽默的事情，最大的证据是提倡简字的林语堂先生自己的杂志《宇宙风》里并不用简字，所以我们也决意免除写作者，排字者和校对者的麻烦了。原来简字最大的目的是希求得到写作者的便利，所以当时赞同的不过是一部分作文章的人。中国文字艰难，乃是根本上的问题，简字至多是表面的通融的办法。现在有人主张用拉丁拼音，其成效如何我们不管，其理论却是绝对彻底的。"简字在1930年代的报刊并不通行，但林语堂曾为了写作以及他发明中文打字机的需要而提倡简字，这种简字也曾在《论语》上试行过，但效果并不理想，反而带来了许多麻烦。邵洵美再次弃用简字，而且视简字是一件很幽默的事情。这种改变也并非他一时心血来潮，而是经过实践后再得出的结论，或者说他出于对中国文化的思考，对现代印刷出版的研究而获得的一种启发。

———————

①　王京芳：《邵洵美：出版界的堂·吉诃德》，广东教育出版社2012年版，第163—164页。

一个编辑的编辑思想，他在刊物编辑过程中审美倾向、文化立场，都可以在"编辑随笔"或者"后记"中看到眉目。1937 年第 108 期《论语》的"编辑随笔"中，邵洵美特意对这一问题进行过讨论，他从《论语》的版权页中改"编辑"为"文字编读"这一出版界的一个新名词的解释出发，进一步讨论了"编辑"、"读者"、"读编"的关系，由此我们可以看到邵洵美在编辑方面的文化追求：

> 因为我们希望一个编者不要把寄来的文章，看看作者的名字，看看题目，再约略看看内容，便把来"编辑"起来。一个"编者"同时须得有"读者"一样的忍耐和诚心，他须和读者一般也能有欣赏每一篇文章的机会。所以我们把"编辑"改为"编读"了。
>
> 最大的证明是《论语》的编辑方法，假使留心一下的会看出来，是有它最严密的组织与系统的；一本《论语》，在编者的心目中是一篇文章，它给予读者的力量是一个整个的声音。这是一种集团的表现。一个编者不仅以把许多文章"编辑"在一起便可满意，他还得"读"，还得"读"出神来。

所以，邵洵美期望每一位编辑都能成为"编读"，而每一位读者则能够成为"读编"。这里实际上是把编者与读者放在同一水平线上，体现了编者对读者应有的尊重，读者要"读"，编辑同样也要"读"。这样才有可能编辑更好的刊物，也能更好地体现出读者对刊物的期望。

第 112 期到因抗战爆发而停刊的第 117 期也是如此，体现了编辑对刊物的独特理解和对读者的尊重。在第 112 期的"编辑随笔"中，邵洵美谈到了一位"读编"张先生的来信，认为既然《论语》把"编辑"改为"编读"，那么"编辑随笔"也应当改为"编读随笔"，这是尊重了"读编"的意见，让读者看到编者的意图，编者能够知道读者的态度和意向，也让读者明白其他读者的意图，那么，这类"编辑随笔"也就成为了在"编"与"读"之间架起的一座桥梁。

第七章

自由论谭，文化抗战

1937 年 8 月，上海遭受日本军队陆海空三军的猛烈攻击，中国军队进行英勇抗击，进行了历时三个月的淞沪会战。11 月，上海失守，上海租界成为孤岛。

上海的出版业在淞沪抗战中，蒙受重大损失，"在这种大动荡的情况下，以上海为中心的我国现代出版业，一方面损失惨重，必须收拾残局，一方面又不得不及时筹措，向后方实行大迁移、大变动"[①]。从上海的出版社情况来看，在经过了一个时期的艰难困苦之后，一些出版社依靠"孤岛"的有利条件，坚持图书出版，如商务印书馆在"八一三"后将大部分机

[①]　张定华等：《中国抗日战争时期大后方出版史》，重庆出版社 1999 年版，第 39 页。

器、纸张、书籍运到租界中。中华书局则将留在上海的中华书局印刷厂改为美商永宁公司，以与美国商人合资的名义经营。这两大出版社的行动基本代表了抗战爆发后上海出版机构的动向，他们以文化抗战的出版活动，构成了抗战时期中国文化的一道奇观。另一方面，一些出版机构和一大批新闻出版人不得不迁往内地，以躲避战争的炮火。一些出版社先以武汉为中心，重整旗鼓，形成了1937年12月到1938年10月间武汉出版的热闹局面。南京失守后，随着中央政府迁往武汉，生活书店、读书出版社、新知书店、上海杂志公司等也随之迁往武汉，邹韬奋、张静庐、钱端俊、郭沫若、柳亚子等一批文化名人、出版要人也来到武汉。1938年10月，随着日军占领广州、武汉后，国民政府不得不迁移到重庆，"重庆不仅成为战时中国的政治、经济、文化中心，亦为全国出版中心"，商务印书馆、中华书局、北新书局、开明图书局、世界书局、大东书局、生活书店、新知书店、正中书局等一批知名出版机构集中到了重庆，据统计，抗战后1942年的重庆，"有书店145家、印刷厂131家，出版图书1292种，期刊220种。重庆出版事业得到很大发展，并向大后方西南各地辐射、延伸"①。这种局面一直持续到抗日战争结束，中国文化的版图才出现了新的变化。

一、孤岛时期的文化坚守

抗日战争时期，邵洵美的情形与其他文化界人士基本差不多，生

---

① 张定华等：《中国抗日战争时期大后方出版史》，重庆出版社1999年版，第117页。

活处于极度的紧张、慌乱之中，8月，日军占领了杨树浦，邵洵美急忙连夜逃出他居住的麦克利克路徐园，逃到辣斐德路桃源邨妹妹邵云芝家躲避，但由于妹妹家地方狭小，又吵又乱，无法安心写作，所以，在他的美国情人项美丽帮助下，又搬迁到麦尼尼路的一个回国度假的美国人的住宅中，在这里居住了半年时间，最后再迁往霞飞路1802弄。项美丽就居住在霞飞路1826弄，项美丽所住的这座洋房的后弄堂里，就是邵洵美那幢二层楼的花园小洋房。有关这座小洋房的格局，邵洵美曾在《一年在上海》一文中有过描述："一共是二三十所一式的小洋房，每宅前面有一片小草地，房子比草地更小。依照中国的习惯，这种房子至多只能算两上两下，况且开间还要大得多。这里楼上有三个卧室，小得和平常的亭子间一般。楼下是饭厅和会客室，已打通成一间。后面有两个小房间，像是两口厨，作为给佣人睡的，可是连放箱子都会嫌太闷。蜜姬曾为我们从杨树浦搬出了一部分的桌子椅子，哪知便连这一些家具，已经挤得使人不容易走动了。我们把一个卧室给了三妹和她的小孩；一个给自己的几个小孩和他们的女佣；还有一个给我的大儿子和两个上了学的女儿；老婆和我便只能睡在楼下的饭厅里了。我们在正中挂了个幕帏，靠外面的一半便做了饭厅和会客室。"居住在狭小拥挤的房子里，要想安静地写作，回到邵洵美热爱的事业上去，是非常不现实的事情，"看情形，我将永远没有机会再做什么文静的工作了"[①]，不过，聪明能干的盛佩玉，为了丈夫的工作，还是把阳台改造成了小书房，使邵洵美能够在战争的硝烟中，利用闲暇的时间，在这狭小的空间里

---

① 邵洵美：《一年在上海》，《儒林新史》，上海书店出版社2012年版，第152—153页。

写出了几篇论诗、时事的文章。

（一）搬运印刷机

邵洵美一家与其他中国人一样，生活在不安与动荡的战争年代，经济来源没有了，印刷出版受到冲击，生活上也出现了困难。据盛佩玉回忆，这一时期"日寇进犯逃难忙"，连续几次搬家，最后安定下来的这座洋房成为邵洵美一家"最后的住宅"，虽然安顿了一家人，但其中的痛苦难以言尽。

这时期，邵洵美一家为了生活，不得不依靠典当首饰等物品维持生活，"家中毫无收入，周转就得上当铺，最贵重的首饰已入了典当，本来总是要赎回来的，现在哪来这笔周转的钱？况且有一定期限，到期不赎还得付清利息，否则东西没收"[①]。为了摆脱困难的局面，邵洵美开始与项美丽合作写文章，以稿费度日。

最重要的则是影写版印刷机。

即使局势再紧张，压力再大，邵洵美也无法忘却自己的工作，不能没有自己的事业，"我十几年来只是经营着出版事业，还有过一个印刷所，从五年前起，便天天受到破产的威胁"，而当战争来的时候，这种破产的威胁就变成了现实，"我有我的印刷所与出版部。我的印刷所在杨树浦，住宅也在杨树浦，既然战事一定发生，那么，杨树浦一定会变成危险区域，迁移实不容迟缓"。为了能够保住自己的印刷厂，尤其是那台德国产的影写版印刷机，他想尽了种种办法，但

---

① 盛佩玉：《盛氏家族·邵洵美与我》，人民文学出版社 2004 年版，第 203 页。

是，"这个时候，我已无力经营出版，有人把责任负去了；印刷所的盈余只够大家的生活费：厂中无存款，自己也没有储蓄，搬场要很多钱"①。这一些现实的问题，都在困扰着邵洵美。但无论怎样，保住印刷机，并搬移到安全的地方，这是他首要的任务。邵洵美本人未必能有这样清醒的认识，他的夫人盛佩玉则很明白地看到了这一点："洵美是个书呆子，我必须提醒他，我说：'我们的财物也只是这台印刷机了，何不托人把它搬出来。就是厂不能再开的话，有句俗话说，穷、穷、穷还有三担铜。杨树浦现在中国人进不去，那里属于英租界，是否可托外国朋友想想办法？'我这一说启发了洵美的思路，也便动了请密姬帮忙的念头。"②密姬就是项美丽，项美丽认识的人多，又是美国人，在上海，她有一定的活动空间。很快，项美丽帮助找到了巡捕房里的洋领头，并由这位洋领头找到了几个俄国机械工人，再加上原来厂里的工人，一起将印刷机拆卸下来，一点一点地搬运到项美丽居住地方的附近，算是转移并保住了这台昂贵的印刷机器。但是，邵洵美居住在妹妹家，距离印刷机厂房比较远，各方面都不方便，所以，搬运完印刷机后，他们全家不得不再次搬到新的住处。

为了保护印刷机，这时我们也就再一次搬家，搬到了离印刷机最近的淮海中路 1754 弄 17 号。全弄堂三十宅房子，唯有这宅空着，像是命里该派就的。我们好比鸟儿一样，临时筑巢在树上。一旦寒风吹、暴雨打，难以安息了，窝就搬来搬去。逃难到苏州河南面，就搬了三次家，从桃源村到麦尼尼路，再

---

① 邵洵美：《一年在上海》，《儒林新史》，上海书店出版社 2012 年版，第 121—123 页。
② 盛佩玉：《盛氏家族·邵洵美与我》，人民文学出版社 2004 年版，第 204 页。

到淮海路，洵美说这是一种波浪式的流浪生活。而这次搬到1754弄17号，哪知一住就住了三十年！就在这宅旧而小的房子里，我尝到了甜、酸、苦、辣，领略了盛、败、兴、衰，一言难尽的悲惨情景。①

再次搬家是为了印刷机，但在当时条件下，搬一次家谈何容易，大小家口，各种财物，还要冒着各种风险。印刷机搬运出来了，还要租房子安装，尽管安装起来也没有多少用场，但还是要组装起来。这一切都完成了，邵家又折腾进去不少钱财，花费不少气力。

（二）还是忘不了书

对一个一生与书打交道的人来说，无论身处何处，无论处境多么艰难，都是忘不了书和与书相关的事情。在女儿邵绡红的回忆中，邵洵美在战时仍然放不下读书："书是爸爸的最爱，是无时无刻不陪伴他的好友，书桌边，床架上，枕头旁随手可以摸到一本。也像好友一样，爸爸熟知它们的行踪，他时常叫我去楼下大书架'第 × 排，第 × 本'找来他要的某本书。在书桌前他时常一坐几个钟头，但他最喜欢的读书姿势是躺着靠在枕上，吸着香烟读。于是衣裳上、被单上就有一个烟灰烫的细小的孔，有一次甚至把棉花胎都烧着，差一点失火。爸爸沉迷在书报里，八口之家全仗妈妈柔弱的肩头支撑。"②买书、藏书、读书，这是读书人的爱好。邵洵美在《儒林新史》中晒过一批书，其

---

① 盛佩玉：《盛氏家族·邵洵美与我》，人民文学出版社 2004 年版，第 205 页。
② 邵绡红：《天生的诗人——我的爸爸邵洵美》，上海人民出版社 2015 年版，第 242 页。

中的几部明代手抄本，为清代乾隆时淮安山阳大学问家阮葵生生前珍藏过，颇为珍贵。但是，在战争环境中，这些书却因为地方狭小而无处收藏，也无心把玩。读书是读书人的本性，也是读书人的逃避，这是邵洵美的本性。战争时期无事可做，以书消遣，打发时光，驱除痛苦与无聊，这是他所找到的一种生活方式。不过，兵荒马乱的时代，邵洵美无处可以逃避，为了生计问题，他不得不考虑如何度过那些大大小小一家人必须要面对的日子。"我的东西完全打光了，没有钱当然不能办杂志；靠写文章是不能生活的；除了出版又没有别种生意经验；做工一则没有力气，二则养不活这一家人；便说是去投军，立时立刻也不配上前线，从小兵到长官，从放枪到发号令，一件件都得学习起来。写文章人除了写文章，真是一些没有别的用处，我到今天才相信了这句话，明白了这句话的重要。"①

邵洵美也会给几家报刊写文章，除了自己创办的《自由谭》几乎每期都有他的文章外，也给《天下》、《永安月刊》、《中美日报》、《大英夜报》、《纯文艺》、《南风》、《宇宙风》等刊物写文章。这个时期，邵洵美因为没有多少编辑出版的业务，把精力大多投入到了写作中，一天可以写作十几个小时，他写作的文章以宣传抗战、报道我国的抗战进展情况为主，同时也向海内外的读者介绍国外反法西斯战争的情况，介绍国外文艺界的动态等。1938 年 11 月 1 日创刊的《中美日报》是一份由美国罗斯福出版公司出版发行的一份报纸，聘请在沪经营药业的美籍商人施高德为发行人，总编辑先后为杨勋民（原为盐务稽查所负责人）、查修（交通大学图书馆主任），有《集纳》、《堡垒》、《艺林》

---

① 邵洵美：《一年在上海》，《儒林新史》，上海书店出版社 2012 年版，第 145 页。

邵洵美设计的个人肖像藏书票

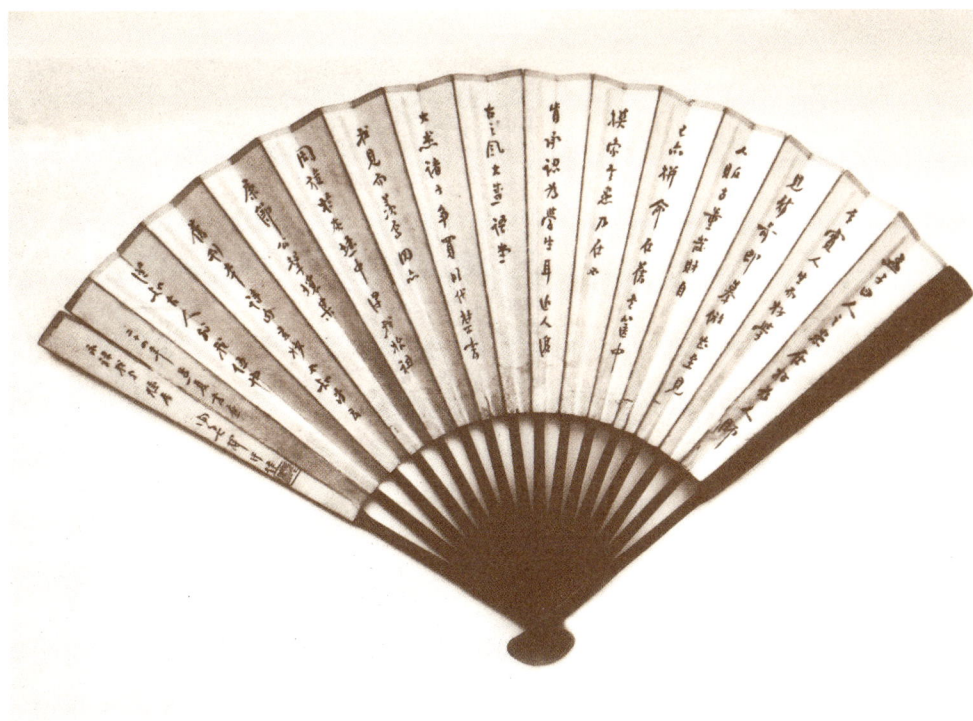

邵洵美题写的扇面

邵洵美参与创办
的刊物:《诗刊》

邵洵美参与创办的刊
物:《时代画报》

邵洵美参与创
办的刊物:《自由谭》

邵洵美参与创办
的刊物:《声色画报》

时代图书公司的出
版物:《幽默解》

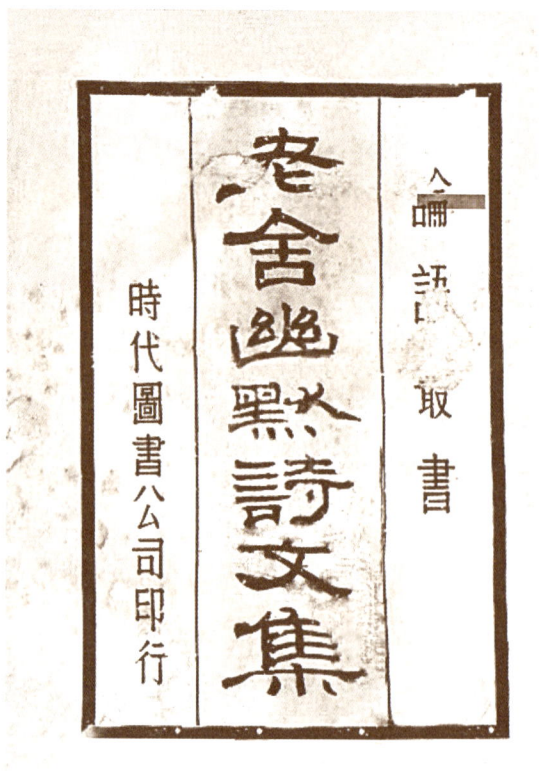

时代图书公司的出版物:《老
舍幽默诗文集》

論語取書

老舍幽默詩文集

時代圖書公司印行

邵洵美在调试影写
版印刷机时的自拍照

珂佛罗皮斯为邵洵
美所作的画像

邵洵美为
《晒书的感想》
所作的插图

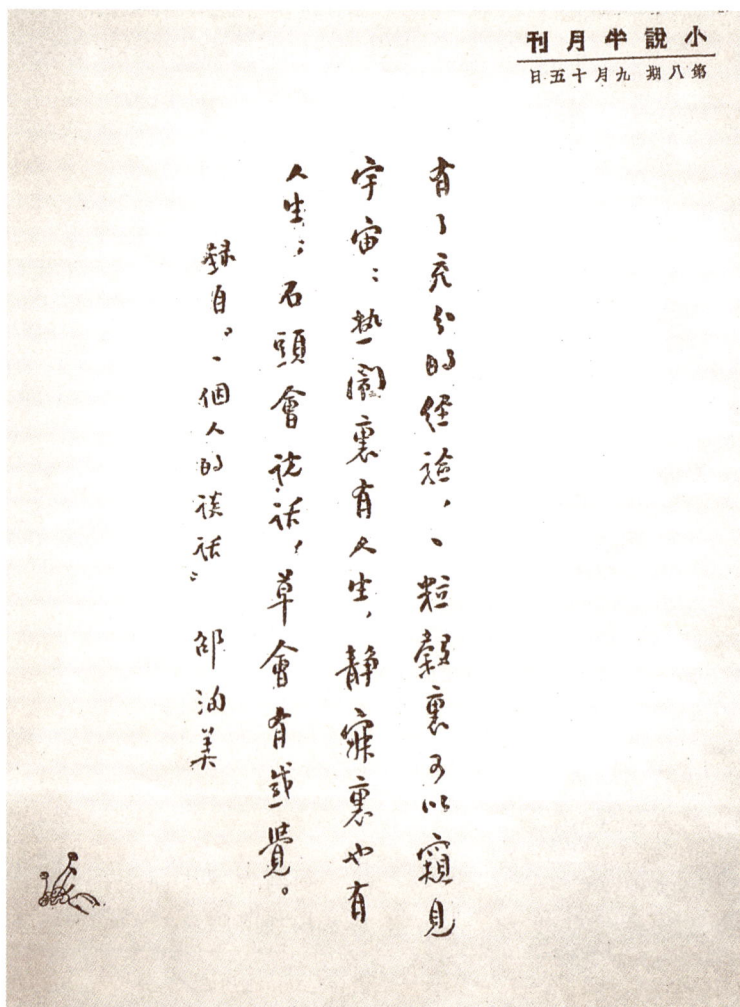

小 說 半 月 刊
第 八 期 九 月 十 五 日

邵洵美手
迹：有了充分
的经验，一
粒谷里可以
窥见宇宙；热
闹里有人生，
静寂里也有
人生；石头会
说话，草会
有感觉。（录
自《一 个 人
的谈话》）

邵洵美与友人张景
秋的合影

邵洵美留学途中在但丁雕像前留影

新月书店的出版
物:《白话文学史》

时代图书公司影写版出版
物:《上海轮廓》

等副刊。邵洵美虽然没有参与这份报纸的创办和出版活动，但他与该报具有密切的关系，《中美日报》的"集纳"栏目编辑张若谷（张摩矩）与邵洵美关系很好，张若谷曾经做过曾朴主办的《真善美》的编辑。邵洵美当年就曾向《真善美》投过稿，他与曾朴之间的关系也是人尽皆知。由于这层关系，邵洵美与张若谷建立了联系。邵洵美在《中美日报》上的文章，大多就发表在张若谷编辑的"集纳"栏目，这些文章主要包括"访华外国作家系列"和"金曜诗话"，从 1938 年报纸创刊到 1939 年 5 月，短短的半年时间里，邵洵美就在上面发表了近 50 篇文章，诸如"金曜诗话"中的《新诗与旧诗》、《诗与散文》、《新诗历程》、《孔子论诗》等，这些文章主要是叙述文化艺术界的外国友人在华情况，讨论以诗歌理论为主的文艺理论问题，让国内外读者从一个方面了解到了中国文艺界的情况，也了解了国外文艺界人士在中国的状况。

（三）出版《论持久战》

毛泽东英文版《论持久战》在沦陷区的出版，如同一个被渲染过的传奇故事，带上了神秘色彩，这个故事中的主角有中共地下女党员，有外国友人的身影，也有像邵洵美这样的进步人士，具备了传奇故事中的所有人物；而故事的本身同样曲折复杂，地上、地下，具有一定的隐秘性、冒险性、刺激性。

1938 年 5 月，毛泽东的《论持久战》在延安发表，随后，党组织决定将其翻译成外文在沦陷区发行，并寻找机会发行到国外，能够更好地宣传持久战思想和人民战争的战略战术。《论持久战》传到上海后，中共地下组织将翻译任务交给了年轻的杨刚，由她来组织实施，完成翻译、印刷、发行的任务。

杨刚（1905—1957），女，江西人，1928 年至 1932 年就读于燕京大学英国文学系，1930 年加入中国共产党，1933 年用英文创作了短篇小说《日记拾遗》，收入斯诺编选的《活的中国》。杨刚接受翻译《论持久战》任务时，任《大公报》记者，1939 年 8 月接任萧乾任香港版《大公报》"文艺副刊"的主编。

由于经常采访一些新闻人物，杨刚与项美丽相识，在翻译出版《论持久战》的过程中，杨刚得到过项美丽很多帮助。杨刚翻译《论持久战》时，就租住在项美丽家中，通过项美丽的介绍，杨刚很容易认识了邵洵美。邵绡红根据项美丽本人的回忆写道："1995 年项美丽回忆，当时洵美常去她家。杨刚翻译中便不时和洵美字斟句酌，项美丽也过目，提一些语法上的修改意见。洵美为之润色。"① 杨刚将《论持久战》翻译完成后，毛泽东特意为英文本《论持久战》撰写了一篇序言，由邵洵美翻译成英文。② 随后，杨刚将这部译稿排版印刷的任务托付给了邵洵美。邵洵美能够接受这个任务，一是他本来就与杨刚认识，好为人提供帮助的邵洵美自然也不会拒绝杨刚的托付；二是他天生好奇、勇于接受带有刺激性事情的挑战，秘密翻译出版《论持久战》这样的书，邵洵美感到新奇，也有挑战性，他当然乐于接受；三是对抗日战争有相当认识的邵洵美，通过完成这样的工作，为抗战做一点事情，这是其进步思想的表现。早在 1934 年，邵洵美就曾在《人

---

① 邵绡红：《天生的诗人——我的爸爸邵洵美》，上海书店出版社 2015 年版，第 228 页。

② 邵绡红在《天生的诗人——我的爸爸邵洵美》一书中认为，毛泽东为《论持久战》英文版所写的序，"过去错以为是杨刚所译，经进一步了解为洵美译"。

言周刊》发表文章，提醒国人要有准备。在《中国应有准备》一文中，他从奥国政变得出教训，"无论德国是否欲再蹈一九一四年之覆辙，世界的局势已一天天紧张了，欧洲各国势必群相秣马厉兵，而对于远东问题暂时放弃不管；假使日本乘此时机，出而争东亚之霸权，中国惟束手待毙"①。在《自由谭》第 2 期的"自由谭十二则"中，邵洵美也曾对《论持久战》进行过简要评价："所以毛泽东先生的新著便值得使人赞扬了。这本《论持久战》的小册子，洋洋数万言，讨论的范围不能说不广，研究的技术不能说不精，含蓄的意识不能说不高；但是写得'浅近'，人人能了解，人人能欣赏。万人传诵，中外称颂，决不是偶然事也。"这个评论很简短，却评价到位，意味深长。这说明邵洵美在这个时期已经具有相当的时政眼光，对国际局势有一定的分析，而对中国在战争中的危险也有充分的意识。因此，在沦陷区出版《论持久战》，让更多的人，尤其外国人读到毛泽东的论著，对于认识抗日战争的重要性、持久性都有重要意义。

但是，邵洵美的热情代替不了他的印刷工作，他虽然有印刷厂，也将影写版印刷机搬运到了安全的地方，但他却无法印制外文书，只能委托上海白克路上的一家印刷厂在秘密的情况下印刷出版。邵绡红对此有过叙述："从译文前的编者按语可以看出，这是该文的首次英译，并且在译文连载的同时，就计划另以单行本形式发行，以进一步扩大影响。印制单行本的工作具体由王永禄经手承办，送到白克路的印刷厂去印制。然后将书偷运到项美丽家存放。"②《论持久战》译成英文后，先行在《直言评论》发表，1938 年 10 月出版的《直言评

---

① 邵洵美：《中国应有准备》，《时代讲话》，上海书店出版社 2012 年版，第 124 页。
② 邵绡红：《天生的诗人——我的爸爸邵洵美》，上海书店出版社 2015 年版，第 228 页。

论》第 2 期，发表了署名 H.S.L. 撰写的《为什么和怎样进行持久战》，1938 年 11 月出版的《直言评论》第 3 期开始连载了毛泽东的英文版《论持久战》，连续刊登 4 期，到 1939 年 2 月出版的第 6 期为止，翻译的题目为 Prolonged War，译者则为 "Shi Ming"。其单行本发行的过程也是充满传奇色彩的，《论持久战》共印制了 500 本，这些书印制完成后先偷偷运送到项美丽家中，一部分由杨刚通过中共地下渠道发行；一部分则由邵洵美秘密发行给在上海的外国人士。并且由邵洵美驾驶项美丽的私家车，到霞飞路和虹桥路有洋人居住的一带，由邵洵美的助手王永禄将这些书投送到外国人家的信箱里；还有一部分是通过项美丽发行的，她委托过一个名叫华尔夫的小伙子秘密送给一些外国朋友。

（四）提倡"战争文学"

1938 年 9 月创刊的《自由谭》第 1 期，发表了邵洵美本人所写的《留守在上海的文人消息》、《自由谭九则》等文章，同时他也以"忙蜂"的笔名发表了《战争文学》，阐述了文学和战争的密切关系，强调了文学在战争中的重要性，尤其提倡"战争文学"以服务于民族战争的需要。

《战争文学》是邵洵美抗战时期谈论战争与文学的一篇重要文献。在这篇文章中，邵洵美首先区别了"因战争而兴起的文学"和"真正的战争文学"，他认为这是两种不同性质的文学，其功能、功用都是不同的。所谓"因战争而兴起的文学"是指那些"国内报章杂志上的宣传文字，目的在鼓励民众的情感"，同时也是指"用外国文字来著译的宣传文字，目的在提醒国际的注意与引起他们的同情"。这种"因战争而兴起的文学"并不是他特别看重的，虽然这些文学在战争时期也有一种文学上的功效，但并不是真正的文学，因为这些文学的功利性、目的性，而有可能会失去文学的特性。在抗日战争中，服务于战时的需要，鼓励民众抗日的自觉和热情，这是宣传文字所负有的责任。美籍学者耿德华在其《被冷落的缪斯——中国沦陷区文学史（1937—1945）》一书中说："当中国军队的主力向内地撤退的时候，大批作家和知识分子随军行动，进行抗战宣传，有关抗战宣传的各个方面的争论是无数的。戏剧是进行民众宣传的主要工具，成为人们特别关注的焦点。"① 他指出由此而出现了文学秩序重新调整的局面，新的文学在抗战的宣传中出现，以鼓励、鼓动为主的作品成为时尚。这种文学尤其在战争刚刚开始阶段更加引人注目。在一定意义上，这也正是抗日战争时期中国文学的一大特征，也是许多进步的战争意识明显的作家在极力追求的。因此，"抗战文学"成为战时一个特别的重要的概念。如邵洵美写于这时期的《游击歌》、他翻译的英国作家奥登的《中国兵》等，都属于这类"抗战文学"。

邵洵美提倡的"战争文学"不等于"抗战文学"，他所提倡的"战争文学"，"虽在战争中产生，但是他们并不有想要在短时间发生效果的宣传性质"，也就是并不期望"战争文学"的宣传性、鼓动性等短期效果，而是追求战争文学的艺术价值。为了能够更好地了解邵洵美所说的"战争文学"，我们不妨先看一下他早先发表的《情感与战争》。这篇文章发表在 1934 年第 2 期《万象》，主要从情感需要、战

---

① ［美］耿德华（Edward M. Gunn）著，张泉译：《被冷落的缪斯——中国沦陷区文学史（1937—1945）》，新星出版社 2006 年版，第 12—13 页。

争等有关方面，阐述了人的情感与战争的关系。文章从"人是一种喜欢战争的动物"说起，进一步阐释"喜欢战争是人的本性"。正是如此，人类喜欢战争并发动战争，其中的"情感的成分一定比经济的成分多"，诸如古代的许多战争，"目的不过是要得到皇帝的尊贵；也有的是去报杀父亲或是兄弟的仇恨，也有的竟只为了一句话的侮辱"。到了近世，战争的起因虽然有了变化，但也与情感相关，"为了主义的发扬与压抑，或是为了自由的获得与剥削"。邵洵美把这些战争称之为"人类的战争，或是情感的战争"。当然，人类也会发生那种"狗抢骨头式的战争"，这是为了一定的经济利益，这种战争"简直是人类的羞耻"。从邵洵美对情感与战争的关系的阐述来看，战争是人类情感表达的需要，或者是一种极端性的需要。在战争的环境中，人类也会有各种各样的表达方式，比如文学就是人类在战争与情感中寻找到的另一种形式，或者说文学是在战争状态中所寻找到的一种情感表达方式，人类既可以以战争的方式来发泄情感，也可以用文学的形式来表达战争的情感。所以，在邵洵美看来，战争文学是超越那种宣传性的、功利性的文学的一种纯文学，是文学的高级形态之一。

在邵洵美的文学观念中，战争文学又可以分为"主观的作品"和"客观的作品"两类，所谓"主观的作品"所表现的，"或则是前线将士雄心的流露与义愤的发泄；或则是后方平民热情的表现与痛苦的寄托"，作家以自我的生活经历和生命体验，写出战争状态下的生活与情感，具有鲜明的、突出的主观性、自我体验性；所谓"客观的作品"，"是赋有文学才能与技巧者，在前线后方，所耳闻目睹的经验之忠实的叙述与记载"。如荷马史诗中的《奥德赛》、《伊利亚特》，就是典型的战争文学，它不是歌赞战争，不是表现战争的正义与非正义，而是探究战争与人类生命存在的形式，表现战争中人性与人的力量、性格的变异，表现战争中的民族精神和人类精神。其他如法国的《罗兰之歌》、西班牙的《熙德之歌》、日耳曼人的《希尔德布兰特之歌》、美国的海明威的《永别了，武器》、德国的雷马克的《西线无战事》、美国的约瑟夫·海勒的《第二十二条军规》等，都是古代或现代的著名战争文学作品。这些作品并不是那些带有鼓动性的宣传性的作品，而是追求一种文学的品格，探究人性的一个方面，用邵洵美在《战争文学》中的话来说就是，这类战争文学"有详细的描画，但是没有炫耀的辞句；因为作者的目的本不在于宣传，他们竟也许只是在满足他们当时个人的要求"，而这样的战争文学"却能在文学上占有永久的位置"。这类作品也许在当时并不能受到重视，"但在将来，那么，文学线索之延续却会完全是他们的功劳。而在几千百年后，要想明白这一次大战的真相时，或当我们失望于历史的刻版式的记载时，这一种的战争文学便会表演使时代重现的奇迹"。从这个角度说，虽然邵洵美创办《自由谭》的目的在于战争时期对读者能产生一种鼓动的、宣传的作用，而且他借助于刊物发表了一些抗日宣传的文章，也组织过其他作家写作并发表了大量宣传抗日救国的文章，这些宣传鼓动性的文章，在时代条件下起到了重要的作用，成为"抗战文学"中不可忽视的作品；在文学创作上，他则更主张具有持久艺术生命力的"战争文学"。

（五）新的爱好——集邮

邵洵美爱上了集邮。

邵洵美集邮大约开始于 1941 年，据邵绡红的《天生的诗人——

我的爸爸邵洵美》和林淇的《海上才子——邵洵美传》介绍，邵洵美陪儿子逛邮票市场，看到各种款式的邮票而突然就喜欢上了集邮，将自己的生活寄情于方寸之间。邵洵美的集邮以中国邮票为主，并无太多珍奇，但也比较讲究。邵洵美在集邮中认识了《国粹邮刊》编辑陈志川，由陈志川而结识了更多的集邮爱好者，对邮票知识有了更多的了解，"他懂得了：清朝的邮票有好几种是名贵的。既集邮，怎能像开始时那样集几套！我也这样想，所以花了很多钱去买，他还托人去找清朝时的旧票，有人代他找了十几只贴有蟠龙一分票的信封，没有变体。在贰分票的信封中，竟真的发现了有个变体，'贰'字的脚特别粗，这是与众不同的，居然被他找到了。这又不值钱，可他真是兴高采烈地去拍了放大的照片。"① 这种集邮喜好的特点，从一个方面体现了邵洵美的性格，他一定要做与他人不一样的集邮，寻找变体邮票，部分地满足了他的好奇与探秘的心理。邵洵美集邮，也搜集与邮票相关的材料，撰写邮话和集邮方面的文章，从 1943 年开始，他连续写作了《中国邮票讲话》、《民国试制票中之珍品》、《万寿大字长距新变体》、《清红贰公修饰新变体》、《华邮中之珍品与贵票》、《谈集邮》等系列集邮文章，向人们普及邮票和集邮知识。

有人说，邵洵美集邮，是他在战争年代无事可做，因而寻找到的一种解闷的方法，"邵洵美在度过了多少个这样的冷清沉闷的日子后，终于找到了生活寄托：集邮"②。从邵洵美的生活方面来说，也可以理解为他生活枯燥、无事可做，从而喜欢集邮，但这个观点仅仅揭开了邵洵美集邮的一小角，并没有真正看到邵洵美集邮的真实世界。

---

① 盛佩玉：《盛氏家族·邵洵美与我》，人民文学出版社 2004 年版，第 217 页。

② 林淇：《海上才子——邵洵美传》，上海人民出版社 2002 年版，第 198 页。

在这方面，还是邵洵美的家人更了解他。

盛佩玉是这样回忆邵洵美集邮的："在这困人的日子里，洵美总是和我谈些有趣的事。他说：'邮票有各色各样的图案，我们以前不懂，现在有几个邮票店，你可以去看看。'"① 盛佩玉说的是"在这困人日子里"，邵洵美与她谈集邮的事情，这事情是"有趣的事"。这就不一样了。这里的"趣"是什么呢？既是集邮这件事，也是邮票这件事。逛邮票店，是趣事，而研究邮票上的"各色各样的图案"也是趣事。这样的趣事显示出邵洵美对邮票的别样态度。邵绡红说的更接近邵洵美的本性："先是对一张张邮票的特点感兴趣，后来渐渐变成对一张张邮票的设计、发行，乃至某些变体邮票的产生与流传进行考证。他对集邮感兴趣；对'邮学'尤感兴趣。他发现当时的集邮者多数盲目集邮，对中国邮票的历史多数没有系统的认识，中国集邮界也不曾系统地介绍过。于是，他又手痒痒地握起笔杆。书，是其所好；写作，更是其所好。"② 邵小罗也曾说过，邵洵美的集邮在当时之所以会产生较大的影响，除了"以做学问的十二分的认真钻研邮学"、"以英文擅长的优势阅读外文集邮专刊"、"以善于交友的社交能力广交邮友"、"以文学家的手笔撰写集邮文章"等因素外，还特别强调了以下特长，"以印刷技术的实践经验：印制邮票的雕模、制版步骤与印刷颜料的色泽来研究，鉴别变体邮票（他具备印刷技术专业知识）"，"以出版人的热心，鼓动国人集邮"③。邵洵美家人的这些叙述，从一个方面打开了我们的眼界。邵绡红所说的对邮票的"设计、发行、乃至某些变

---

① 盛佩玉：《盛氏家族·邵洵美与我》，人民文学出版社 2004 年版，第 216 页。
② 邵绡红：《天生的诗人——我的爸爸邵洵美》，上海书店出版社 2015 年版，第 249 页。
③ 邵小罗：《编后小言》，邵洵美：《谈集邮》，上海书店出版社 2015 年版，第 235 页。

体邮票的产生与流传"进行研究、考证，体现了一位出版人对邮票的兴趣来自于邮票作为印刷品之一的深层次的研究，从更加专业的角度看邮票，而写作集邮方面的文章，则是一位作家的"本职工作"在集邮上的体现。邵小罗的叙述则更接近了一步，直接指出邵洵美具有印刷专业的技术，有一颗"出版人的热心"。这些观点开拓了邵洵美集邮研究的新思路。邵洵美集邮为何特别钟情于邮票的图案、设计？这是因为邮票的图案与设计体现着邮票的艺术价值，这是印刷过程中非常讲究的问题，图案的设计、邮票整体的设计，都与印刷技术联系在一起，印刷出来的邮票能否达到设计者要求的效果，能否清晰、准确、美观，都是集邮者评价邮票的一些要求和标准。邵洵美从德国购买来的影写版印刷机，是一台质量非常高、印刷效果非常好的机器，印制画报效果尤其上佳。而在现代印刷发展过程中，影写版印刷机印刷邮票也是其主要功能之一，自从影写版印刷机引入邮票印制之后，中国近现代的邮票显然上了一个很大的台阶。从这方面讲，邵洵美研究邮票的图案、设计等与印刷相关的工艺，正是关心、研究他的影写版印刷机，研究影写版印刷机的印刷问题，他试图通过邮票的研究，回归到印刷的事业上来。邵洵美为何会在抗战时期热爱集邮？不仅仅是他寻找一种解闷的方法，而是在印刷机无法印书，他无法从事自己热爱的出版事业的时候，以集邮、研究邮票的方式进一步研究印刷，以便有机会实现他的印刷出版梦，能再印刷出版画报，出版更多的刊物、图书，甚至邮票。

在集邮活动中，邵洵美特别喜欢研究变体邮票。所谓变体邮票指邮票在印刷制作过程中，由于印刷技术上的差错，会造成有缺陷的邮票，如字体变形、字模笔画缺陷、色彩缺陷等，这些问题印在小小的邮票上，由于画面小、字小，一些缺陷很不容易被发现，未检验出来，被邮局售出流入市场。如邵洵美集到的一枚二分票，"'贰'字的脚特别粗，这是与众不同的"，邵洵美对这一发现欣喜若狂，他曾在1943年第2卷第18期的《国粹邮刊》发表过一篇《清红贰分修饰新变体》的集邮文章，专门介绍了这方面的知识。一位印刷方面的行家，与其他一般集邮者谈邮票的角度、路数是完全不一样的。他看重的是版式、雕刻的技术以及后期处理版面的过程与技术，也就是说，邵洵美研究邮票中的变体邮票，主要是研究其印刷方面的问题，从印刷的角度谈邮票的珍奇，这让读者看到了不一样的邮票和不一样的集邮。

《中国邮票讲话》是邵洵美抗战时期有关邮票的重要著作，这部著作既通俗易懂，向读者普及了邮票知识，而又具有专业方面的知识，尤其是印刷技术方面的知识。比如他在介绍"海关第一次大龙票"时，就特别强调了这枚珍稀邮票的印刷过程和技术。在谈到"中国最早的试制票"、"海关第二次小龙票"等邮票时，也主要是从印刷的角度，去谈论邮票印制与品相、价值等问题。在他的《总理侧面试制票之发现》、《华邮中之珍品与贵票》等文章中，邵洵美也再三从印刷、印刷技术、刻板等方面谈论邮票，以邮票的印制阐述中国近代印刷工业的发展。如《总理侧面试制票之发现》开篇就说，"今人对试制票极感兴趣，因为它们的设计与印刷都经过当事人一番苦心；制而不用一定又有相当的理由"①。他关心的主要是"最早有飞船图的试制票"，绘图者是什么人，承制者是哪一家印刷厂等，正是这样，评价邵洵美集邮，不仅在于他收集了多少珍贵的邮票，也不仅仅在于他写了多少

---

① 邵洵美：《总理侧面试制票之发现》，《谈集邮》，上海书店出版社2012年版，第186页。

篇集邮文章，当然，更不是邵洵美在抗战中无事可做而寻找消磨时间的方法，而是他对邮票设计、印刷、修饰的研究，是他以集邮的方式研究印刷，是对中国印刷工业发展的关注，对印刷与邮票制作的关注，也有对邮票发行过程的关注，这既是邵洵美对中国集邮事业的贡献，也是对中国现代印刷工业的贡献。

二、爱的路上，还有热爱的事业

项美丽，一个非常中国化的名字，但她却是一个美国人。

项美丽，一个美国人，却在中国留下了她一生中最动人的故事之一。

在 20 世纪上半叶的文坛上，项美丽的名字并不逊于另一位美国女作家赛珍珠。赛珍珠是诺贝尔文学奖的获得者，而项美丽则只是一位《纽约客》的作家，但两人都因为与中国存在密切关系而更多为中国读者所知道。

项美丽原名艾米莉·哈恩（Emily Hahn）。1905 年，艾米莉·哈恩出生在美国密苏里州的圣路易斯城，大学毕业于威斯康星大学矿冶工程专业，她是这所学校第一位获得矿冶工程学位的女毕业生。1928 年，大学毕业后的艾米莉在纽约亨特女子学院任教，并开始写作，开始她的文章发表在《纽约世界报》，后来她的姐夫把她的一些文章投寄给《纽约客》，其中《可爱的太太》被刊物采用，此后她自己开始给《纽约客》投寄稿件，1929 年，她被聘为《纽约客》特约撰稿人。1935 年她作为《纽约客》杂志社的中国特约记者，来到上海。

艾米莉作为美国驻中国的记者，来到上海不久，就与邵洵美"偶遇"，并发生了一场倾国倾城的跨国恋。

项美丽具有热情、开放的性格，是一位交际场上的风云人物，喜欢广结朋友，参加各种交际场所。项美丽来上海后，很快就联系到了她原来在美国就认识的弗里茨夫人，成为弗太太家中的常客。弗里茨太太是著名的股票经纪人切斯特·弗里茨的妻子，一位公关能力超强、善于活动、强于组织的上海社交界的中心人物。她当时组织过一个国际艺术剧院，邀请中外嘉宾参与她的活动。在项美丽的印象中，这个国际艺术剧院的理事会，"大多由美国人组成，美国女人对这个俱乐部比她们的欧洲姐妹更为活跃。不过，她也获得了许多中国时髦女子的支持。参加俱乐部的还有法国女人、荷兰女人和俄罗斯女人。IAT组织音乐会、讲座和讨论会，还安排演出。她的音乐会是如此的成功，连俄国人和德国人都一起来参加。而辩论会的讲题则五花八门，无奇不有"①。这个国际剧院的各种活动也会有一些男士被邀请来参加，后来走进项美丽生活的两个男人，都曾出现在这个俱乐部中，一位是爱里斯·维克多·沙逊，另一位就是邵洵美。

邵洵美曾在《花厅夫人》中写到过弗里茨夫人。在这篇倡导"花厅"的文章中，邵洵美认为文化的发展与普及，离不开花厅夫人，花厅夫人是Salon的领袖，是社交界的中心，"是一位有文学素养，有政治常识而在社会上有相当声誉的夫人"。这样的夫人在欧洲国家常见，而"在中国我们绝难找到这种人材"，"今日却有一位弗丽茨夫人来代替我们做这一番工作"。在邵洵美的印象中她的形象是这样的："弗丽

---

① 王璞：《项美丽在上海》，人民文学出版社 2005 年版，第 57 页。

茨夫人（Mrs. Chester Fritz）是匈牙利人，留华有年，嗜文学，著作甚富，自小在美国，与各国大文学家多相往还，在上海为《中国评论周报》编文学栏两年，极受称许。每星期至少有两次由她邀客聚谈，最近大光明音乐会亦由她主催。欧美文艺家来华，多半由她招待。她对于中国的文学艺术提倡尤力，曾组织万国戏剧社，成绩亦佳。"①可见弗雷茨夫人对邵洵美留下多么深刻的印象，也给予他多大的影响。邵洵美是弗雷茨夫人俱乐部里的座上客，几乎每次必到，他甚至一度为弗雷茨夫人负责过剧院的一些活动。

　　邵洵美与项美丽相遇在弗里茨夫人的一次晚宴上。项美丽到上海后，接受了弗里茨夫人的邀请，参加上海国际艺术俱乐部主办的晚宴，在这次晚宴上，弗里茨夫人向项美丽介绍了这位诗人、出版家、能说一口流利英语的美男子邵洵美。邵洵美与项美丽似乎是天生的一对，两个人一见钟情，很快相互吸引，相互爱慕，都在对方身上找到了自己需要的。首先当然是各自的外表与气质，项美丽对邵洵美的欣赏与爱慕是从骨子里透出来的，不仅是外表，而是整个的人。邵洵美给予项美丽的是他的容貌、气质和不俗的谈吐，尤其让她感到惊喜的是，当着那么多朋友的面，邵洵美为她起了"项美丽"这个中文名字，让一个刚刚到中国没几天的美国女子从"艾米莉"而成为了"项美丽"，这不仅是一个名字的翻译问题，而是让项美丽真切感到她由此寻找到留在中国的理由，从此而具有中国的印记。于是，由这位帅气的中国男子带给她更多的内容，使项美丽真正寻找到了自己的写作方向。有关这一点，可以在她的相关作品如《太阳的脚步》、《潘先生》中读到。

---

　　① 邵洵美：《花厅夫人》，《一个人的谈话》，上海书店出版社2008年版，第72页。

在《太阳的脚步》一书中，项美丽曾这样写邵洵美的形象：

> 他（云龙）的头发柔滑如丝，黑油油的，跟其他男人那一头
> 硬毛刷不可同日而语。当他不笑不语时，那张象牙色的面孔是近
> 乎完美的椭圆形。不过当你看到了那双眼睛，就会觉得那才是真
> 的完美，顾盼之中，光彩照人。他的面孔近乎苍白，在那双飞翅
> 似的美目下张扬。塑造云龙面孔的那位雕塑家，一定施展出了他
> 的绝技，他从高挺的鼻梁处起刀，然后在眼窝处轻轻一扫，就出
> 来一副古埃及雕塑似的造型。下巴却是尖削出来的，一抹古拙的
> 颊髭比照出嘴唇的柔软和嘴角的峭厉。下巴上那一撮小胡子，则
> 好像是对青春少俊的一个俏皮嘲讽。静止不动时，这张面孔纯真
> 得不可思议，不过，很少静止不动。①

这样的形象描写，如果不是那种有着刻骨铭心的爱，不是深入骨子里
的情，是很难写得出来的。而项美丽给予邵洵美的印象，则是新奇
的。邵洵美留学过欧洲，对外国女孩子抱有好感，尤其对项美丽这类
性格开朗、外向的外国女子，更能产生一种亲和力。邵洵美的《一
年在上海》中有一些有关项美丽的只语片言，而很少见到那种对项
美丽形象的完整描述。不过，我们可以在邵洵美的夫人盛佩玉的笔
下，读到这位与他们生活密切相关的美国女人的一些文字："她身材
高高的，短黑色的卷头发，面孔五官都好，但不是蓝眼睛。静静地
不大声讲话。她不瘦不胖，在曲线美上差一些，就是臀部庞大。"这

---

① 参见王璞：《项美丽在上海》，人民文学出版社 2004 年版，第 83—84 页。

些文字出自于一位女性，而且是邵洵美夫人的笔下，应该说比较客观地写出了项美丽留给她的印象，没有特意的褒贬，而且其中略带一些赞美的意味。大上海交际场中的项美丽很容易成为引人注目的人物，这不仅是她作为外国人的特异气质和美丽，而且也有她本人出色的交际能力和一位女性作家所独具的魅力，"项美丽那样的人在中国上海是个有磁性吸引力的人物，在交际场中如沙逊等外国人都认识她。因此洵美也认识了不少人"①。盛佩玉在书中也写到了项美丽请她吃饭以及女人间的一些故事，从这些叙述来看，项美丽与盛佩玉都是非凡之辈，她们都有超越常人的力量与气度，也有相互间的理解与容纳。

邵洵美与项美丽相识后不久就相约到南京游览，对此，《妇女月报》曾有过简短的报道："美国女作家项美丽女士，与电影剧本作家爱斯百利夫人，于二十日晨抵京。（茀雷茨及萧尔斯夫人临时因事未来京）由戏剧作家谢寿康氏领导游览中山陵园及明陵等处，项氏等深为佩赞，晚七时，中国文艺社设宴于明湖春，到项美丽女士与爱斯百利夫人，及我国人士王平陵、罗刚、邵洵美、张冲、孙德中、程沧波、褚民谊、石信嘉、甘雨耕、苏拯、宗白华、吴良攜、华林一、徐仲年、范存忠、彭华陈、侯佩尹等，与徐悲鸿、张道藩、郭有守、谢寿康、唐学咏、萧同兹、方希孔、刘道信、李国城、储安平夫妇等十对，宾主谈论关于戏剧及艺术之事，极尽欢娱。二十一日午后一时，行政院秘书长褚民谊宴美女士于公馀联欢社，有我国文艺界多人作陪，由交次张道藩（戏剧作者兼艺术家）主席，致介绍词，美女士

---

① 盛佩玉：《盛氏家族·邵洵美与我》，人民文学出版社 2004 年版，第 182—183 页。

并报告此次经过日本，特来华谋戏剧艺术合作之情形，主客极为欢欣云。"① 由这篇报道能够对项美丽的南京之行略作了解，一是邵洵美陪同项美丽从上海到南京，并一起游览了中山陵；二是南京方面对项美丽给予高规格的接待，从政府要员到文艺界大腕，给足了项美丽面子；三是项美丽到南京并非完全是旅游，而是带有考察中国戏剧并"特来华谋戏剧艺术合作之情形"的任务。

尽管邵洵美和项美丽的跨国爱情有诸多吸引人们眼球的地方，却不是这里叙述的重点，我们需要考察的，是这段乱世情缘在其文化出版、文学创作方面的意义，如果抛开男女爱与性的吸引和浅层次的因果分析的话，邵、项二人不仅在中外文化上具有明显的差异，而且在性格上也极为不同，所同者是他们二人都具有诗人的气质，是作家、诗人，而且都喜欢结交朋友，对现代图书、报刊的编辑出版抱有浓厚的兴趣。鉴于此，可以将邵洵美与项美丽两人从认识、一见钟情到相互帮助、共谋事业作以下总结：

第一，社交场上的红颜，文化圈里的知己。邵洵美与项美丽二人是在弗里茨的花厅相识的，这种见面的场所、氛围以及方式，都是他们所喜欢并向往的，带有一定的浪漫特征，同时也带有理想化的文化色彩。项美丽本来就是生活在欧美文化圈中的作家，她应该对沙龙这类活动非常熟悉；而邵洵美一直提倡"花厅"，期望能有花厅夫人的出现，弗里茨是他理想中的"花厅夫人"，而项美丽则是花厅里奇遇的理想伴侣。邵洵美在《一年在上海》中说："我当然并不是说我对朋友已消灭了一切的感情。我仍旧喜欢朋友，朋友仍旧喜欢我。只是

---

① 时：《著名女作家项美丽到京》，《妇女月报》1935 年第 1 卷第 5 期。

留在上海的朋友，和我有同样不能离开上海的困难，而离开上海的朋友，却对我和其他留在上海的朋友有同样的隔膜。要来便来，要去便去，这原是人生幸福之一；可是这个须适合物质条件。"① 这个条件就是适合于文人聚会的一定场所。恰恰就是在弗里茨的俱乐部，在特定的场所，在特定的时间，不早也不晚，他们都出现了。而且，当他们出现在一起的时候，他们的谈话自然而然是从文化开始的。在项美丽的叙述中，他们在弗里茨的俱乐部晚宴上见面的时候，他们一起谈起了中文，谈到了书法，"他笑了笑，叫一位侍应拿来了一个砚台和几支毛笔，然后拿来一小张灰白色的纸，铺开在旁边一张写字桌上，他挥毫写了几个字。那些字看上去漂亮，优雅，其他那些中国人把她当成一位鉴赏者了，于是每个人都拿起笔来，写一个字给她看"②。用毛笔写中国字，这让刚来中国的项美丽感到新奇、好玩，既有文化，而又有冲击力，这是她所喜欢的。所以，他们可以很快相互承认对方为自己的红颜和知己，因有共同的或不同的语言而能走到一起。项美丽也正是通过邵洵美的关系，才能够与更多的中国文化界的精英认识，如胡适、梅兰芳、林语堂、李青崖等。

第二，异域文化的相互吸引，文化出版的共同努力。某些时候，男女之间可能更多地会为他们的不同而惊喜，因为相互间的不同而能恋慕对方。对于邵洵美和项美丽来说，他们之间的不同，首先是国度不同、文化观念不同。邵洵美尽管留学过欧洲，但他毕竟是生活在中国大地上的中国人，他从小接受的是传统文化的教育，项美丽喜欢邵洵美既有他身上的浪漫，也有从里到外的那种中国式柔情以及从里到

① 邵洵美：《一年在上海》，《儒林新史》，上海书店出版社 2012 年版，第 119 页。

② 参见王璞：《项美丽在上海》，人民文学出版社 2004 年版，第 72 页。

外透出来的中国传统文化的韵味。在邵洵美与项美丽认识之后不久，邵洵美即带领项美丽游览南京，并且建议她能去北京看看。邵洵美之所以建议她先看这两个城市，一是南京和北京都是古都，南京还是当时的首都，这两个地方在某种程度上可以代表传统的中国，也可以代表文化的中国。项美丽在不理解中接受了邵洵美的建议，也正是对异域文化的一种好奇，是探求新文化、新世界的心理在起作用。对于邵洵美来说，他所喜欢的项美丽，也正在于她身上表现出来的美国文化的气质和生活方式。

不过，如果没有共同的爱好或者共同的追求，这种异质文化的属性就不可能把毫不相干的两个人联系到一起，对于邵洵美和项美丽来说，这就是对现代文化传播或者文学活动的热诚与追求。项美丽来中国之前，已经发表和出版了一些作品，但都没有真正引起过文坛的关注，她正苦于寻找新的题材领域和写作方式，她来中国也正是要寻找这种新的生活经验和新的写作。盛佩玉的回忆可以为我们补充一些材料："她是作家，和洵美谈英文翻译。如来我家吃饭，便从吃饭筷子谈到每个小菜都翻译了，她倒是精心地听着、学着。她和我同年的，我羡慕她能写文章独立生活，来到中国，了解中国然后回去向西方介绍中国的文化。"[①]这种对中国文化的热爱，是与她的职业和写作分不开的，她在邵洵美身上恰好寻找到了新的题材领域，新的写作方式。

第三，追求新异、刺激生活的共同趣向。在邵洵美为项美丽起的中文名字中，也有一个"美"，这个"美"字当然首先与 Emily 谐音，而且还有一层，这就是与他的"洵美"的"美"相同，邵洵美是一个

---

① 盛佩玉：《盛氏家族·邵洵美与我》，人民文学出版社 2004 年版，第 182 页。

非常在意名字的人，他早年将自己的名字改为"洵美"，为的是与盛佩玉相配，现在，邵洵美又将艾米莉的名字改为中文，并且其中又含有一个"美"，"洵美"、"美丽"，这是邵洵美需要的美学效果，也是一种新奇的美学体验。正是从中文命名开始的新奇感，既让项美丽激动不已，也让邵洵美感到兴奋。在项美丽的《太阳的脚步》中可以看到有关云龙为多萝西翻译中文姓名的一段描写：

> "孙先生，我的名字中文怎样翻译？你能写给我看看吗？"
> "我们得拼拼看。"云龙说。接着是一段长长的讨论，用的语言是上海话。显然，她的名字不好译。不过他们终于有了结论，云龙握住她的手，引导她端端正正写下了这三个字：都来看（Doh-lah-see）。
> 于是大家一齐举杯庆贺。①

这个典型的邵洵美式的情节，在项美丽小说的描写中，几乎被完整地复制了下来，只是人物的名字略略改变了，能够让读者感受到这两个诗人作家在语言与姓名问题上的生动表现，也能够看到他们之间的默契与融洽。

项美丽是一个敢于冒险的女性，她来中国之前，曾先去过非洲，在她身上也有那种无所畏惧，敢于尝试一切新奇事物的性格。抗日战争环境下，她能遇见邵洵美这样的中国男子，让她产生了深深的兴趣，两人在一起做过的那些具有冒险精神的事情，也带给她与他足够的刺

---

① 参见王璞：《项美丽在上海》，人民文学出版社 2005 年版，第 73 页。

激。而这种性格也让同样喜欢刺激的邵洵美找到了知音，一位漂亮的美国女子，一位美国女作家，让邵洵美感到新奇，感到某种挑战性。

正是这样，性格、兴趣相投的中国男子和美国女子，在一起找到了他们共同的事业：文学与出版。办杂志，办出版，写文章，而且他们竟然在写作中谋生。翻译出版《论持久战》，创办《自由谭》、《直言评论》，为《纽约客》撰写文章等，让他们在这其中寻找到了更多的一致，也真切地感受到彼此的存在以及相互的依赖。

三、《自由谭》：办杂志是一件大众运动

1938 年 9 月 1 日创刊的《自由谭》，是邵洵美在抗战时期创办的最重要的一份刊物，也是抗战时期颇有影响的一份刊物。

（一）《自由谭》的创办

《自由谭》由项美丽担任发行人兼主编，其实是借用了项美丽的名义，具体由邵洵美操办。邵绍红对此有比较具体而清晰的叙述：

《大英夜报》不可能留给他足够的篇幅，他要自己来办刊物。他说服项美丽与他合作。资金不足则寻求外援，他要同时办中文英文两本。他计划很大，信心很足。项美丽找到好友——大美晚报的老板 Starr（史带）出资，保险公司董事长石永华也付款。1938 年 9 月 1 日中文版《自由谭》月刊和其姊妹版，英文的

Candid Comment（《直言评论》）同时问世。两本一样大小（十开本），都是由位于爱多亚路21号（现延安东路）的Post Mercury总经销。……

战前邵洵美出版的杂志中《十日谈》、《人言》都是争取言论自由的，现在他出版《自由谭》和《直言评论》，更加明确地指出"追求自由"。

《自由谭》注明为Candid Comment Chinese Edition（"直言评论"的中文版），封底"编辑人"、"发行人"印的都是项美丽的名字，实际上，具体工作全由邵洵美担当，项美丽只是起掩护作用。这本刊物的编辑就洵美一个人，文章的一半是他自己写的，连文章的头花也大多出自他的手笔，有几次他还叫小美帮忙描画。其中"编辑谈话"和每期有一至数页的《自由谭》和"谭助"专栏里的文章自然是洵美写的。①

从邵绡红的叙述中可以看出，《自由谭》并不是模仿《申报·自由谈》，而是要在内容与形式方面突破"自由谈"的格局，这里不仅仅是追求言论上的自由，而是"追求自由"，也就是要从侵略者的统治下得到解放，争取到人身自由和人格自由。"谭"有"说"的意思，同"谈"。"谭"与"谈"相比，具有"放纵"的意思，或者可以理解为比"谈"要放纵洒脱一些。"自由谈"是谈自由，而"自由谭"则包含"自由地谈"、"自由的言论"和"自由地放纵"的意思在里面。

《自由谭》是一本集画报与文字于一体的月刊，也可以说是《时

---

① 邵绡红：《天生的诗人——我的爸爸邵洵美》，上海书店出版社2015年版，第211—214页。

代》画报和《人言周刊》的合体。从刊物的各种插图、图画作品以及摄影作品来看，它延续了《时代》画报的风格与形式，从它发表的时事评论、新闻动态以及时政短论等内容来看，又与《人言周刊》相近，敢于说话，敢于说真话，所谓"直言评论"也就是能够敢于说别人不敢说的话，说自己想说的话。刊物以版画、漫画、摄影为主，美术作品主要由张乐平、陶谋基、叶浅予、梁永春、梁白波等画家承担，作者队伍实力可谓非常雄厚。《自由谭》从创办开始，就存在着一个不可回避的问题，在抗日战争特殊的条件下，办一个刊物是不容易的事情，缺人、缺钱，因此，需要大众的参与，需要作家的支持。从刊物创办的前几期来看，的确出现了邵洵美所担心的问题，缺少作家投稿的积极性。由于战乱，一些作家居无定所，食无所靠，在流亡与逃难中生活，因此不可能有时间与精力创作作品，即使留在上海的，有些作家也将心思用在了其他地方。所以主要由邵洵美、林祖达、曾迭、徐讦、章克标、张若谷等老朋友的支持，勉强可以编辑起所需要的用稿。这种情况随着刊物的不断出版稍有好转，但经济上又出现了问题。1939 年 3 月，《自由谭》脱期了一个月才出版第 7 期，随后不得不停办。对此，邵洵美没有办法，项美丽也没有办法。

（二）《自由谭》的"自由谭"

时政评论是刊物的主要内容之一，而且主要是由邵洵美写稿。赵武平说："其好友张若谷……谈到邵洵美时特别指出'战事几使他成为一个无产者，他曾与项美丽女士合办中文及英文本《自由谭》月刊，大部分的著述都是邵自己写的。'"①邵洵美这也是没有办法的办法，兵荒马乱的时期，生活都不能保证，一些作家已经逃离战区，无心、无时间为邵洵美写文章，这一点邵洵美本人也在《自由谭》的第1期"编辑谈话"中有所交代，所以，他只好自己多写，以支撑刊物的运行。到了第2期，邵洵美就感到更加紧张，呼吁更多的作家为他们写稿："我们还有一个极重要的声明，那便是关于稿件方面的话了。我们在创刊号里已经说过：'《自由谭》是大家的，须大家来协助。我们希望能写文章的，大家都写文章给《自由谭》。'一经登载，稿酬从丰'这种'老套话，大概可以不必说的。"同时，他也提出了《自由谭》所需要的稿件："《自由谭》什么文章都要，只要是真实的文章！我们不喜欢调弄笔头，不喜欢玩耍八股，不喜欢泼妇骂街，不喜欢无病呻吟。"②也就是能够发出自己真实的声音，使刊物成为真正的"自由谭"。

作为诗人、文学家的邵洵美，在《自由谭》中谈的最多的还是有关文学艺术方面的内容，第一期发表的邵洵美本人的《留守在上海的文人消息》以及《游击歌》、《轰炸惨案——西班牙》，尤其是《留守在上海的文人消息》，向"孤岛"之外传递了部分留守上海的文人消息，让更多的人知道了这些文人的近况，在战争混乱的局面下，文人们仍然坚持写作，文人们仍然在坚持出版，"除了一般原先在上海出版的刊物在那里重生外，还有许多新生的杂志。这些刊物每一个都有新的气象：他们的编辑者虽然各有主张，但是他们却有一个一致的论调——那便是抗战救国"。文章也向人们透露了生活在上海的文人们的不易，"他们的生计当然会发生问题"，"大部分却不易找到生活的

---

① 赵武平：《邵洵美的美丽错误》，《中华读书报》2000年10月11日。
② 邵洵美：《编辑谈话》，《自由谭》1938年第2期。

方法"，"中国向来的习惯，文章的报酬极难维持一个作家的生计；假使他已有了家庭儿女，那么，把心血换来的几块钱简直不能使全家人吃得饱穿得暖。解决这一个困难，于是每个作家都变成编辑，每个编辑都变成出版家。结果则每本杂志都会闹稿荒，每本杂志都载满了充塞篇幅的东西。同时每本杂志便也全靠了编辑者个人的名声而存在"。坚守与困境，这些上海的文人们所面临的问题，也是抗战时期不能不考虑的问题。因此，《自由谭》刚出版了第 1 期，就产生了强烈的社会反响，"两天之内，第一批发出的书便销完了；随处有人看《自由谭》，随处有人谈《自由谭》"①。

邵洵美与他的同人们，通过《自由谭》发表了大量的时政评论，表达了自己的心声，说出了自己要说的话。《自由谭》仿照《论语》中的"论语"，也开办了"自由谭"的栏目，每一期都刊发若干则"自由谭"。"自由谭"的这些短文往往只讲一件事情、一个人物，或者一个鲜明的观点。第 1 期发表了 9 则，第 2 期发表了 12 则，第 3、4 期发表了 8 则，第 5 期发表了 10 则，第 6 期发表了 11 则，第 7 期发表了 14 则，这些"自由谭"如同短枪一样，短小、快速、明快，观点鲜明。第 1 期的 9 则中，有 4 则是谈论自由的，这也与刊物名称《自由谭》相配合，为文人的生存争取空间。如《自由与言论》一百余字，却字字击中要害，让人看到了邵洵美文风的另一面：

讲到"言论自由"，在现今世界里，恐怕很少见到了。譬如就上海一地而言，在这次"中日战争"未发生以前，杂志刊物，

---

① 邵洵美：《编辑谈话》，《自由谭》1938 年第 2 期。

何止几百种，他们所有的言论自由范围本来不宽舒，但是现在却又遭受了意外的摧残。

不过"自由"虽发生了阻碍，"言论"却仍旧存在着某种势力所达不到的地方。我们应当自傲！

这里是"自由谭"中的谈自由，把"自由"与"言论"置于一起，说出了文人争自由的缝隙。再如第 6 期的《文人活动的时候》：

也许战事期间是文人应当活动的时候罢？胡适之先生的荣任驻美大使；张彭春博士的去英宣传；郭沫若诗人的主事军事委员会第三厅；而国民参政会议更是文人学子济济一堂。此中也许的确有一条天机，我们真悔不早日动身也。

这里不仅仅是现象的描述，也有一种调侃与嘲讽。类似这样的短文，针对某一人物、某一事件而谈，自由、洒脱，带有一种"五四"遗风。

（三）游击歌

《游击歌》是邵洵美以"逸名"为笔名发表在《自由谭》上的一首诗。这首诗与邵洵美一贯的唯美诗不同，采用了民间口语，甚至带上了顺口溜的特征。如果从诗歌艺术的角度看，可能无法与邵洵美的其他作品相比，口号式的句子及其诗的形式，完全与抗日战争爆发后的局势相适应，但这首诗的宣传鼓动色彩却是非常强烈的。邵阳在编辑父亲邵洵美的诗作时，特别叙述了与《游击歌》相关的一段逸事。1938 年 6 月间，英国作家、新闻记者奥登（W.H. Auden）和诗人奚雪腕（Christopher Isherwood）到中国访问，在同邵洵美交谈时，奥登说到中国没有一首像样的有关抗战的中国诗。邵洵美听后当场表示，中国有这样的诗，并随口说了一行"敌人钻进了一口空棺材"。这行诗让好奇的奥登非常感兴趣，当场要求邵洵美一定要找到这首诗并为他翻译成英文。"天生的诗人"邵洵美回家后把本来根本就没有的诗，硬是用英文写了出来，并交付给奥登，这就是《游击歌》。后来奥登在与奚雪腕合作的《战地行》一书中，特意将邵洵美随手写下的这首诗收在了这部书中。应该说，这首诗是邵洵美被逼出来的。

对于这首语言朴素、感情真挚的诗作，香港《大公报》曾经发表评论，认为"最满意的是《游击歌》"，因为这"是一首出色的'民歌'，它是新诗，可是那种运用民歌手法的娴熟，不是许多学文学大众化的人们所能及的。我们希望有人能把它谱出来，结果一定不会坏"。作为《游击歌》的作者和编者，邵洵美"自己也很得意能发表这首歌"，因为在他看来，"这首歌是一个'纯粹的心境'，绝对没有一句'调文弄墨'。我们看见新近发表的抗战诗歌，几乎每一首都多少要提起那些'风花雪月'，好像没有这一类字眼，便不成为诗的样子；所以我们便作这一个尝试，幸喜结果很满意"①。邵洵美本人也试图通过这首诗的写作，来尝试新诗发展的艺术形式问题，在字汇意境方面做到真正的"新"，能够使新诗真正"新"起来。

第一，邵洵美所以能够创作《游击歌》，不仅仅是从抗战的宣传

---

① 邵洵美：《编辑谈话》，《自由谭》1938 年第 3 期。

需要出发的，而且也是他一贯的文化、文学大众化观念的表现。主张并实践唯美主义文学创作的邵洵美，在艺术主张上，一直强调文学的大众化。在《花厅夫人》中，他就提出文学大众化的问题，认为"文学与社会应当发生密切的关系"，这就需要文学的大众化，要使"事物大众化，第一须使他变成大众的需要"①，使文学也变成为大众的需要，尤其在战争年代，文学首先要成为大众的需要。什么是大众的需要，戏剧、漫画、民间艺术等都可能成为大众所喜欢的艺术形式，"在中国文艺工作者一致动员为祖国的生存而奋斗之后，在理论上大家都赞同：战时的一切艺术必然是宣传的，在实际上一切的艺术作品或表现也必然是通俗的"②。或者说，为了鼓动国民抗战的情绪，达到艺术宣传的现实效果，应该使用各种可以利用的艺术形式，使大众能够容易接受各种宣传品。到了创办《自由谭》时期，抗日战争特定的环境使邵洵美更清楚地认识到文化大众化的意义。在邵洵美看来，"少数人的力量究竟是有限的。况且办杂志是一件大众运动，真正的成就，还在大众的合作。大众的眼光是锐利的，大众的头脑是理智的；我们坚决地相信，第一期出版了，便可以得到大众的承认；而第二期出版时，一定可以有大众合作的具体表现"③。邵洵美在这里所说的"大众"，并不是农工大众的意思，而是"更多人"的意思，这个"更多人"可以是作家，也可以是读者，也可以是赞助刊物或发布广告的商家。从这个意义上说，《游击歌》是这方面的代表性作品，他期望这篇作品能引起更多作家的兴趣，引起读者的喜欢，从而有更多的商

---

① 邵洵美：《花厅夫人》，《一个人的谈话》，上海书店出版社 2008 年版，第 69—70 页。
② 邵洵美：《〈街头上的抗战戏剧〉编者按》，《自由谭》1938 年第 1 期。
③ 邵洵美：《编辑谈话》，《自由谭》1938 年第 1 期。

家不吝投入。从大众艺术的角度来看，作品没有浮夸的铺排，也没有过分的抒情，而是直白的描写和情感的发泄。这种诗作是大众能够接受和理解的，也是抗战前线的士兵能够接受的。

第二，《游击歌》是邵洵美对中国抗日战争中实行游击战认识的艺术表现。1939 年《自由谭》第 6 期发表了邵洵美的《关于游击队的论辩》一文，这篇文章是从同期出版的英文版《直言评论》上翻译过来的，题目为 *The Guerilla's Part in the War*，作者为 Big Brother，根据邵绡红在《天生的诗人——我的爸爸邵洵美》一书中所列"邵洵美曾用笔名"，Big Brother 为邵洵美的笔名。《直言评论》上有个栏目，让刊物的作者或读者参与论辩，"赞同与反对"，"每期由两位作者对同一个题目，发出两方面的言论。惯常总是称由正面的人写好文章，给反面的人看了去驳辩。看上去，似乎正面的人太吃亏，因为他将没有反驳的机会了——虽然他可以再写文章在下期发表。有时正反两面，各写各的文章，但是又怕两方面的讨论点会相去太远"[①]。在同一期《直言评论》上与邵洵美唱反调的是 Peter Taylor 撰写的 *Nonsense about Guerillas*，由明耀五翻译为中文，题目为《游击队在现代战争中的有效性》，附于邵洵美的文章之后。将《直言评论》论辩栏目中的文章翻译并移到中文本的《自由谭》，这是第一次，这一次译移过来，既是因为文章是邵洵美写的，他可以借助自己出版并编辑刊物的优势，让更多的读者了解他的游击战的思想，"因为这个题材可以引起许多中文读者的兴趣"。同时，也期望通过讨论，让更多的读者关注游击战，思考抗日战争中的一些现实问题，"我们希望这两篇文章

---

① 邵洵美：《编辑谈话》，《自由谭》1939 年第 6 期。

都能使读者感到兴趣"。再次，也是对有些反对游击战的观点的回应，"原来我们在不久前有一位先生说他反对中国的游击战争，希望能和赞同游击战的人讨论一下。我们觉得这正好是我们'赞同和反对'栏目的好题材"①。邵洵美的文章尽管写于《游击歌》之后，但激发他写作这篇文章的原因，却是早就形成了，因此，可以把这篇文章与他的《游击歌》对读，看作是有关游击战的不同文体的姊妹篇。

第三，发表《游击歌》，发起有关游击战的讨论，也是邵洵美刊物编辑出版的经营策略，期望能有更多的作者为刊物投稿，更多的读者通过关注游击战的问题而关注《自由谭》，扩大刊物的销路，实现刊物扭亏增盈。《自由谭》出版第1期，邵洵美就感叹："今日之下，要在上海出版一本正式的中文定期刊物，眼前便拥挤着各种困难。一般出版家都已迁移到汉口、广东、香港去了；于是垫本难找老板，推销缺少内行。大部分著作家，或则为了躲避危险，或则为了接近市场，也都离开了上海；现存的杂志与报章的编辑人莫不叹息着稿荒。"缺少稿件是作家因躲避战乱，而大多离开了上海，无法正常为刊物写稿。同时另一方面，"我们只要把《自由谭》的成本和定价一算，便可以明白创办人的苦心了"②。

当《自由谭》出版了六期之后，邵洵美就不得不大吐苦水：

我们在创刊号里曾经夸过一句口，现在不得不把这句话收回来了。

我们曾经说，本刊的经济是不会发生问题的，但是现在居然

---

① 邵洵美：《编辑谈话》，《自由谭》1939年第6期。
② 邵洵美：《编辑谈话》，《自由谭》1938年第1期。

发生问题了。

　　不过话又得说回来，我们当初的意思是说稿费决不发生问题，现在依旧不发生问题。

　　现在的问题发生在另一方面的。

　　原来本刊的纸张是十分昂贵的，而为了顾全读者的购买力，所以定价除了批发折扣，明明亏本不少。我们曾希望亏损的数目能由广告收入来补偿，只奈新杂志不易兜揽广告，于是资本发生问题了。①

于是，他呼吁那些爱护文化的商家能够提供更多的帮助，给予更多的广告，"帮助我们经济的'文化大护法'在六期内亏了几千块钱"，"因此，我们险些不能继续出版"，所以，他们不得不"向各处求救"，"现在承蒙几位爱护文化的大商家要登广告"，使刊物能够正常运行下去。游击战作为战争中独特的一种战略战术，可以引起一些人的兴趣，引发讨论的同时能够引起人们参与讨论，从而吸引商家投入更多的广告。

---

　　①　邵洵美：《编辑谈话》，《自由谭》1939 年第 7 期。

第八章

新时代渴望新生

　　1945 年，抗日战争结束后，因战争而内迁大后方的出版社，以及在大后方临时成立的一些出版机构，随着战争结束而纷纷复员返回大城市，战争年代曾是新闻出版中心的重庆、桂林一带，随之出现文化大撤退。从 1945 年 8 月战争结束到 1946 年 5 月，不到一年的时间，原来比较繁荣的重庆、桂林，随着一些文化机构回迁而出现了文化萧条的局面。1946 年 5 月，国民政府还都南京，文化复员工作也基本结束，如正中书局、中华书局、商务印书馆、生活书店等国内著名出版机构，战争刚结束，就已经开始着手准备复员回迁的事务，"商务印书馆于 1945 年年底，即着手复员布建"，"中华书局的复员布建工作，也是早在抗战一胜利就开始进行"①。在这种时代的大势面前，由于邵洵美的印刷出版仍然停放在上海，而他本人在战时虽有奔赴重庆的想法和举动，但未及到达重庆，所以，战争结束后，他仍回到上海，开始战后的生活。

一、战后的欣慰

1944 年 10 月，邵洵美为了躲避日本人施加的迫害，也为了能够到陪都重庆做一些事情，携长子邵祖丞，准备动身前往重庆。这时，他巧遇朋友万籁鸣，在他的带领下，取道杭州奔重庆而去。邵绍红在《天生的诗人——我的爸爸邵洵美》中说："洵美为什么在这个当口匆匆携长子离家赴内地呢？这实在是不得已之举。自从日军入侵我国，政府军不敌，从放弃华北一直到放弃了长江南北，政府迁居四川，洵美一直没有放弃宣传抗日的决心。……当时日军在上海的宪兵队长冈村适三（就是毒死洋汉奸李士群的）通过熊剑东来向洵美游说。他们知道，在重庆的中国政府部门里有洵美的老友，所以他们要洵美出面去沟通，以谋求'中日议和'。洵美怎么能干这样的事！……他暗中与佩玉反复商量对策。商量下来，决定'走为上计'。……洵美萌生出到重庆去的念头，一则可以借以摆脱冈村的纠缠；二则可以明示自己抗日的心志。到了重庆，他的笔又可以有用武之地了。"②但是，种种原因，邵洵美并没有能够继续前行，没有实现他到达重庆的目的。

---

① 张定华等:《中国抗日战争时期大后方出版史》,重庆出版社 1999 年版,第 411—412 页。
② 邵绍红:《天生的诗人——我的爸爸邵洵美》,上海书店出版社 2015 年版,第 257—258 页。

1945 年 8 月，从浙江淳安回到上海的邵洵美，马上赶到镇江，查看家传的产业"忠裕"当铺，但是，遭受战火的当铺人去楼空，一切已经不复存在。这样，他必须要考虑如何养家的问题，所有的积蓄已经花光，所有的财路已经关闭，战争的炮火轰毁了一介文人的生活希望。这时，他只能把希望放在恢复时代印刷厂和时代图书公司上面，通过再次开办印刷厂和出版养活一家大小。"洵美只得托人向银行贷款透支，总算将'时代印刷厂'的牌子挂了起来"，"厂里才开始营业，只好先印《时代》画报，靠着这个当然很难维持，影写版问津的人少，其实《时代》画报本身就好像广告一样，做出样子来，比广告还有效呢"①。对于邵洵美来说，他虽然不像其他出版机构那样面临着长途搬运，从重庆、桂林迁回上海，他的影写版印刷机就在上海，他的工人、助手、编辑，许多也在上海或者上海附近，要组织恢复时代出版公司、时代印刷厂应该是比较容易的事情。但是，战争过后，百废待兴，一切都几乎从零开始，他原来租房放置印刷机的房租"不堪重负"，要想恢复到能够生产、出版，谈何容易！不过，邵洵美还是努力恢复起了这个印刷厂和出版公司，在原来厂房的基础上，搭建、搬场，使这台停止多年的印刷机恢复运转。当然，这间印刷厂能不能养活那些工人再加上他们一家人，也许只有邵洵美和盛佩玉能够知道。

战后不久，邵洵美任总编辑的《见闻》时事周报于 1946 年 7 月出版。刊物以美国《时代周刊》为蓝本，由陈继贞投资，陈继贞的弟弟陈志川任经理，邵洵美担任总编辑，由邵洵美的老搭档明耀五和王永禄协助。这份刊物虽然准备得仓促，但却恰逢其时，经过了战火的

---

① 盛佩玉：《盛氏家族·邵洵美与我》，人民文学出版社 2004 年版，第 242—243 页。

人们，从紧张、恐怖中走出来，愿意通过报刊一睹外界的消息，试图了解更多的时事。刊物出版后，受到读者的欢迎。

邵洵美并没有参与《见闻》时事周报太多的工作，随后他因为旅美而退出，但他发表在第 1 期《见闻》上的《赶快写定我们的战史》，却是在抗战胜利后值得提及的一篇重要文章。《赶快写定我们的战史》是一篇非常有前瞻性眼光和胸怀的文章，显示出一个出版人的职业敏感和责任心。文章写于抗战胜利将近一年的时间，这时，胜利后的欢欣随着时间的流失而渐渐降温，"八年的呐喊与期待"，在胜利的那天晚上，让胜利的喜悦到达最高潮。但是，战争过后，胜利后的期待又是什么？全国人民在思考，邵洵美也在思考，这场战争留给人类的是什么，"柏林以东，多瑙河以北，重重铁幕垂着的：什么了？别的角落里，旧势力，旧制度和新生命，新活力，搏击着，争替着：又什么了？"所以，在邵洵美看来，中国人民的"抗战"是一场伟大的战争，"以抗战的时代性而言，我们的'抗'，抗之能持久，抗的区域之广，不输给当今任何国家"，这是民族精神在战争中的体现，这个民族英勇顽强之所在，"以抗战的永恒的可贵性而言，前有晋人、宋人、明人的南渡，都未能北返，而我们于不十年间，河山还我，风景不殊，似亦可较诸历朝历代为无愧"。所以，当战争已经远去，新的时代到来的时候，人们没有理由沮丧，也没有必要心冷，而是要更能振作起来。当然，邵洵美认为人们不能盲目悲观，也不能盲目乐观，而应该有一种理性精神，对战争进行回顾、反思、总结。作为一个出版家，他想得更多的是："不知认识战争的，莫谈建设和平：所以我们要呼喊'写定战史'，而且要赶快地写定。"因为，对于中华民族来说，这部战史"是中华民族的战史，单讲战役，或单讲自由区抗战的设施和事迹，是不够的"，而应该把这场战争放在整个民族的历史发展进程中去写。可以说，邵洵美对于战争的认识以及对战史的认识都是非常深刻的，他能够站在民族历史的角度，站在新的时代的高度，看到了战史与民族发展的密切关系。

邵洵美之所以提出要"赶快写"战争史，是考虑到欧洲战区已经有人写了。对于第二次世界大战史，他"看到过英国的两种，美国的一种，有编年的，也有以疆域区分的"，但我们自己的却还没有，而且他看到"我们对战史没有充分准备"。如果从中国历史的角度来看，"我国历朝史书的体制，在世界历史文献中，能完整无缺，蔚为奇观，真是我民族文化最可自傲的一件事"，这些战争史能够让当代的人们"据往以知来，抑且要稽今以述古"，这也正是历史能够照亮现实，战史能够昭示未来的人类命运，"新的，活的史，为现代人所能懂得，适合于现代人意识形态的史，似乎犹待写定"。邵洵美尽管表达得不太系统，也受到文体的局限，没有充分展开，但人们已经在这其中看到了他对战史写作的意义、战史写作的要求等，都有系统的论述与精到的见解。应当说，邵洵美是站在民族文化的立场上，从社会发展的长远角度提出撰写战史的问题，表达了一位出版家对战后出版业发展的某些观察与思考。

二、《论语》的"复活"

（一）美国行程的喜与忧

1946 年 7 月下旬，邵洵美受陈果夫之托，暂时放下他刚刚办起的《见闻》时事周报，与颜鹤鸣一起去美国购买电影摄影机。颜鹤鸣是苏州人，摄影师，在一家电影制片厂工作，曾制作过一段有关梅兰芳的影片。"后来农民银行要办制片厂，要向外国买摄影机，派颜鹤鸣去办理，因颜懂摄影机，但他一点也不会外语，故邀请洵美同往，由洵美作翻译，他去看货，洵美未去过美国，有此机会何乐而不为呢。"① 这时，《见闻》才出版了 3 期，正是刚刚得到读者认可的时候，也是战后邵洵美在办刊方面获得初步成功的时候，但他受人之托，不能不放下自己心爱的工作，作为陪同开启了旅美行程。当然，邵洵美也不能没有别的想法，于公，他要进一步考察美国的电影事业，以便在国内能有新的发展，于私，他可以借此机会去看望曾与他有密切关系的项美丽，香港一别，也已经多年，此间，隔着抗日战争，隔着太平洋，但他们的心也许仍然在一起……

在美国，邵洵美与颜鹤鸣到好莱坞购买了预订的摄影器材，并参观了米高梅电影公司，与公司的影片制作人、导演以及一些当红的影星会见，在好莱坞，邵洵美特意拜访了喜剧明星卓别林，并受邀参加了卓别林的宴请。邵洵美从办画报、印画报，到参与电影器材，与电影演职员接触，是否有进一步涉足电影界的想法，目前尚不得知，但邵洵美的性格中对新奇事物的关注是应该可知的，他对电影的态度也能略见一斑。1934 年，邵洵美在《一个人的谈话》中就提及电影，对戏剧与电影进行过一些比较。他认为：

> 电影的发明，使演员更容易忘掉自己；因为镜头与画面的支

---

① 盛佩玉：《盛氏家族·邵洵美与我》，人民文学出版社 2004 年版，第 243 页。

配关系，情感的进展完全操诸导演的手掌中；一秒钟前你热烈地在情人的怀中美语，一秒钟后你也许会战栗地在北风里踟蹰。

演员在舞台剧里，他表现的方法是演化的，在电影里是归纳的，完全是两种艺术；所以电影决不会代替舞台剧的位置。

邵洵美从戏剧与电影的表演、演员表现方法的角度，阐述了戏剧与电影的不同。在这个比较中，邵洵美从演员的角度指出戏剧是不会被代替的，它仍然有强劲的生命力，洪深、应云卫等戏剧作家与导演，从戏剧转向电影，"决不是因为不知道舞台剧与电影完全是两种艺术，而是因为训练一个电影演员比训练一个舞台剧演员要容易"。从导演的角度来说，戏剧与电影也有明显的差异："舞台剧的导演与电影的导演也完全不同；前者只要导演人的动作，后者还要导演物的动作；所以无声的电影会使我们忽略它是哑剧，而不说话的舞台剧则完全是手势戏。"从邵洵美的言论中看不出他喜欢还是不喜欢电影，他更愿意站在戏剧的立场上，拿电影来说事。不过，从邵洵美的个人性格与艺术倾向来说，他至少对电影这种新技术媒体时代的艺术，并不表示反对，甚至带有某种程度上的热心与好奇，他能陪同朋友前往美国，能够到电影公司洽谈购买摄影机，能够与卓别林等电影演员接触，也看出他的一些努力与个人爱好。但没与卓别林商谈成《大独裁者》的放映权，也多少说明电影在他心中还没有完全形成一种艺术爱好和个人追求。

完成了在西海岸的工作，邵洵美与颜鹤鸣一同来到东海岸，造访老朋友林语堂，但恰巧林语堂不在家，未能如愿，随后见到了他多年不见的美国女朋友项美丽。正如王璞所言："项美丽离开了上海就不再是项美丽，因为这意味着她已经脱掉五年来一直深陷其中的迷恋。

她像是作了个长长的迷梦这才醒过来，在跳出情网的同时跳出了毒海。现在她又变回了当初那个敢于挑战一切、敢于跑到任何地方开始新生活的艾米莉。"① 的确如此，1941 年，项美丽去香港后，就成为了查尔斯·鲍克瑟的情人，并且生下了一个小女孩。1943 年 12 月，她回到阔别多年的美国，真正成为查尔斯·鲍克瑟夫人，而且项美丽精心撰写的《宋氏三姊妹》在《万象》发表时，也是使用了爱茉兰·海的译名。项美丽不是为了抹去曾经的一段生活，上海的故事和记忆是抹不去的，也可能是她一生中值得留恋的一段，而是文化习惯不同使然，她毕竟回到了美国，回到了自己的文化语境中。现在，曾经与她相处多年的邵洵美来了，战争过去了，上海远去了，他们相见在另一种文化环境中。这些年，邵洵美经历了战争的洗礼，经历了生活上的折磨，经历了从出版的高峰到低潮，而项美丽则经历了重庆、香港、美国，经历了嫁人、生子，出版了她的《宋氏三姊妹》和 *China to Me*，已经功成名就。同时，她仍然为《纽约客》撰写文章，并且有一间《纽约客》专门为她提供的办公室。在这种差异明显的状态下，两人再一次相见，"双方讲述战时遭到的苦难，填补彼此失去联络那几年里的空白，相互祝酒庆贺大难不死。他们回顾往事，哑然失笑，甚至拿项美丽打趣，项美丽的母亲坐在一旁，听他们没正经的调侃，一脸震惊。"② 让项美丽的母亲感到"震惊"的"没正经的调侃"的内容是什么？邵绡红没有叙述，对此，林淇在其《海上才子——邵洵美传》中有所叙述："项美丽是位抢跑在世纪前面的不为世俗、社会规范所拘囿的女性，昔日她与邵洵美的一情一节早已全盘托在鲍克瑟面

---

① 王璞：《项美丽在上海》，人民文学出版社 2005 年版，第 287 页。
② 邵绡红：《天生的诗人——我的爸爸邵洵美》，上海书店出版社 2015 年版，第 272 页。

前，而今天她跟鲍克瑟之一点一滴也全部告诉了邵洵美。三人谈得十分融洽时，鲍克瑟忽似真似假地指着项美丽对邵洵美道：'邵先生，你这位太太我代为保管了几年，现在应当奉还了。'邵洵美笑答说：'我还没有安排好，还得请你再保管下去。'一番对话听得项美丽前俯后仰大笑不止。"[①] 这是一个未经更多材料证实的故事，不过，人们宁愿信其有，不愿信其无。这个故事从一个侧面证实了邵绡红所说的让项美丽的母亲感到"震惊"，是事出有因的。

（二）《论语》复活

当邵洵美正在美国忙于拜访朋友，游历美国东海岸各大城市的时候，他悉心创办的《见闻》时事周报却遇到了危机，尽管这份杂志深受读者欢迎，办得有声有色，但还是因为经费问题，维持到第 17 期的时候，就不得不停刊了。等邵洵美从美国考察归来时，刊物及其办刊的所有人马悉数都被《新中国画报》接收过去了。但是，塞翁失马，焉知非福，《见闻》不见的同时，已经停刊接近十年的《论语》却在盛佩玉的积极努力下复刊了，身在美国的邵洵美，已经听到《论语》复刊的好消息了。

有关《论语》复刊的经过，盛佩玉有比较具体的亲历性描述：

> 过去我一直跟着洵美经过了很多事。他读书、买书、写书、编书、出书、译书，一切都围绕了书，因此我的脑筋也花在这上

---

① 林淇：《海上才子——邵洵美传》，上海人民出版社 2002 年版，第 215 页。

面，我便想起了《论语》。以前《论语》的销路很好。有了它，往往厂里的盈亏能相抵。眼前不想有什么利润，只要能周转得过去便行了，那么最好让《论语》复刊。但谈何容易，要去求得外稿，主编何人？想到此，真感到困难重重。

我的脑子不停地动，先要找个主编人，在朋友之中一个个找过去，可是他们和洵美是熟朋友，和我并不如此熟，那我又怎知他行不行呢！可我又想，事在人为嘛，我继续想，想到了李青崖老先生，他是诚实持重的，不妨我前去和他商量。①

1946 年 12 月 1 日，经过多方努力，复刊后的第一期即第 118 期《论语》终于问世，李青崖任主编，时代书局出版发行。李青崖（1886—1969），著名法国文学翻译家、作家，1924 年，他曾著文将"humor"译为"语妙"，1932 年参与《论语》的创办工作，与邵洵美也是老朋友，"在 1932 年 8 月，《论语》半月刊创办前的邵洵美家中的纳凉夜会上，李青崖也是积极的参与者之一。李青崖与邵洵美、林语堂、章克标、郁达夫、全增嘏、潘光旦、沈人乾、孙斯鸣等早就有友好交往，所以才会聚在一起商讨办个自己的刊物《论语》"②。现在邵洵美不在家，由他来担当刊物的主编，是再合适不过的人选。从复刊第一期的作者队伍来看，李青崖的人脉很旺，邀请到了丰子恺、俞平伯、陈子展、赵景深、徐蔚南、吴祖光等新老作家。刊前一篇以"本刊同人"为名的《论语复刊词》，道尽了《论语》同人的辛酸和甘苦，写出了战后恢复

---

① 盛佩玉：《盛氏家族·邵洵美与我》，人民文学出版社 2004 年版，第 244 页。

② 林达祖、林锡旦：《沪上名刊〈论语〉谈往》，上海书店出版社 2008 年版，第 113—114 页。

文化出版的不易：

　　本社的停刊是二十六年八月中旬，也正是倭人在上海向我们进攻的开始，当时本刊同人大都认为那是中倭全面战争的预兆，所以在八月一日，发行了本刊第一百一十七期之后，就毅然决然把它停刊。到如今，我们既然在胜利声中结束了国际战争，并且又在接收之后复员了国家命脉，所以现在的本刊同人，对于这份出版已历五年而毫无间断的《论语》半月刊，共认为不妨毅然决然教它复活。

　　也许有些人认为这一"停"一"复"都是"未能免俗"罢，尤其是这一"复"之际，正值当初的《论语》那二十多位长期撰稿人，有一部分竟因为这次在历史上几无前例的大旋流，承受了各种可伤可叹甚至可诅咒的变化：所以《论语》复刊之说，大概不免有些儿"那个"！

　　不过现在的本刊同人，以为"俗"并不是一件恶劣的事，而况魏晋间的清谈风气，在今日不免使人倾向于"不知死所"的危亡，笑林式的滑稽文章，在当时同人又何尝全体认为可供读者的咀嚼……所以倘若了然于"穷通久变"的需要，那么"那个"云云，未必是一件值得顾虑的事儿了。

　　于是《论语》半月刊就在这个结论之下"聊复尔尔"地复刊了，至于日后和刊物有关的一切，不能一步一步地有客观的事物呈现于太阳系的下边，读者尚有所赞助和批评，那自然是同人十二分希望的事。

　　　　　　　　　　　　三十五年十一月在协议之下写成

"未能免俗"只能是《论语》同人的自嘲，是在战争过后不得不复刊的无奈与努力，当然，从战争文化重建的角度来说，这是一种文化自信、文化自觉，以刊物复刊的方式抚慰受伤的心灵，为刚刚从战乱的惊慌错乱中走出来的人们提供精神的帮助与慰藉，所以"俗"并不是什么"恶劣的事"，幽默文章可以使人得到心灵的安慰，重新振作投入生活。从复刊第一期的文章来看，写战争、反思战争、写大后方人情风物的文章居多，诸如莫名奇的《阴沉天气的怀想》、丰子恺的《宜山遇炸记》、陈子展的《巴蜀风物小纪》、赵景深的《论烤猪》、青崖的《大战中的语妙小品之一斑》等，从一个方面暗示复刊后《论语》的文化趋向。

邵洵美于1946年底回到国内，此时，他苦心创办的《见闻》时事周报已经停刊，而《论语》复刊刚刚出版了两期，李青崖主编复刊《论语》四期之后，也因有其他事务而辞职，邵洵美从第123期开始重新拾起《论语》主编的职务，开始编辑工作。在这一期《论语》上，他在《编辑随笔》中除了对李青崖复刊《论语》作出的贡献表示谢意之外，重申《论语》的办刊主张，要回到读者熟悉的前期《论语》的风格：

> 《论语》是一本幽默刊物。关于幽默的解说，过去已经有不知多少篇文章，《论语》的读者大概都见到过了。当时我们还编印过一部《幽默论文选》，以备没有《论语》全份的读者可以拿来参考，可惜现在已卖完，纸版也在抗战时期丧失。我们计划在最近再重编一部，把以前没有编进去的材料再增加进去。
>
> 编《论语》的人并没有什么政治成见，我们有的只是一种写

作的态度。这种态度曾经引起许多热衷之辈的反感，可是我们来不及对他们分辩，他们也不见得有空闲听我们的分辩，我们对之仅能报以"会心的微笑"。

有一位朋友为我们的态度下过一番注解，他说《论语》要"乐而不淫，哀而不伤，谑而不虐，骂而不咒。"（乐，淫，哀，伤，谑，虐，都作动词）我们觉得很有意思。不过我们希望能做到被乐者亦不会淫；被哀者亦不会伤；被谑者亦不会虐；而被骂者即使"怒从心头起"，可是同时会"笑向嘴边生"。

《论语》的幽默、豁达，在邵洵美的《编辑随笔》中清晰地表述出来，这也说明经过战火的洗礼，尽管人们生活无着，伤痕累累，但那种生活的、文化的幽默态度并没有因此而变。邵洵美主编的这一期《论语》就发表了沈有乾的《幽默测验》、乔志高著凯旋译意的《与美国人论中国幽默》、子振的《儒林外史的人和事》、何若愚的《谈收复墓茔失地》、吴直九的《谈兴趣》等作品，从不同的角度、以不同的方式谈幽默、谈性灵，这些文章或幽默，或闲适，或谈历史，或谈现实，或谈文学，谈生活习俗，都让读者重新读到了那些熟悉的味道。

出版专号是邵洵美主编《论语》的重要特色，他从重新主编开始，就想到出版专号，随后刊登启事，征集专号题目："本刊拟于最近期内出一专号，专号题目，未敢独裁，兹特公开征求，所望作者读者各抒高见，咸来命题。一经选用，当以时代画报全年为酬。"第124期，邵洵美与林达祖确定好了专号的题目，专门发表了一个《癖好专号征文小启》，向社会各界征集作品："人有癖好，犹水有波纹，水无波纹，固一泓死水；人无癖好，直一个死人。有癖好，精神斯有寄托，生活斯有情味。"所以，"文章原本天成，癖好亦出天性，凭妙手之偶得，使至情以流露，宁非趣事，不亦乐乎?"半个月之后，即第 125 期就出版了"癖好专号"。每位撰稿作家所提交的"我的癖好"的作品，在邵洵美看来，就像是作家的"自传之一章"。这种写作方式及其题材特点，恰恰拉近了作家与读者之间的距离，因为对于每一个人来说，"癖好"都是独特的、特别的，有与众不同之处，"假使自己不好意思写出来，便会失实，假使过分着重而加意描写，也会失真。况且讲'自己的癖好'，无论你如何超脱，潜意识里多少怀着有些鬼胎，(或称'犯罪心理'Guilty Conscience)，所以即使在文章的开始，约略谦虚一番，接下去便逐渐说到'自得其乐'之处；即使有过'出丑'的经验，时常会忘却提及"。因此，当读者看到作家这样的"癖好"时，无疑看到了作家不易为人们了解的生活与习惯，读到了作家的另类自传。这一期"癖好专号"的作家阵容极为强大，一些著名作家都提笔为《论语》写稿，如丰子恺、余上沅、高植、赵景深、李之谟、顾仲彝、老向、徐蔚南、俞平伯、莫名奇等，几乎每个作家都有不同的癖好，买书与藏书可能是文人最雅的癖好，顾仲彝和徐蔚南都写到了与书相关的癖好，有的是烟酒的癖好，有的则是烧香的癖好，当然也有论述癖好与文明、癖好之评价等相关问题的文章。邵洵美并没有为刊物写文章，但他一篇"编辑随笔"写到了有关癖好的问题，写到了了自己的癖好，也是一篇读来颇有趣味的文章。

毫无疑问，这一期"癖好专号"取得了意想不到的效果，深受读者的欢迎，紧接着，《论语》又组织了"吃的专号"、"病的专号"、"睡的专号"，以及《论语》复刊一周年特大号"、"新年特大号"等，这些专号题目新颖，出奇不意，又在读者的阅读期待之中，也在作家的写作兴趣之中，无论写作的人，还是阅读的人，都怀有一种说不出的喜悦之情，充分调动了写作者和阅读者的积极性，既争取了不少稿源，也争取到了读者的支持。

（三）后期《论语》及其编辑思想

出版"病的专号"之后，迎来了《论语》复刊一周年纪念，第142 期出版了"特大号"，邀请《论语》的长期作者及其他文坛名流为本期特大号助阵，徐訏、申又虔（沈有乾）、顾仲彝、彭学海、施蛰存、全增嘏、老向、曾今可，以及邵洵美、林达祖等名家撰文，回顾、纪念《论语》复刊一周年。"特大号"出版之后，又是 1948 年元旦之日，《论语》第 144 期又借此机会出版了"新年特大号"，"恭贺新禧"只是一种态度，对读者的祝贺，而借新年的新气象，正可以重申《论语》办刊理念和编辑方针，向读者明示刊物的发展方向。前后这两个"特大号"时间近，借机扩大刊物影响的意图明显。在《论语》复刊一周年的"特大号"上，邵洵美发表了《一年论语》，林达祖发表了《论语一年》，在第 144 期的"新年特大号"上，邵洵美又发表了《与达祖书》，林达祖则发表了《恭贺新禧》、《论今年外交重心》等文章，第 145 期虽然不是"特大号"，但邵洵美还是发表了《再函达祖（代编辑随笔）》，从这几篇来往书信及编读随笔来看，经过一年的努力，《论语》已经再次在读者中站稳了脚跟，邵洵美在此基础上，试图进一步明确《论语》的办刊方针，在编辑理念上进行一定的调整，使刊物能够更加适应时代的发展和社会的需要。

先看这篇《一年论语》。

《一年论语》是为《论语》复刊一周年而作，邵洵美在回顾《论语》创办以来的发展历史的前提下，表达了近一年来为刊物写文章的作者的感谢之情，更强调了《论语》的风格及其发展趋向，"我们大家都会一天天老去，只希望《论语》常新永生"。怎样才能"常新永生"？在邵洵美的观念中，一是要依靠新老作者的支持，依靠新老客户的支持。有了作者的支持，才会有更多的读者喜欢的作品，才能吸引读者，才会有新老客户的更多的支持。本文的前三节分别是《我们的幸运》、《关于周年纪念号》、《论语简史》，从三个不同的角度对《论语》的创办及发展历史进行了简要介绍，主要阐述编辑与作者之间的关系，带有复刊一周年纪念与感谢之意，而第四节《一年来三件幽默大事》值得特别关注。这并不是说邵洵美叙述的"三件幽默大事"都是《论语》刊登或与《论语》相关的事件，而是这三件幽默的大事对《论语》未来发展的意义，它们给予《论语》"以无限的材料"，并以这三件大事为《论语》确定了基调，《论语》的幽默风格是不会变的。第一件大事是"胡适之先生也提倡幽默了"，第二件大事是到上海高检处投案的"一个怪客"，"大有《论语》作风也"。第三件大事是"返老还童"的吴稚晖先生在国代竞选期间一番谈话，和邵洵美正在上学的小女儿一篇写竞选的作文，都具有天真的特征。这三件事本来都是很严重的"大事"，但在各自的叙述中，又都带上了幽默的精神，而这也恰恰是《论语》的精神。

再看邵洵美给林达祖的两封信。

这两封信分别刊登在《论语》第 144 期"新年特大号"和第 145 期上，收信人是林达祖。林达祖时为《论语》的编辑，与邵洵美一起编辑《论语》，但《论语》的版权页上，却只署邵洵美一人的名字，而林达祖则成为幕后的编辑人。这两封信都是商谈编辑事务的，涉及到刊物编辑的具体工作、编辑计划及其编辑方针、刊物发展方向等问题。

发表于第 144 期《论语》的《与达祖书（代编辑随笔）》在梳理了邵洵美与林达祖两个人就编辑刊物而进行的谈话，确定了刊物的编辑方针之后，主要讨论林达祖提出的"叫好与叫座"的问题。"叫好"与"叫座"，的确是纠缠编者而又事关刊物出路的问题，刊物"叫好"不一定"叫座"，读者期望能读到为之叫好的文章，而对于一个刊物来说，仅有读者的"叫好"并不一定能支撑刊物的发展，而必须还能"叫座"。邵洵美认为，《论语》所发表的文章，"大部分都能博得人家'叫好'：这当然全是靠内容。不过也有一种读者，喜欢'叫座'的文章，那得须仰仗作者的大名了"。邵洵美从一个特定的角度对"叫座"进行了阐述，而没有考虑到刊物的发行问题，即如何能让更多的读者喜欢刊物并购买这本刊物的问题。对于这位理想化的编辑和出版人来说，邵洵美更多考虑如何把刊物办好，能让读者叫好，而很少从刊物的发行及其利润的角度考虑办刊，这恐怕也就是他与林达祖意见不尽一致的地方。当他在文章的内容与文章的作者之间思考"叫好"与"叫座"的问题时，把握了一个编辑对刊物内容的基本方向，但又忽视了刊物的营销。所以，我们读下面这段文字，就会感受到其中无可奈何的味道："文章本来重在本身。任你的名气如何大，文章不好，除了在广告上发生相当的效力——《论语》是难得登广告的——读来依旧不会满意。反之，文章好了，不论作者有名无名，一般会受人拥护。譬如去年'病的专号'里有几篇文章，虽是老手笔法，署名却甚生疏，可是发刊以后，我们收到了不知多少赞美的信件。"这里实际上谈的还是"叫好"的问题，而没有真正涉及刊物如何"叫座"的问题。在随后的文字中，邵洵美也谈到了刊物的销售数量，在他看来，之所以会有越来越多的读者喜欢，销售数量激增，是因为"像《论语》这样一个态度明显的刊物实在不多：人家既确信我们不会背了枪支，在动乱时期喜欢革命，我们便乐得拿了笔杆到老虎头上拍苍蝇"。这也就是为什么邵洵美说他试图通过这封信，"把我对编辑的意见，再详细对你说一遍"，"定出一个显明的方针来"，但到头来"谁知说说又说到幽默定义上去了"。可见，对于邵洵美来说，只要把握了幽默，《论语》的编辑方针也就确定了。

《再函达祖》紧接着上一封信继续谈有关《论语》的编辑方针问题。邵洵美在这封信中，通过回顾自己从 11 岁办刊物开始的经历与经验，认识到自己"一生的命运好像在那时候已注定了"，而到编辑出版《论语》时就有了预兆。他所总结的自己的出版经历是："多少年来，可以说，我只是经营着出版事业。自己的刊物有时停办了，便为别人的刊物编辑写作，我对于国外著名的出版家和编辑的传记，极为注意，也最感兴趣。"他试图从国外那些著名的出版家和编辑的传记中得到一些经验，照他们的做法去做出版。现在，当他对照正在编辑的《论语》时，得到了具有出版文化意义的一些结论，第一是"编辑决不可和他的作者竞争"。一个编辑最重要的不是在自己编辑的刊物上发表文章，而是在于"能发现杰出作者"。第二是"编辑任何一种刊物，都得要有'趣味'"。这就要求刊物本身要有"趣味"，而且要能使读者在阅读的过程中感受到趣味。第三就是"定期刊物绝对不可脱期"。因为"刊物时常脱期，便好像交到一个不守信用的朋友"，长期不守信用的朋友就会遭到朋友的抛弃，失去了信任力。对于一个刊物来说也是如此。第四是"编辑与读者须彻底合作"，建立一个编者和读者共同参加的"公开的园地"。第五是要求一个刊物的编者"应有丰富的常识"，尤其是对于《论语》的编者来说更是如此，"文章题材从国家大事到家庭琐碎。稿件性质，有文字也有图案；文章体裁，用白话也用文言。你都须懂得鉴别。你应当了解新诗的优点与旧词的好处。你应当知道外国的生活与中国的习惯。你更应该明白为什么有人要做官，又有人肯做老百姓。你也应当清楚为什么美钞黄金有时危险有时不危险。你还应当接触钞票白米，早晚的市价，昨今的价值"，编辑的知识面决定了刊物的水平，所以"做一个《论语》的编辑，比了解一个独裁的元首，要难得多呢"。这五个方面的编辑问题，是邵洵美多年来做编辑的经验总结，也是对《论语》杂志进一步发展的基本设想。这些问题虽然都是宏观的、原则性的，但却是一个刊物的编辑不能不思考、不能不努力解决的问题。当然，邵洵美在此基础上强调的仍然是《论语》一贯坚持的幽默。所以他在信中特别突出了这一特点："《论语》是一本幽默刊物。我国也只有这样一本幽默刊物。编辑《论语》自应彻底明白'什么叫幽默？'"《论语》能够立足于杂志纷纷出现的 1930 年代，坚持出版，而且能够在抗日战争结束后不久复刊，得到读者的广泛认可，与刊物一贯的幽默风格是分不开的，邵洵美在信中所要表达的，是要让更多的读者知道《论语》的这一特点，明白幽默与《论语》的关系："《论语》自从出版以来，我们已不知写过多少关于幽默的文章。从外国幽默说到中国幽默，从古代幽默说到现时幽默，幽默的定义、解释、例子、文选，真是应有尽有。"在《论语》已经出版多年并且已经得到社会广泛认可的前提下，邵洵美两次提出幽默的问题，并以此讨论《论语》编辑方针，可见重视程度。在1948年第146期《论语》的"编辑随笔"中，邵洵美再次提到这两封信，进一步对自己的想法作了阐述，希望读者能从他们讨论的刊物的"态度与意见"、"企图与方针"中，明白刊物的发展方向，"那一种文章只有在《论语》上方才看得到；那一种文章唯有在《论语》上决对看不到。希望为《论语》写文章的诸位，也从此更能明白，那一种文章只有《论语》敢登；那一种文章只有《论语》不肯登"。这种以鲜明的态度与风格出现在世人面前的做法，"敢登"和"不肯登"的编辑方针，也是《论语》多年来独立于世、站立于期刊行列的独特之处。

有关《论语》的编辑思想与风格，邵洵美在1948年第158期的"编辑随笔"中还进行过说明，仍然涉及到《论语》"敢登"和"不肯登"的话题。在这篇"编辑随笔"中，邵洵美从回答《论语》的朋友的问题出发，强调了刊物的气度与风度，而且直接把作者与编者的关系提到了重要的位置上，指出"是不是在为《论语》写文章"成为刊物选用或者是否肯登的重要标准。"喜欢为《论语》写文章的人很多，可是他们是不是都在为《论语》写文章呢？今日之下，的确到处有《论语》文章的好材料，可是大家有没有把他们写出来呢？"这就是说投寄给《论语》的文章不一定是为《论语》写的，而《论语》发表的文章则应该是"为《论语》写文章"。为《论语》和为其他刊物写文章有什么不同？邵洵美自己回答道："为别的刊物写文章，你只要有相当的学问修养便可以。为《论语》写文章，有了学问修养还是不够。你须得要有写《论语》文章的气度。便是说，你要肯说真话。你不想得罪人，可是要不怕得罪人；同时别人得罪你，你也要能不动气，不在乎。你要能了解人，可是并不一定要人家了解你。你要能原谅人，可是并不一定要人家原谅你。一切事情，你要能看得开，看得穿。你须得有丰富的情感，可是不能让情感来左右你。你须得有敏感的理智，可是不能让理智把你变得冷酷。对人要热情，对事要冷淡。做人要冷淡，做事要热情。"同时，要为《论语》写文章，"还得要有写《论语》文章的心境"，"写《论语》文章，你须得要头脑清楚，情感冲淡，精神健全，良心干净，生活从容，环境安静；否则还是不写的好"。因为其他刊物不是幽默刊物，而《论语》是以幽默立世，以幽默著称的。

（四）"群言堂"与公共领域

"群言堂"本来是早期《论语》的一个传统栏目，以发表读者或作者的来信为主，是一个发表读者阅读刊物后的感想或表达个人意见的具有公共空间性质的栏目。1946年12月《论语》复刊后，并没有马上恢复这个栏目，一直到第142期开始，才恢复"群言堂"，重新将其开放为一个公共空间，让更多的读者或作者有发言的机会。在第142期《论语》的"群言堂"栏目恢复之际，编者邵洵美特意加了一个简短的前言："过去《论语》原有'群言堂'一栏，专为读者发表意见而设。上期'病的专号'出版，收到读者来函三件，兹为刊载如左。我们欢迎读者批评指教，倘以读《论语》有感，横生意见，则请登群言之堂，各抒得意之论。"这里从收到的三篇读者来函而谈及"群言堂"的特点，由此可以大体了解这一栏目的功能。到第143期的"群言堂"，邵洵美就比较系统地阐述了栏目设立的思想。一般报刊的"读者来信"栏目是刊物与读者进行有效沟通的渠道，从《新青年》时期就有这种"通信"栏目，成为读者发表意见的"自己的园地"。《论语》创刊后，也非常注意刊物与读者之间的联系，以各种不同形式表达读者的意见。从已经发表在"群言堂"栏目中的来信看，无论作者还是编者，都极为重视这个栏目的"群言"特征，也就是不发表《论语》的一家之言，而是让读者的意见真正成为读者自己的意见，是读者自己发表言论的"堂"。正如邵洵美在1947年第143期的"编辑随笔"中所说："我们已经把'群言堂'恢复了。我们不想模仿大家说：'这是一片大众的园地'，因为全部《论语》何尝不是'大众的园地'！不过在'群言堂'里，我们可以不拘任何形式，自由自在地表达各人的意见与感想。尤其是当我们忽然有了一个念头，或是见到件事实，要写成篇文章，却嫌材料不够；更也许是恰好没有空闲，可以把来充分发挥：在这种情形下之下，随便提起笔来写封信给'群言堂'，那是再适宜也没有的了。"追求刊物的大众化，是《论语》提倡幽默、闲适的主要目的，让更多的读者能够参与刊物，同时又把刊物办成让百姓发言的场所，成为一个大众论坛，这也是邵洵美的一种文化理想。所以，在他看来，"群言堂"栏目"决不是专登关于《论语》的意见，一切零星的随感，偶得的警句，甚至片段的故事，简短的新闻，都是极好的材料。诸位可以当它作各自的备忘录，我们可以当它作小型的资料室"。对此，读者赵震来信评论说："读《论语》复刊周年号，知你们欢迎读者大家来投函群言堂，大家来说话，我很佩服你们这种贤明的措施。"①

---

① 赵震：《读者赵震来信》，《论语》1947年第142期。

　　同时期其他一些刊物也大多设立类似的栏目，将这类栏目作为纸上的"沙龙"，如《国闻周报》、《真善美》、《南华评论》等设立了"读者论坛"，《生活》周刊、《方舟》、《科学画报》、《中美周刊》等设立了"读者信箱"。可见这些刊物都重视通过与读者的交流加强沟通，建立联系，从而扩大刊物的读者面和社会影响。在这种传播背景下，邵洵美热衷于在刊物上设立与读者交流的栏目，营造一个可以对话的平台，也是他提倡"花厅"的纸面形式。邵洵美于1935年《人言周刊》曾开辟"艺文闲话"专栏，以"郭明"的笔名发表《艺文闲话》，其中，有《文艺俱乐部》一文，从南京设立的"文艺俱乐部"说到上海的文人也曾有过"文艺茶话会"、"文艺座谈会"等一类的形式，"但是都为了没有固定的场所，所以至多是一种每月聚餐的性质"。这是指的文人间的聚会，而基本上无法吸收读者的参与。因此，在刊物上所设立的读者来信、读者论坛一类的栏目，读者可以借助栏目与编者、与作者，甚至于与其他读者进行对话。如他主办的《人言周刊》就设立了"读者邮箱"，《十日谈》设立了"吸烟室"，这些读者参与的栏目极大地调动了读者的积极性，读者不再是被动地阅读刊物，而是成为刊物的主人，能够发表自己的声音。1937年第108期《论语》的"编辑随笔"中，邵洵美就特别强调了读者来信的意义。他指出："我们进一步的希望是'读者'都能变成'读编'。他非特读，还得帮着编；便是说，他应得随时把自己所希望于《论语》的，让我们知道，使《论语》成为他'趣味的寄托'。这时候编者与读者的合作方奏大成。"怎样才能让读者成为"读编"？邵洵美的意见是："我们希望我们的'读编'能多多地写些各式各样的信给我们：对于无论什么上面，假使有感想、意见、疑问、或是发现，都可以写成短信。"他把这种讨论的形式称之为"不见面的座谈会","群言堂"就是这种"不见面的座谈会"。

"群言堂"的读者来信主要有三方面的内容,一是讨论世界和国家大事、时事政治、社会万象等;二是就《论语》发表的文章进行评论,表达其阅读感受,或者就《论语》的办刊特点、内容进行批评;三是就《论语》发表的文章进行商榷,提出不同意见。第 143 期《论语》中姚可的来信主要阐述中国的外交问题,以嫖客与舞女的关系说明美国对中国的关系。司马久的来信则主要表达读者与《论语》的感情的,而陈仁的来信则是与《论语》刊载的文章进行商榷的。第 144 期《论语》发表的黄仲云的来信,主要是讨论经济问题的:"我不懂军事,而且国防部又是分贴告示,禁止人民谈论军事,这里就谈经济吧。"他在论述中国经济形势不见好转、政府调控不当等问题后,以犀利的追问向编者也是向社会或者政府当局提出了质疑:"先生,事实如此,试问经济前途,有可望者乎?"类似这种对某些问题的认识并发表读者观点的来信,成为读者参与刊物"读编"的重要方式,读者通过刊物寻找到了一种可以表达的途径,真正将刊物作为一个平台,一个公共论坛。"群言堂"里读者来信谈论最多的还是《论语》的质量好坏、问题所在、阅读心得等一类的内容,甚至也会适时地幽默一下。1947年第 145 期《论语》的"群言堂"发表的"论语读者韦志岳"的来信,通篇以幽默的笔调,叙述了自己阅读《论语》的感受和"逼迫"他人阅读《论语》后的表现。同一期发表的"读者乔新之"的来信,也是以幽默的语气阐述对《论语》的看法,尤其就第 143 期《论语》的"群言堂"赵震来信中所批评的"《论语》近来错字太多"所发表的意见,本身就具有幽默感:"我认为大可不必,因为《论语》本身是一种幽默性刊物，往往因一两个错字，反而会引起遐想及另一种幽默感，比如赵君信中说：'……后来与老婆共同研究，被她"浪"声一诵，我才听懂……'你看这一声'浪'字，用得多么富有诱惑性？假使一定要把它改正过来，岂不减色？"这一质问本身具有浓郁的幽默感，让人读来会心的一笑，其中的意味可以让人慢慢回味。这类的读者来信，其文字同样具有魅力，显示出读者的智慧，甚至是作者和编者所无法做到的幽默。

（五）《论语》关门

1949 年 5 月 16 日，《论语》出版了第 177 期，这一期是由明耀五编辑，邵洵美仍然撰写了"编辑随笔"。就在这一期"编辑随笔"中邵洵美介绍说："从本期起，我约请明耀五君助我主持编务，耀五本来是《论语》老友，过去也常有文稿供给。他在二十年前即与孙师毅君合创《泛报》，与《论语》宗旨相近，凭这一资格，定可为我分劳。"从这篇"编辑随笔"可以看到邵洵美是多么想继续编辑出版《论语》，他已经为更好地出版刊物、出版更好的刊物进行了多方面的准备，他为此专门邀请了老朋友明耀五来协助编辑。想不到的是，这竟然是明耀五编辑的唯一一期《论语》，因为，这一期出版之后，《论语》就停刊了，这一停，就再也没有恢复过。

有意思的是，1949 年 3 月 16 日出版的《论语》第 173 期，是"逃难专号"，《论语》创办的时间里，出版过诸多专号，而唯有这期是为"逃难"而设的专号，这是针对时事而设的栏目，但《论语》的主办者是否已有某些预感，也未尝可知。"百万雄师过大江"的壮举就要上演，国民党政权岌岌可危，大批为躲避战争而奔走的难民，成为大战在即的一种社会景观。这一期"逃难专号"上发表了邵洵美的《逃亦有道》、许钦文的《有难逃不得》、只红的《走为上着》、辛沃的《古逃难篇》，而正文之前刊登的"达"（林达祖）的《可以逃则逃》、《逃然后见君子》、《逃之夭夭》都有较强的现实性，这也反映了《论语》同人的一种矛盾心态，逃难面前，作为知识分子的他们如何处理，逃还是不逃，走还是不走，都是一种痛苦。据邵绡红的回忆："胡适来访，特地送来了两张机票，邀洵美夫妇与他赴台。洵美表示感激，但他不能弃儿女于不顾，也不忍扔下厂里职工兀自一走了之。叶公超得悉，与海军司令桂永清协商，腾出半艘军舰，让洵美合家和印刷厂全体员工连同机器一并迁台。……洵美与佩玉商量再三，也谢绝了叶公超的盛情。"[1] 所以，当朋友来信问他逃不逃难的时候，他奇怪"怎么会问出这样的话来"，在他看来，"逃亦有道"[2]，他仍然期望着新的机会，在新的时代能有新的出路。

更重要的，这里有他热爱的、为之付出了全部心血的《论语》，有他的出版事业。尽管邵洵美已经感觉到"在这个时候编刊物，有种种难处"，但他还是在坚持。

过了 1949 年的春节之后，在轰轰的炮声越来越清晰的时候，他在出版了"逃难专号"之后，接连又出版了第 174 期到第 177 期《论语》，这四期刊物不仅作者队伍已经不太成形，而且在内容上也出现了危机，"扳了面孔论道，已有日报社论，专在女人身上找题目，又违反了《论语》的本旨"，所以"最希望《论语》同志大材小用，找

---

① 邵绡红：《天生的诗人——我的爸爸邵洵美》，上海书店出版社 2015 年版，第 310 页。

② 邵洵美：《逃亦有道》，《论语》1949 年第 173 期。

小题目写大文章。行文遣词，雅而不俗，讽而不刺，谑而不虐"①，这里仍然坚持《论语》的一贯风格，期望能在非常的年代以刊物的平常心来处之，以不变的刊物风格面对常变的时代局势。不过，这只能是邵洵美的良好愿望，是他作为知识分子的文化情怀。但这种情怀也随着社会的变革而消解，该结束的时候还是要结束，恰如林祖达所说："《论语》结束在 1949 年 5 月，这是很值得纪念的时刻。是月，上海解放，接着大军南下，全国解放，各地原有的书报杂志随着大气候的变革，纷纷结束待理，《论语》也就随之结束。上海解放不是突然而来，先前一月，南京、苏州等处已先解放。5 月 16 日《论语》最后一期出版，形势已全面改观，爱读《论语》的年轻朋友们都在狂热地练习跳秧歌舞了。"②

三、新时代的新努力

（一）变卖印刷机

有关变卖影写版印刷机的事情，在邵绍红的回忆中，已经成为一个新时代的新故事了，这个故事与一位 20 世纪 50 年代中国文化界的重要人物相关，这个人物就是夏衍。夏衍曾在青年时代得到过邵洵美的关照，有过不错的交谊。现在，当年的文学青年，已经是著名的剧作家，中国文化界的重要领导人之一。

---

① 邵洵美：《编辑随笔》，《论语》1949 年第 177 期。
② 林达祖、林锡旦：《沪上名刊〈论语〉谈往》，上海书店出版社 2008 年版，第 19 页。

有一天，爸爸对我说："等一会有一位客人来，他叫夏衍，现在是上海市委宣传部部长，他是我的老朋友，过去写过好些书，好些剧本，像《赛金花》、《上海屋檐下》等等。我办金屋书店时，也给他出过书。他原来的名字叫沈端先，很熟的……他来了，你请他先坐下来，就上来喊我。"不一会，客人来了，是位中年男子，身材瘦削，文质彬彬，很和气。爸爸下楼来，两人一见热烈握手，谈了很久。……

夏衍那天一个人来访，是来跟我爸爸磋商发展人民的出版事业。爸爸拥有的那台影写版印刷机过去印制的画报效果非常好，国内远近闻名。当时全国就这一部影写版印刷设备，国民党撤离大陆时，想要把这部机器搬往台湾，特地托人来劝说洵美。现在人民政府要收购这台印刷机，印制《人民画报》，还要连带厂里全班技术人员一并迁往北京，成立北京新闻摄影局印刷厂。报酬可折合美金五万六千元的金额，因为当年爸爸从德国购此印刷机时，原价就是五万美金；而那六千美金是后来添置照相架和三原色滤色玻璃片等辅助设备的。这买卖由漫画家丁聪经手。爸爸得此款后付给元叔五千美金，作为他历年来任时代印刷厂经理的酬谢。爸爸是极其不情愿卖掉这爿厂的。因为它是伴随他兴办出版事业的见证。这部机器是中国独一无二的，是爸爸一直引以为傲的，爸爸是舍不得卖掉。可是在夏伯伯再三的劝说下，他终于同意了。①

① 邵绡红：《天生的诗人——我的爸爸邵洵美》，上海书店出版社 2015 年版，第 318 页。

"不情愿"是邵洵美真实的心境，这台机器毕竟伴随了他多年，历经战火、动乱，见证了他的出版事业的兴衰，恰恰是购买这台机器后，迎来了邵洵美出版人生最辉煌的时代，不仅他自己创办刊物，出版图书，而且也代为其他出版机构印刷画册、图书、报刊。但是，"不情愿"只是一种感情，在大势面前，他"终于同意"，用这部机器融入新的时代之中。1949 年年底，邵洵美从德国购买来的这台影写版印刷机在时代印刷厂 13 名技术工人的护送下，迁往北京。

（二）寻求新路

就在变卖印刷机的时候，由于邵洵美得到了一大笔款项，他除了分发给印刷厂经理、工人若干工资之外，把其余的钱投入扩大再生产，在上海的四川中路和南京路口设立了一个门市部，聘请孙汝梅担任门市部的经理，请圣约翰大学教授陈仁炳担任时代书局出版社的社长，孙斯鸣为总编辑，顾苍生为副总编辑。新时代，新社会，邵洵美等人也试图适应这个"新"，能为新时代新社会尽力做点什么，尽自己的力量。盛佩玉的回忆可以为邵洵美的努力进步作很好的说明，邵洵美"为迎接新时代，手中看的书也换了样，开始新的学问，所以买了不少新书。要看懂，要理解哪能这样容易呢？所以他很想能有这么个人来和他讲讲，指点指点。这时候有人介绍了一个老头，很瘦的，自称是懂得马列主义的，这个人姓汪，叫汪馥泉。后来他的儿子也来，大约谈到出版上去了，所以洵美轻信了他们。顾苍生也在担心以后做些什么事，还有一个什么人，大家合股，开了一个小小的书店。书哪里来呢？自己也不会写这些文章。好像印出来的书也都是翻版的，大约也不是正宗的马列主义书籍，所以销售的书都退回来了。书店连筹备到关闭不到三个月。"① 盛佩玉提到的汪馥泉（1900—1959），字浚，杭州市人，著名的社会学家、出版家，1922年从日本留学回国后，在上海从事进步作品翻译工作，曾参与编辑《现代》、《文摘》杂志，任《学术》杂志主编，1945年任《大公》周刊编辑，著有《马克思底经济学说》、《社会主义社会学》、《中国俗文学史研究底材料》、《中国哲学思想史》等著作。应当说汪馥泉还是比较懂得社会学的，也对马列主义学说有所了解，但他应该是那种从民国时期走过来的学者，对马列主义的各种学说、各种流派并不是太了解，所以盛佩玉会说"轻信了他们"。当时，时代书局出版的马列主义的著作，大多是苏联的政治译著或文学译著，诸如《列宁给高尔基的信》、《法捷耶夫》、《苏联儿女英雄传》等著作。同时，时代书局还出版了"时代百科丛书"、"民俗丛书"等，这些著作对于人们认识苏联生活、近代历史以及资本主义生活都有所帮助，但是，这些译著却被抓为"反面典型"，遭到批判，认为时代图书局出版的图书是粗制滥造，不懂政治，看不清道路。这次批判持续了一个多星期，随后由新华书店发行的时代书局出版的政治读物一概被退回，时代图书局遭受重大打击，投资股本几乎全部亏空，时代书局再也无法经营，只好最后关门歇业。

1950年元旦刚过，就在影写版印刷机运抵北京之际，邵洵美也带领全家迁往北京。到北京后，邵洵美一家先暂住在一家旅店，随后搬到景山东街乙一号的一座房子。北京有邵洵美很多朋友，这些朋友

---

① 盛佩玉：《盛氏家族·邵洵美与我》，人民文学出版社2004年版，第255页。

有些是留学时期就结识的，有些则是他经营新月书店期间和时代图书公司时期结识的，如徐悲鸿、罗隆基、沈从文等，邵洵美当然是要一一拜访的，既是为了叙旧，也是为了能够寻找工作的机会。虽然《论语》停刊了，时代印刷厂关门了，时代书局停业了，但他的心似乎并没有完全放下自己的出版。"好像是国家新闻总署来人联系，影写版机器要卖给国家。洵美和堂弟是负责人，为了保证机器质量的完好，要亲自将机器正常运送到北京的。"可见邵洵美还是在出版印刷方面有自己的想法的，只不过他没有机会去实现这些想法，因为，他是印刷厂的管理者，"谈好工人全部由北京接收，管理人员北京不需要"①。所以，邵洵美进京之后等于失业，没有找到他能做的事情。还有一层原因，邵洵美一家由于多年生活在南方，对北方的气候非常不适应，家是安好的，"但麻烦又出来了，洵美总不舒服，连着几天发烧"②，几个孩子也出现了身体不适的现象。当然，还有，孩子们没法入学学习，"小燕、小多因要进六年级毕业班，未能如愿。小玉去艺术学院报考，试画落选了。其实她画还可以，不知她遇到何人，也不说一句勉励的话，就完了"③。这一连串的不顺利，让邵洵美感到心灰意冷，无意再在北京居住下去。

（三）翻译为业

时代书局不能办了，实际上标志着邵洵美在"公"与"私"之间

---

① 盛佩玉：《盛氏家族·邵洵美与我》，人民文学出版社 2004 年版，第 255 页。
② 盛佩玉：《盛氏家族·邵洵美与我》，人民文学出版社 2004 年版，第 259 页。
③ 盛佩玉：《盛氏家族·邵洵美与我》，人民文学出版社 2004 年版，第 262 页。

已经无可选择，以私营业主的身份进入到新的时代，邵洵美并非自愿地放弃了一次成为"公家人"的机会。在这期间，他还尝试过一次新的努力，曾经开办过化工厂，创办了"立德化工社"，这也可能是他试图放弃文学，放弃自由知识分子角色，进行角色转型的一次努力，也许在他看来完全靠写作、出版一类的事业来谋生的机会已经不复存在了，而需要与劳动结合在一起。这种意识也许是邵洵美对新时代的一种认识，对自我生存方式的一次调整。但是，没想到或者不愿意想到的是，他与朋友的试验失败了，只好把化工厂卖给他人，一次人生转型的努力也以失败而告终。

邵洵美的机会出现在 1956 年。

这一年，夏衍调任文化部副部长，离开上海之前，夏衍前往邵洵美家告别。也正是由于夏衍的关照，人民文学出版社主动提出要邵洵美为该社翻译外国文学作品，并且每个月预付给邵洵美二百元的稿酬以维持生活。邵洵美首先接受的任务是翻译英国诗人雪莱的诗剧《解放了的普罗米修斯》，同时也为上海出版公司翻译马克·吐温的《家庭与世界》、《两姊妹》、《四章书》等作品。从邵洵美翻译的这些外国文学作品来看，他仍然坚持了一贯的文学理想，选择那些具有史诗性或具有较强艺术性的作品。《解放了的普罗米修斯》是雪莱最好的诗，某种程度上是与邵洵美精神上相通的诗，正如邵洵美在《〈解放了的普罗米修斯〉译者序》中所说，这部取材于古希腊神话和埃斯库罗斯的悲剧的诗剧，诗人"在这里用了多种多样的诗体，表现出多种多样的性格和情感"，在读者面前表现出"一个故事的深刻的意义"。1957 年，经过邵洵美几年的努力，他翻译的《解放了的普罗米修斯》由人民文学出版社出版，这部译作包含着邵洵美的心血，包含着他的艺术追求，也包含了他的精神世界以及对刚刚去世的长女的思念。

四、寻美人的惨淡人生

1951 年，刚刚回到上海不久的邵洵美就得到通知，政府要改造上海时代书局，实行公私合营，由于公司中有的股东不同意合营，时代书局不得不最后关门，邵洵美真正失业，每天赋闲在家，重新拾起他放下已久的集邮、篆刻一类的事情打发时光。

首先的打击是长女小玉的不幸去世。就在邵洵美翻译《解放了的普罗米修斯》时，小玉还帮助他做了大量的工作，但当作品出版的时候，小玉却已经不在人间。邵洵美在《译者序》中特别记下这一不幸："长女小玉，在我翻译的过程中，一直帮我推敲字句，酌量韵节。她又随时当心我的身体，给我鼓励，并为我整理译稿，接连誊清了三次。这部译作的完成，多亏了她的协助。现在本书出版，她却已经不在人间了。谨在此处对她表示最虔诚的谢意，以志永念！"小玉是1956 年 9 月 2 日因病去世，这对邵洵美及其整个家庭都是沉重的打击，"玉姊的亡故给整个家庭一个极大的震撼。妈妈哀伤不已。爸爸则呆坐了两天，而后把自己埋进那一大堆书稿里，本想借以减轻失去爱女的悲痛，却更加深了自己对爱女的思念"。[①]1957 年，邵洵美经过几年的劳作，他翻译的《解放了的普罗米修斯》终于由人民文学出

---

① 邵绡红：《天生的诗人——我的爸爸邵洵美》，上海书店出版社 2015 年版，第 358 页。

版社出版，这对他是一个小小的安慰。

但是，更大的打击随之而来。

1958 年 10 月，邵洵美在上海被捕。具体是什么罪名，有几种不同说法。据邵绍红的说法，是因为邵洵美写给项美丽的一封信，这封信是邵洵美写信请求项美丽还一笔多年前的借款，转交给正在香港的弟弟治病。此信由叶灵凤负责转交，但未交到项美丽手中之前被截获，邵洵美因此而以"帝特嫌疑"之名被捕。[①] 这个说法有一定道理，也大体符合当时的实际情况。但是，如果对照 1985 年 2 月 26 日上海市公安局颁发的"决定书"，与这个罪名又有一定的差异：

（85）沪公落办字第 26811 号

上海市公安局

决定书

邵洵美，男，一九〇五年生，浙江余姚县人，一九六八年病故。

一九五八年十月，邵因历史反革命问题被逮捕，一九六二年四月教育释放。

经复查，邵历史上的问题不属反革命，一九五八年十月将其以反革命逮捕不当，予以纠正。

上海市公安局

一九八五年二月二十六日

---

① 邵绍红：《天生的诗人——我的爸爸邵洵美》，上海书店出版社 2015 年版，第 362—364 页。

根据 1951 年 2 月公布的《中华人民共和国惩治反革命条例》，反革命罪是指以推翻现政权为目的的行为，"凡以推翻人民民主政权，破坏人民民主事业为目的之各种反革命罪犯，皆依本条例治罪"，反革命罪分为历史反革命罪和现行反革命罪。邵洵美是以"历史反革命罪"被逮捕，上海市公安局也认定"邵历史上的问题不属反革命"，所以，当年逮捕邵洵美的起因，并非因邵洵美给项美丽写信而定罪，而有可能是因为这封信而引出他与项美丽过去的关系，以"历史问题"而定罪。不过，不管是什么原因，邵洵美被捕入狱，成为他人生旅途上最暗淡的一个时期。

从 1958 年到 1962 年，邵洵美在狱中度过了四年的时间，这期间，他的哮喘病日渐严重，身体越来越差。他曾在狱中遇到老友贾植芳，两人有不错的交谊，二人在狱中有机会相见，并有比较深入的交谈。

1966 年，邵洵美再次遭到冲击。

1968 年，本来多病的邵洵美，身体状况越来越差，有时好，有时坏。

1968 年 5 月 5 日，就在邵洵美 62 岁生日到来之前，他告别了这个让他爱恨交加的人世，永别了他眷念着的亲人，默默地离去。

邵洵美一生为人坦荡，豪情侠义，广交朋友，轻财重义，乐善好施。在文学及其出版上追求唯美和完美，虽然为出版而耗尽了他的财产，但他不后悔。他兴趣广泛，在诸多领域都有所成就。他作过诗，写过小说，也写时评、随笔。他的诗作仅有薄薄的三本，《花一般的罪恶》、《天堂与五月》、《诗二十五首》，但他作诗从来不会随便应付，在追求诗的艺术方面与新月派同人徐志摩具有诸多相似之处。他写小说，被郁达夫称为与爱尔兰作家摩尔相近似。他的时评、散文、随笔等各种文体的作品，散见于他创办的、编辑的各种报刊，或者其他报刊，以至于我们现在都无法真正摸清楚他到底写作过多少作品。在他身上，有大少爷的作风，却无富家子弟的骄横与恶习。他，是一位真正的人。

邵洵美倾注一生的财力、精力与心血从事出版事业，从涉足《狮吼》、开办金屋书店，到投入新月书店、创办《论语》，从开办第一出版社，到参与时代图书公司，从购买德国先进的印刷机，到成立印刷厂，从创刊《自由谭》到复刊《论语》，从变卖影写版印刷机到自己的书店参与公私合营，甚至他一度喜欢集邮，也是出版活动的一次转型，从他留学回国后，出版活动几乎伴随了他的一生，他先后出版并编辑过 15 种期刊，参与或创办过 4 家出版机构，组建了一个大型印刷厂。邵洵美是一位有思想有文化情怀并有美学追求的出版家，是 20 世纪中国出版的一面镜子，也是社会的良知。他的出版活动留给我们许多思考，给予后来人很多启发。

第一，邵洵美的出版活动是与文学活动密切联系在一起的。邵洵美本质上是一位诗人，他不仅写诗，而且一身诗人气质，他往往以诗人的眼光看人，以诗人的方式与人相处，以诗人的身份做事情，以诗人的方式从事出版；他又是一位出身大家族的公子，"大少爷"是他的出身，正是大少爷这一特定的出身带给他一身的诗人气，使他有条件做诗人能做的事；出版是他的职业，他的事业。这个职业让他投入了毕生的精力，让他花费了全部的家产，他为此风光过，也为此潦倒过，为了这个事业，他在所不辞，不图回报，不遗余力。因为，他热爱他的出版事业。

在某种程度上，邵洵美的诗人身份与出版家身份合二为一，他是诗人，也是出版人，他又以诗人的身份和特点办出版，他办出版也没有忘记自己诗人的身份，没有忘记诗。正是这样，出版是邵洵美一生的挚爱，他把出版视为自己的生命，在初涉出版行业时，他是热情办出版，在具有一定经验后，他又可以为出版而倾其家产，在国家民族处于危难关头，他也能够站出来为时代而出版。可以说，邵洵美的出版活动是对中国现代出版的贡献，也是对中国现代文化的贡献。

第二，邵洵美的出版活动带有一定的玩票特征，在一定程度上又是率性而为出版。应当说，在现代出版家中，邵洵美并不是特别有经验、特别会经营的，他不仅无法与张元济、赵家璧、史量才、李小峰、章锡琛、张静庐等著名出版家相比较，甚至也无法与正中书局、拔提书局、国立编译馆、钟山书局这些并不算太出名的书局及其老板相比，在很大程度上，邵洵美只是依靠自己的热情、自己的经济实力办出版。邵洵美带有一定"玩票"心理办出版。刘群在《饭局·书局·时局》一书中曾分析过新月书店同人的出版心态："新月知识分子大多寄身于各大学及研究机构，各有各的职业岗位及专业，这才是他们认为的安身立命之处，对书店经营热心程度有限、也不内行，更多'玩票'色彩，一旦有了合适的职业，书店的事情自然脱离，这与专业出版商如张静庐式全身心的投入无法相比。"[1] 邵洵美也是新月书店的成员，一度做过新月书店的经理，他与其他新月书店成员相比较，没有大学教授的职务，也没有其他职业，但他有钱，有热情，他应当有与新月社同人一样的出版心态，带有"玩票"的色彩。

---

① 刘群：《饭局·书局·时局——新月社研究》，武汉出版社 2011 年版，第 250 页。

　　第三，邵洵美的出版活动也是他喜欢结交四海贤人、乐助友朋的一种方式。喜欢结交朋友的邵洵美，通过出版社、书店广泛联络作家、学者及其他朋友，他计较的是友情而不是钱财，他看重的是朋友间的密切联系，而不是利益的关系。从这个角度说，出版机构就是他组织的另一种形式的"花厅"。邵洵美的女儿邵绡红在《天生的诗人——我的爸爸邵洵美》一书中说过："洵美摩拳擦掌办出版，是为了推动中国文化的前进，为了自己爱好的文学艺术，也为了爱好文学艺术的同好，使和他一样的要倾吐自己感受、观点的同好有挥毫之地。"所以，当朋友的书没钱出版或没有出版社接受时，他可以先把书接过来，甚至先垫付稿费；当朋友的出版社或者刊物因为经济困难而难以维继时，他出资接手，为的是让出版社能够继续存在，能够让刊物继续办下去，让读者拥有自己的家园。

　　在中国现代出版史上，邵洵美不是最重要的最出色的出版家，但他却是难得的、不可缺少的出版家。他的出版事业和出版活动，为中国现代出版提供了经典的案例，也为中国文化贡献了值得书写的一笔。

邵洵美编辑出版大事年表

1906 年

6 月 27 日，出生于上海，名云龙。生父邵恒，母亲盛稚蕙。由于邵恒的长兄邵颐无子，邵洵美被嗣给长房。

1917 年　11 岁

当年，在家中办《家报》，抄写几份分送家中亲人阅读。

1923 年　17 岁

7 月 25 日，译诗《归欤》发表于本日《时事新报》副刊"学灯"。

夏，毕业于南泽路矿学校。

12 月，与盛佩玉订婚。盛佩玉，盛宣怀的孙女，其四姑母就是邵洵美的母亲。

1925 年　19 岁

年初，乘船离开上海，赴英国留学。

3 月 22 日，到达欧洲。途经意大利，上岸游览庞贝古城、罗马。

3 月，到达那不勒斯，参观国家博物院，被二楼的一块画有古希腊女诗人莎茀的残破壁画吸引，由此开始搜集莎茀诗作。

4 月，抵达伦敦留学，寄宿在老师摩尔家中。

5 月 1 日，创作散文诗《二月十四日》发表于本日出版的《妇女杂志》第 11 卷第 5 期。文后注："二月十四日为 St. Valentine's Day"。

8 月，到巴黎画院学习绘画，与徐悲鸿、张道藩、江小鹣、常玉等相识，并参加由徐悲鸿等人发起组织的团体"天狗会"，其中，谢寿康、徐悲鸿、张道藩、邵洵美结拜为四兄弟。

12 月，进依纽曼学院经济系学习。

1926 年　20 岁

5 月，从法国乘船回国。在海上作新诗《漂浮在海上的第三天》、《忧愁》、《十四行诗》、《爱》等。

6 月底，回到上海。

1927 年　21 岁

1 月 15 日，在上海南京路卡尔登饭店与盛佩玉举行婚礼。

1 月，第一部诗集《天堂与五月》由光华书局出版。

1928 年　22 岁

3 月，筹备已久的金屋书店开张，地址设在上海静安寺路斜桥路口。邵洵美翻译的诗集《一朵朵玫瑰》以及论文集《火与肉》由金屋书店出版。

5 月 5 日，邵洵美的第二部诗集《花一般的罪恶》由金屋书店出版。

7 月 1 日，《狮吼》半月刊复活号出版第 1 期，编辑者为狮吼社，发行人为金屋书店。本刊共出 12 期，于本年 12 月 16 日出版第 12 期后停刊。

1929 年　23 岁

1 月，邵洵美开办的第一个文艺杂志《金屋月刊》创刊。

10 月 20 日，《时代》画报创刊，张振宇、叶灵凤主编，时代画报杂志社出版，中国美术刊行社发行。

11 月，与张光宇、张振宇、祁佛青、万籁鸣、江小鹣等组织成立工艺美术合作社。

1930 年　24 岁

5 月 15 日，George Moore 著、邵洵美译的《我的死了的生活的回忆》由金屋书店出版。

11 月 1 日，邵洵美正式参加《时代》画报的编辑工作，重新组建《时代》画报编辑部，成为刊物的"五驾马车"之一。

1931 年　25 岁

4 月底，邵洵美受邀参与新月书店的经营，开始对新月书店进行一系列改革。

1932 年　26 岁

7 月 30 日，《诗刊》（季刊）出版第 4 期（最后一期）后停刊，本期为"志摩纪念号"，邵洵美为纪念徐志摩而写的诗《天上掉下一颗星》发表在本期《诗刊》上。

8 月 1 日，在《时代》画报第 2 卷第 11 期以"唐尧"笔名开始连载小说《贵族区》。

9 月 16 日，《论语》半月刊创刊，邵洵美为发起人之一，林语堂任主编，孙斯鸣任经理，邵洵美为实际的发行人。

12月16日，在《时代》画报第3卷第8期以"郭明"笔名发表《自己笔记——真的文学》。

1933年　27岁

6月1日，在《时代》画报第4卷第7期发表《花厅夫人》。

8月10日，在《十日谈》创刊号发表《写不出的文章》，并以"浩文"笔名发表《电影剧本的编制》。

8月16日，《十日谈》创刊，章克标、郁达夫、邵洵美先后担任主编，中国美术刊行社出版，第6期开始由新成立的第一出版社发行。

11月1日，中国美术刊行社增资扩股，改组为时代图书股份有限公司（上海时代图书公司）。

1934年　28岁

1月20日，《时代漫画》月刊创刊，鲁少飞主编，王敦成编辑，张光宇为发行人，时代图书公司出版。

2月17日，《人言周刊》创刊，郭明（邵洵美）、谢云翼编辑，第一出版社发行。

5月20日，《万象》创刊，1935年6月出版到第3期后停刊。

6月，《时代电影》创刊。主编宗维赓，发行张光宇，时代图书公司出版。

6月15日，策划已久的"自传丛书"由第一出版社出版第一部《庐隐自传》，随后于7、9、11月又出版《从文自传》、《资平自传：从黄龙到五色》、《巴金自传》。

10月，《现代美国诗坛概观》发表于《现代》第5卷第6期"现代美国文学专号"。

1935 年　29 岁

3 月 15 日，邵洵美参与创办的大型彩色画册《东南揽胜》创刊，江家楣、赵君豪主编，邵洵美为编辑之一。

4 月，结识美国《纽约客》专栏作家项美丽。

5 月 18 日，停刊一个半月的《人言周刊》复刊，复刊号为第 2 卷第 10 期。

6 月，《时代电影》创刊，时代图书公司出版，包可华、宗惟赓、龚天衣、席与群等人先后主编。

8 月，英文刊物 T'ien Hisa Monthly（《天下》）创刊，邵洵美、温源宁、吴经熊、林语堂、全增嘏等创刊并编辑，邵洵美在本刊发表多篇著译文章。

9 月 1 日，中英文刊物《声色画报》（*Vox*）创刊，项美丽、邵洵美为主编，第一出版社出版。

1936 年　30 岁

2 月 12 日，《声色画报》改名为《声色周报》，陆钟恩任主编，项美丽为英文编辑，陈福愉为中文编辑。

2 月 16 日，陶亢德编辑完《论语》第 82 期后，辞去《论语》编辑职务，邵洵美从 3 月 1 日出版第 83 期开始继任，并邀请郁达夫协助编辑。

3 月 25 日，"时代科学图画丛书"出版第一集《现代战争的秘密》。

当年，"新诗库丛书"陆续出版，共 10 册。

1937 年　31 岁

2 月 1 日，郁达夫编辑完《论语》第 105 期后辞职，邵洵美独自编辑至 1937 年 4 月 1 日第 109 期，于 4 月 16 日第 110 期开始邀请林达祖协助编辑。

1938 年　32 岁

5 月，毛泽东在延安发表《论持久战》，随后由杨刚译为英文在 *Candid*

Comment（《直言评论》）1938 年 11 月 1 日出版的第 3 期至 1939 年 2 月 9 日出版的第 6 期连载。

7 月 4 日，《大英夜报》中文版创刊。

9 月，创办《自由谭》月刊，项美丽为编辑人、发行人，但实际上邵洵美为编辑。

1939 年　33 岁

年初，《论持久战》单行本在上海秘密印刷，其中部分由邵洵美和他的助手王永禄秘密投递到在上海的外国人士信箱。

6 月，与项美丽去香港。在香港期间访问宋氏姊妹，会见《天下》月刊编辑吴经熊、温源宁等人。

1941 年　35 岁

本年度，开始在家中研究集邮。

1943 年　37 岁

2 月，本月开始在《国粹邮刊》发表《民国试制票中之珍品》等有关集邮文章。

3 月，开始在上海《新申报》连载《中国邮票史话》系列文章。

1944 年　38 岁

10 月，为躲避日本人的迫害，携长子邵祖丞赴重庆。到达杭州后受阻，停留数月。

1945 年　39 岁

8 月，抗日战争胜利，邵洵美与儿子回到上海，随后到镇江查看家传产业"忠裕"当铺。其时，当铺已经人去楼空，经过战争、火灾，财物已经丧失。

1946年　40岁

6月，将当年由项美丽帮助抢运到租界的影写版印刷机运回平凉路21号，时代印刷厂复工。同时，时代书局也开始恢复。

7月1日，《见闻》周刊出版。

7月下旬，受陈果夫之托，为购买电影摄影机之事，与颜鹤鸣一起赴美国。

11月4日，《见闻》时事周刊停刊。

12月1日，经过盛佩玉、李青崖等人的多方面努力，《论语》半月刊复刊，由李青崖主编，时代书局出版发行。李青崖主编到1947年1月16日的第121期后辞职，从第122期开始改由林达祖主编，但其封底的版权页则署名"邵洵美"。

1947年　41岁

2月16日，续编复刊的《论语》第123期，并撰写本期"编辑随笔"。

3月，主编《论语》半月刊"癖好专号"。

12月1日，《论语》复刊一周年，出版《论语》一周年"特大号"。

1948年　42岁

1月1日，《论语》出版"新年特大号"，邵洵美发表《与达祖书》，讨论有关《论语》的编辑事务及其风格问题。

4月1日，邵洵美在《论语》第150期的"编辑随笔"中"征求专号题目"。6月16日第155期《论语》出版"睡的专号"。

当年，时代图书公司重新印制发行"论语丛书"，包括《论幽默》、《蒙尘集》、《我的话》、《幽默诗文选》等多部。

1949 年　43 岁

5 月 16 日,《论语》被勒令停刊。《论语》1932 年创刊, 1937 年因抗日战争而停刊, 1946 年底复刊, 共出版 177 期。为中国现代出版史上出版时期较长的杂志之一。

1950 年　44 岁

元旦过后, 邵洵美携全家迁至北京, 租住在景山东大街的一幢平房, 准备在北京重新开设时代书局分店。

上半年, 时代书局关门。

1951 年　45 岁

夏, 由于不适应北京的气候, 同时也没有找到合适的工作, 举家迁回上海。

1954 年　48 岁

当年, 开始为上海出版公司译马克·吐温的《汤姆·莎耶侦探案》并出版。

当年, 译英国作家盖斯凯夫人的《玛丽·白登——曼彻斯特的故事》于1955 年 10 月出版。

1956 年　50 岁

夏衍了解到邵洵美生活困难, 出面与相关部门协调, 人民文学出版社邀请邵洵美为其翻译外国文学名著, 每月预付 200 元稿费。3 月, 开始为人民文学出版社译泰戈尔的《家庭与世界》、《两姊妹》、《四章书》等作品。

5 月, 开始翻译雪莱的《解放了的普罗米修斯》。

9 月 2 日, 长女小玉因病去世。

1957 年　51 岁

7 月，在《诗刊》1957 年 7 月号发表《读了毛主席关于诗的一封信》。

8 月，译作英国诗人雪莱的诗剧《解放了的普罗米修斯》由人民文学出版社出版。

1963—1965 年　57—59 岁

开始为人民文学出版社翻译雪莱的长诗《麦布女王》、拜伦的长诗《青铜时代》以及埃米莉·勃朗特的长篇小说《呼啸山庄》等外国文学作品；同时，还计划将王实甫的元杂剧《西厢记》译成英文，但这一计划并未实现。

1968 年　62 岁

5 月 5 日，邵洵美因贫病在上海去世。

邵洵美去世后，一直到 1978 年以后才得到人们的重新认识，其译著《玛丽·巴顿》于 1978 年 2 月由上海译文出版社出版，1981 年《西湖》杂志发表盛佩玉的《盛佩玉谈邵洵美》、《盛佩玉再谈邵洵美》。1982 年《文教资料简报》开辟"邵洵美研究资料"专栏。1985 年 2 月，上海市公安局为邵洵美平反。2008 年，《邵洵美作品系列》陆续由上海书店出版社出版。

参考文献

邵洵美:《花一般的罪恶》,金屋书店 1928 年版。

邵洵美:《一朵朵玫瑰》(译诗集),金屋书店 1928 年版。

邵洵美:《火与肉》,金屋书店 1928 年版。

邵洵美:《一个人的谈话》,第一出版社 1935 年版。

邵洵美:《诗二十五首》,上海时代图书公司 1936 年版。

邵洵美:《一个人的谈话》,上海书店出版社 2008 年版。

邵洵美:《不能说谎的职业》,上海书店出版社 2008 年版。

邵洵美:《自由谭》,上海书店出版社 2012 年版。

邵洵美:《时代讲话》,上海书店出版社 2012 年版。

邵洵美:《儒林新史》,上海书店出版社 2012 年版。

邵洵美:《花一般的罪恶》,上海书店出版社 2012 年版。

邵洵美:《一朵朵玫瑰》,上海书店出版社 2012 年版。

邵洵美:《贵族区》,上海书店出版社 2012 年版。

邵洵美:《谈集邮》,上海书店出版社 2012 年版。

安拴虎:《林语堂与邵洵美的合与分》,《漳州师范学院学报》(哲学社会科学版）2012 年第 3 期。

安拴虎：《〈论语〉的创办与归属之争——从林语堂的记述谈起》，《编辑之友》2012 年第 10 期。

北京图书馆编：《民国时期总书目》，书目文献出版社。

卞之琳：《追忆邵洵美和一场文学小论争》，《新文学史料》，1989 年第 3 期。

方仁念：《新月派评论资料选》，华东师范大学出版社 1993 年版。

房向东：《新月边的鲁迅——鲁迅与右翼文人》，上海交通大学出版社 2016 年版。

费冬梅：《1933 年海上文坛的"女婿"风波》，《现代中文学刊》2014 年第 3 期。

费冬梅：《"沙龙"概念的引入和兴起》，《社会科学论坛》2015 年第 6 期。

费冬梅：《曾朴沙龙的文化活动》，《社会科学论坛》2015 年第 7 期。

费冬梅：《邵洵美和他的"花厅"》，《社会科学论坛》2015 年第 8 期。

高冬可：《编读互动框定杂志风格——〈论语〉创刊之始"编辑后记"和"群言堂"栏目的功能》，《出版广场》2003 年第 4 期。

郭晓鸿：《〈论语〉杂志的文化身份》，《文学评论》2002 年第 2 期。

胡适：《胡适文集》（1—12 卷），北京大学出版社 1998 年版。

胡适：《胡适来往书信选》，中华书局 1979 年版。

李欧梵著，毛尖译：《上海摩登——一种新都市文化在中国，1930—1945》，北京大学出版社 2001 年版。

李英姿：《〈论语〉半月刊研究述评》，《首都师范大学学报》（社会科学版），2008 年第 1 期。

廖久明：《鲁迅骂邵洵美之我见》，《海南师范大学学报》2014 年第 12 期。

林达祖、林锡旦：《沪上名刊〈论语〉谈往》，上海书店出版社 2008 年版。

林淇：《海上才子——邵洵美传》，上海人民出版社 2002 年版。

李广德：《试论邵洵美的诗与诗论》，《中国现代文学研究丛刊》1986 年第 4 期。

刘群：《饭局·书局·时局——新月社研究》，武汉出版社 2011 年版。

刘丹：《邵洵美的编辑出版成就》，《编辑之友》2009 年第 3 期。

卢军：《邵洵美的经济生活与文学选择》，《海南师范大学学报》2012 年第 4 期。

吕若涵：《"论语派"论》，上海三联书店 2002 年版。

孟丹青：《邵洵美的出版活动及特征》，《阴山学刊》2014 年第 27 卷第 2 期。

倪墨炎：《文人文事辨》，武汉出版社 2000 年版。

瞿光熙：《中国现代文学史札记》，上海文艺出版社 1984 年版。

邵绡红：《天生的诗人——我的爸爸邵洵美》，上海书店出版社 2015 年版。

生活月刊：《时代漫画》，广西师范大学出版社 2015 年版。

盛佩玉：《盛氏家族·邵洵美与我》，人民文学出版社 2004 年版。

唐沅等编：《中国现代文学期刊目录汇编》，天津人民出版社 1987 年版。

唐薇、黄大刚：《张光宇艺术研究》，生活·读书·新知三联书店 2015 年版。

王京芳：《邵洵美：出版界的堂吉诃德》，广东教育出版社 2012 年版。

王京芳：《邵洵美和鲁迅》，《鲁迅研究月刊》2009 年第 6 期。

王文英：《上海现代文学史》，上海人民出版社 1996 年版。

王璞：《项美丽在上海》，人民文学出版社 2005 年版。

王一心、李伶伶：《徐志摩·新月社》，陕西人民出版社 2009 年版。

王兆胜：《林语堂与邵洵美》，《福建论坛》（人文社会科学版）2004 年第 5 期。

温梓川：《文人的另一面——民国风景之一种》，广西师范大学出版社 2004 年版。

吴永贵：《民国出版史》，福建人民出版社 2011 年版。

谢其章：《历史的哈哈镜——〈论语〉杂志的"专号"》，《中国编辑》2003 年第 6 期。

姚一鸣：《中国旧书局》，金城出版社 2014 年版。

杨扬：《商务印书馆：民间出版业的兴衰》，上海教育出版社 2000 年版。

俞王毛：《〈论语〉杂志的政治批评与公共领域之建构》，《南京师大学报》（社会科学版）2013 年第 5 期。

张定华等：《中国抗日战争时期大后方出版史》，重庆出版社 1999 年版。

张静庐：《中国现代出版史料》，上海书店出版社 2003 年版。

张静庐：《在出版界二十年》，《读书月报》1937 年第 1、2、3 期。

张颂南：《章克标生平和他谈有关鲁迅的几件事》，《鲁迅研究月刊》1984 年第 4 期。

张新民：《也说鲁迅与邵洵美》，《新文学史料》2009 年第 1 期。

张新民：《邵洵美在孤岛时期的抗战文艺活动述略》，《中国现代文学研究丛刊》2012 年第 3 期。

张伟：《花一般的罪恶——狮吼社作品》，《评论资料选》，华东师范大学出版社 2002 年版。

章克标：《章克标文集》（上、下），上海社会科学院出版社 2003 年版。

朱正：《鲁迅与邵洵美》，《新文学史料》2006 年第 1 期。

《出版消息》、《论语》、《金屋月刊》、《人言周刊》、《上海画报》、《时代电影》、《时代》画报、《时代漫画》、《诗刊》、《十日谈》、《狮吼月刊》、《〈狮吼〉半月刊复活号》、《声色画报》、《天下》、《万象》、《文学时代》、《新月》、《自由谭》、《真善美》、《中美日报》

后　记

感谢人民出版社，总让我有机会以学术的方式与邵洵美相遇。这是一次美好的、令我感动的相遇。邵洵美是诗人、作家、翻译家，同时又是出版家、编辑家，他不是影响 20 世纪中国的风云人物，但却是一个让人关注的人物。他的浪漫故事似乎带上了传奇的色彩，他创办的出版社虽然大多存在时间不长，却是中国现代出版史上颇具特色的，他参与编辑出版的《论语》是文学史、出版史上的名刊。一位浪漫才子的故事，足以成为当今新媒体时代渲染的题目，充满传奇色彩的家族史、跨国恋、与鲁迅的论战、海上孟尝君等，无论哪一桩故事，都是夺人眼球的。近年来，有关邵洵美的故事渐渐多了起来，他的形象渐渐明晰了，有了一定的轮廓，有了故事的血肉，有了被叙述的无限可能性。但是，就我本人的能力以及掌握的有关邵洵美的资料，要胜任这个工作，要完成一部邵洵美的研究著作，还需要更多的努力。待拟定写作提纲，开始研究工作时，发现这项任务难度不小。一些历史的误解积重难返，要想还原邵洵美，尤其叙述一个完整的作为出版家的邵洵美形象，仅靠几个花边新闻是远远不够的。更加困难的是，长期以来学界对邵洵美的忽略，使诸多研究史料被遗忘或者遗失了。邵洵美并非学术界的热点人物，他的相当多的资料都难以搜集，甚至要找出一个头绪都是困难的。同时，由于种种原因，学术界对这位复杂人物存在着诸多误解与误读，习惯性的思维方式和定论式的学术观点，往往会制约我们对邵洵美这位早已被边缘化的历史人物的接近与理解。

我在查阅邵洵美的有关资料及相关研究成果过程中，梳理了邵洵美研究的基本线索，感觉真正进入研究层面的成果并不太多，王京芳博士的《邵洵美：出版界的堂吉诃德》是少有的有分量的学术著作，其他的研究成果主要在两个方面，一个是鲁迅研究所涉及的邵洵美问题。另一方面的研究则主要在新月派、论语派研究中所涉及到的邵洵美。在这些研究中，从编辑出版的角度来看，邵洵美的意义当需重估。刘群博士曾在她的《饭局·书局·时局》一书中，对邵洵美在新月书店的地位、作用、贡献作过系统的论述，她扎实的资料功夫、严谨的学术态度以及温和的叙述方法，都是值得肯定和学习的。当然，如果从邵洵美研究的角度来看，无论是刘群博士的著作，还是其他学者的成果，都还有进一步展开的空间。

为能够获得更多的资料，经《新文学史料》编辑部的郭娟主编的热情介绍，我与邵洵美的女儿邵绡红取得了联系。我先以邮件的方式与绡红老师交流过，向她请教过。对我提出的一些问题，绡红老师给予了细致、耐心的解答。2017 年新年过后的一天，在上海一处普通的住宅，我坐在邵绡红家中的客厅，倾听着一位名门后裔但又是如此普通的年过八旬的老人叙说，关于邵洵美，关于新月派，关于《时代》画报，关于与邵洵美有关的各种故事和人物。绡红老人退休之后，多年来一直致力于邵洵美著述的搜集整理，编纂出版了多部邵洵美的著作，写作出版了《天生的诗人——我的爸爸邵洵美》。那些曾经的风云激荡，那些荡气回肠的人物与故事，在老人的叙述中，却是语气平和而又亲切，尽可能的客观而又带着一定的情感。尽管她曾在相关的著述中写到过的这些人物和故事，但老人亲口叙述，却特别带上了只有当事人或当事人的亲人才会有的真实感、实在感。我有时听得入迷，甚至忘记了记录。说到兴奋时，或者说到一些关键的环节，老人往往起身去寻找一些图书或其他物件。看着老人一次次起身，很不方便地从书架上翻找着相关的资料，我内心甚是不安。采访快结束时，绍红老师又特意嘱我到上海图书馆怎样查阅资料，可以找哪位学者帮助等，并特别赠送了由广西师范大学出版社刚刚出版的《时代漫画》。那天访谈过程中，老人一句话让我非常震撼，她在谈到当年日本军队轰炸商务印书馆时说："日本人为什么炸商务？他们就是想消灭我们的文化，炸毁几座楼不可怕，可怕的是他们要炸毁我们的图书、期刊，炸毁我们的文化。"从上海回来后，老人又多次给我发邮件，提供新的资料，解答一些问题。本书中的绝大部分照片，都由绍红老师提供，她对我开列的图片清单中的每一个项目，都特意作了说明，甚至我没有列入的照片，她认为对我有帮助，也都尽可能地提供给我。在此，我要对邵绍红老人郑重地说一声谢谢！

在本书的写作过程中，我还曾多次就邵洵美的问题请教我的同事、新月派研究专家刘群博士，得到她诸多指点，尤其对邵洵美留学英国时期的史料，提供了一些必要的帮助。在此一并致谢。

本书写作粗成后，由于篇幅的限制，我抽去并压缩了一些章节，这些章节中的部分成果以及书中的个别章节，曾先期在《新文学史料》、《鲁迅研究月刊》、《党政干部学刊》、《青岛文学》等刊物上发表，在此，谨向上述刊物及其编辑致以真诚的谢意。

在本书即将付梓之时，我想起了邵洵美在《永久的建筑》中说过的一句话："诗是一座永久的建筑。这一建筑务须是十分的完全，材料须是十分的坚固，式样须是十分的美丽，在这座建筑的里面，供养着一位永久的生命。"这本小书当然谈不上是"永久的建筑"，但这座建筑里供养着一位永久的生命，一位虽曾被人遗忘但却越来越有清晰的生命轮廓的诗人、出版家。因此，这座建筑为之有了灵性，有了精神，拥有了共同的生命。

周海波

2017 年 8 月于青岛

统　　筹：贺　畅
责任编辑：周　颖
封面设计：肖　辉　孙文君
版式设计：汪　莹

图书在版编目（CIP）数据

中国出版家. 邵洵美 / 周海波 著 . —北京：人民出版社，2018.3
（中国出版家丛书 / 柳斌杰主编）
ISBN 978 - 7 - 01 - 018474 - 6

I.①中…　II.①周…　III.①邵洵美（1906~1968）－生平事迹　IV.① K825.42

中国版本图书馆 CIP 数据核字（2017）第 263156 号

中国出版家·邵洵美

ZHONGGUO CHUBANJIA SHAO XUNMEI

周海波　著

人民出版社 出版发行
（100706　北京市东城区隆福寺街 99 号）

北京盛通印刷股份有限公司　新华书店经销

2018 年 3 月第 1 版　2018 年 3 月北京第 1 次印刷
开本：710 毫米 ×1000 毫米 1/16　印张：20.5
字数：250 千字

ISBN 978 - 7 - 01 - 018474 - 6　定价：65.00 元

邮购地址 100706　北京市东城区隆福寺街 99 号
人民东方图书销售中心　电话：（010）65250042　65289539